KB010327

사건으로 보는
한국 현대사

사건으로 보는 한국 현대사

1판 1쇄 2022년 7월 29일
    2쇄 2023년 2월 28일

지 은 이 모지현

발 행 인 주정관
발 행 처 더좋은책
주   소 서울특별시 마포구 양화로7길 6-16
        서교제일빌딩 201호
대표전화 02-332-5281
팩시밀리 02-332-5283
출판등록 2011년 11월 25일 (제2020-000287호)
홈페이지 www.ebookstory.co.kr
이 메 일 bookstory@naver.com

ISBN 978-89-98015-37-4 03910

※잘못된 책은 바꾸어드립니다.

※ 더좋은책은 도서출판 북스토리의 임프린트입니다.

3·1운동부터 세계의 K-컬처 신드롬까지

사건으로 보는 한국 현대사

모지현 지음

조은책
더좋은책

　　　　　세계적인 역병 창궐에 사람 사이 거리가
필수였던 시간을 지나오며, 새로운 삶의 방식이 더는 낯설지 않은 것
같다. 그러나 세계 패러다임이 바뀔 거라 미래에 관해 열변을 토하는
전문가들의 예측이 넘쳐나면서, 앞으로 더욱 판이하게 변할 세상 앞
에 선 나만 그대로인 것 같아 불안한 맘은 여전하다.

　그래서일까? 다른 정치 · 경제 · 사회 현상과 무관하게 변화 없이 그
자리에 그대로 있는 내용에 '역사'와 함께하고 있다는 마음 편함을 느
낄 때가 있다. 추억 속 변함없이 그대로인 어린 시절을 대할 때 같은
그런 마음 말이다. 그러다 뛰어나고 세련되며 앞섬을 의미하는 기호
로 자리한 '새로움'이 불현듯 떠오르면, 역사의 그 익숙함이 주는 편안
함을 유행에 처지는 것으로 홀대하는 마음이 일기도 한다.

하지만 역사가 항상 그대로라 여기는 건 사실 광범위하게 퍼진, 역사가 긴, '오해'에 가깝다. 역사는 인간 모두에게 순간순간 매일매일 끝없이 쌓이면서 변하고 있기 때문이다. 지금 지나는 바로 이 시간이 망각과 기억의 교차 속에 기록되고 모이면 역사요, 기록하고 기억하는 시선이 바뀌면 이전과는 전혀 다른 의미가 될 수도 있다. 매 순간 또는 아주 오랜 기간 일어나는, 몹시 세미하거나 혹은 거대하고 거친 규모의 변화를 담아내기에 인간의 시야와 인식이 좁을 뿐이다. 어느 정도 이상 시공간의 거리 둠이 역사학에 필요한 까닭이다.

이 책은 2019년 3·1운동과 대한민국 임시정부 수립 100주년을 기념해 냈었던 『한국현대사 100년 100개의 기억』의 개정판이다. 이 작업을 할 때 한국현대사를 당한 자로서의 아픔으로만 간주해 기억조차 힘들어하는 것이 아닌, 이전의 상처를 사랑으로 껴안고 과거의 우리와 화해해 기억을 추억으로 만들자며 '용감하게' 다짐했었다.

"한국근현대사를 당한 자로서의 아픈 시대로만 바라보는 시각은 그 것을 아직도 극복해내지 못함의 증거라는 거죠. 진정한 고수는 자신의 잘못을 인정할 줄도, 자신을 강하게 만든 자양분으로서 아픔을 당당하게 말할 줄도 아는 자라는 겁니다. 그리고 대한민국은 경제 상황과 정치 민주화, 문화발전 등 현재 모습을 보면 그 아픔을 극복해낸 강한 국가인데, 그 사실을 알려주는 공간이 별로 없다는 생각이 들었습니다.

3·1운동과 임정 수립 100주년이 되는 올해는 100이 나타내는 완벽함이라는 측면도 의미가 있지만, 대한민국이 현대사의 아픔을 현재를 일구어낸 동력으로 당당하게 인정할 수 있는 때이지 않나 생각합니다. 그 고통으로 일본에 대해 분노 또는 열등감만을 느끼거나 역대 한국 지도자들에 대해 불만만을 가지는 것은 현재 우리의 수준을 비하하는 태도라는 생각도 들고요. 우리 국민 수준은 그것을 뛰어넘을 수 있고, 그렇지 못한 사람들을 안을 수 있을 정도로 성숙했다고 여겨졌고, 그래서 현대사를 돌아보며 암울함이 아닌 자긍심을 나누고 싶었습니다."

 그러나 저술 동기 질문에 대한 나의 이런 답이 무색할 정도로 지난 몇 년은 우리 스스로 현대사에 당당하게 마주 설 만큼 성장한, 그런 역사가 새겨진 시간이었음을 고백한다. 북한이나 일본과 문제만이 아닌 중국이라는, 공존을 위해 상당한 인내와 지혜가 필요한 다른 한 개의 산이 여전함을 절감한 시기였음도. 지나온 몇 해, 새로운 한국현대사가 쌓인 셈이다.
 반대로 잊히면서 더는 역사가 아니게 된 장면들도 있을 것이다. 일어난 일이 다 역사가 되는 것은 아니기에 미처 기억으로 남지 못한 것들도 마찬가지이다. 공동체가 선택해 공유하고 이어가는 기억이 그 공동체의 역사가 된다는 의미에서 '무엇을 기억할 것인가' '어떻게 얼마나 오래 기억할 것인가'의 문제는 중요하다. '알기'와 '기억하기'를 포기한 사실은 사라지고 역사 속에서 지워진다. 사라지고 있는 것이 무엇인지 잊히는 것을 모르기에, 그것이 대부분 약자에 관한 기억일 가능성이 크기에 이 문제는 사실 심각하다. "진정한 죽음은 기억에서 사라질 때 온다"라는 아메리카 원주민의 속담은 비단 사람에게만이 아닌 민족이나 국가 역사에도 적용될 수 있는 게 아닐까?

그런 의미에서 21세기를 헤쳐나갈 대한민국 국민인 우리가 알고 기억해 꼭 역사로 남길 바라는 한국근현대사를 사건으로 모았다. 주제라 해도 좋다. "현재 대한민국 사람이 궁금하다면 이 정도는 알면 좋겠다" 하는 생각이 채록의 기준이 되었다. 넘쳐나는 한국현대사 관련 서적 속에서도 '사건을 시간순으로 정리해 어떤 단계든 평가를 준비하는 이들에게 도움 될', '많은 이가 옆에 두어 궁금할 때마다 쉽게 찾아볼' 수 있는, 그런 편안하고 가까운 책이 되었으면 하는 바람을 더했다.

1919년 '2·8 독립선언'에서 시작된 한국현대사 사건들은 2021년 대미를 장식했던 '오징어 게임 신드롬'으로 끝난다. 둘 사이 느껴지는 온도 차가 심한 것에 기쁘기도 하고 마음이 먹먹하기도 하다. 자부심이 더 크다 믿는다. 큰 영토는커녕 엄청난 인구수도 자랑하지 못하는 우리에게 국가 발전의 이상은 '대한제국'이라는 국호에서 고종 황제가 표현하고 싶었던 것처럼, 또한 김구 선생님의 소원처럼 문화와 문명의 강대국으로 자리매김하는 것일 테고, 지난 몇 년은 그 길을 잘 내는 우리를 볼 수 있던 시간이기 때문이다.

앞으로 더 많은 사건은 현대사가 되어 쌓일 것이며, 대한민국은 나아갈 것이다. 그리고 지금까지 역사가 그랬던 것처럼 굽이굽이 어려움 역시 맞닥뜨릴 것이다. 그때마다 지나온 과거에 비추어 미래의 방향을 바르게 잡아가길 소망하면서, 같은 마음으로 이 책과 시간을 나누길 결정해준 우리에게 반가움과 고마움을 전한다.

하은 모지현

CONTENTS

/ 2장 /

긴 밤이 끝나고 빛이 돌아오다
1931~1945년

/ 3장 /

세계가 그은 선, 비극의 시작
1945~1961년

/ 5장 /

대한민국, 세계 속에 우뚝 서다
1988~2021년

1장

절망 속에서
희망으로 탄생하다

———

1919~1930년

2·8독립선언

적국의 심장부에서, 부르짖다

1919년 2월

1910년 8월 29일 대한제국이 역사 속으로 사라졌다. 일제는 식민지 조선에 대한 군사적 지배를 근대화된 자신들이 전근대적인인 조선을 근대화하는 사명으로 정당화했다. '합병' 이전의 조선을 게으르고 모든 기관이 미비하며 상공업 발달도 미숙한 그야말로 유치한 수준의 왕조로 간주한 것은 물론이다. 또한 자본주의 경제 발전을 위한 산업 기반과 그를 담당할 인재가 부족해 조선 스스로는 근대화 문명화가 어렵다고 주장했다. 그리고 그런 결과를 낳은 가장 큰 원인으로 조선 왕조의 '당파싸움'과 같은 정치 문란을 꼽았다.

일제는 문명국 일본이 후진국 조선을 이끌어 문명국 수준에 도달하게 하는 것을 '동화(同化)'라고 불렀다. 그러나 이런 동화정책은 '같은 제도를 통해 같음을 추구한다'는 것이 아닌 '같은 수준에 도달하면 같은 대우를 한다'는 뜻이었다. 일제는 내선일체(內鮮一體), 일시동인(一視同仁) 등의 주장과는 모순되게 '시세'와 '민도'가 다름을 이유로 조선인을 내지인과 차별했다. 조선인은 수준이 떨어지기 때문에 일본인과 동등한 대우를 받고 싶다면 일본의 지배에 순종하고 일본의 가르침에 따라 문명화, 일본에 '동화'되어 내지인과 동등한 수준에 도달해야 한다고 했던 것이다.

일제는 대한제국 황실을 보존하는 대신 천황의 책봉을 받는 왕실인 이왕가(李王家)로 격하시켰고, 황실 종친과 고위 관료 출신에게 '조선 귀족'이라는 신분을 부여했다. 권력을 빼앗긴 조선귀족은 조선총독부의 자문 기관이 된 중추원의 관직을 받기도 했지만 이는 1919년 10월까지 한 번도 소집되지 않은 허울뿐인 기구였다.

현역 육군 대장이자 초대 조선 총독인 데라우치 마사타케가 정점이 되어 헌병경찰기구를 주축으로 시행되었던 1910년대 일제의 식민지 조선에 대한 군사 지배체제를 무단통치라고 한다. 민족적 저항 속에서 강행된 '합병'은 군대에 의한 '강제 점령'이었고, 이는 폭력을 통해서만 유지될 수 있었다. 그랬기 때문에 일제는 치안 확보에 중점을 두어, 칼을 차고 교실에 들어오는 교사와 헌병 경찰로 형상화된 무단통치를 실시할 수밖에 없었다.

무단통치하에서 헌병경찰들은 조선인에 한해 즉결심판권, 조선태형령 등 잔혹한 법률을 시행했고 그것이 조선인의 수준에 합당하다고 정당화했다. 조선인은 고등교육을 받을 수준이 안 된다고 간주해 보통학교 수업연한을 4년으로 축소하고 중등학교에서 실업교육을 시행한 것도 무단통치정책의 일환이다. 정치단체는 강제로 해산되었고 언론은 탄압당해 조선인이 발간하는 신문은 폐간되었다.

1910년대 우리 민족은 이와 같은 헌병경찰을 통한 강압적 무단통치와 토지조사사업 등으로 인한 경제적 수탈이라는 식민지로서의 혹독한 시련을 겪어내고 있었다. 하지만 그런 와중에도 국내에서는 비밀결사를 준비하고, 해외에서는 독립운동기지 건설을 통해 민족의식을 고취하는 교육활동과 독립 전쟁을 준비하며 항일민족독립운동은 시작되었다.

그리고 1919년 10년여 식민지로서의 고통 끝에 적국의 심장부라고 할 수 있는 일본의 수도 한복판에서 일제강점기 항일 운동 사상 최초로 우리 민족의 자주독립 의지를 세계 만방에 선포한 역사적 사건이 벌어진다. 도쿄 시내 중심지 YMCA(기독교 청년회) 강당에서 당시 일본에서 유학 중이던 한국인 유학생 600여 명이 「2·8독립선언서」를 통해 조선의 독립을 선포하며 독립 선언식을 거행한 것이다.

이들은 「독립선언서」에서 한국 '병탄'이 우리 민족의 자유의사에 의한 것이 아니며, 우리 민족의 생존과 발전을 위협하고 동양의 평화를 교란하게 하는 원인이 되기 때문에 독립을 주장한다고 선언했다. 그리고 일제 의회와 정부에 대해서는 조선민족대회의 소집을, 만국평화회의에 대해서는 민족자결주의를 적용할 것을 요구하고, 아울러 실패할 때에는 일제에 대하여 영원히 혈전할 것을 선포했다. 이는 당시 와

일본 헌병대

세다 대학에 재학 중이었던 이광수에 의해 한국어와 영어 두 가지로 작성되었고, 선언문을 작성한 직후 이광수는 상하이로 도피했다.

2월 8일 당일, 조선 유학생 학우회 총회가 예정대로 개최된 뒤 최팔용은 '조선 청년 독립단' 결성에 긴급동의를 요청, 「독립선언서」가 만장일치로 채택되었다. 이에 백관수가 「독립선언서」를 낭독하자 대회장을 감시하던 일본 경찰이 들이닥쳐 60여 명의 유학생을 체포했고 이들을 강제 해산시켰다. 주모자였던 최팔용, 백관수를 비롯한 학생 8명은 기소되기도 했지만, 이후 2월 12일과 28일에도 한국인 유학생들은 도쿄 히비야 공원에서 독립선언문을 낭독하고 거리 행진을 시도했다. 이 사건은 한국에 전파되어 한 달 뒤 한반도를 뒤덮을 3·1운동의 도화선이 되었고, 「2·8독립선언서」는 국내로 밀반입되어

「3·1독립선언서」의 기본이 되었다. 일제에 대해 영원히 피 흘리는 전쟁을 선포한 이들의 기개는 앞으로 광복을 찾을 때까지 우리 민족이 벌일 뜨거운 항일 투쟁을 미리 예고한 것일지도 모른다.

3·1운동

이천만의 함성, "대한독립만세!"를 외치다
1919년 3월

1919년 3월 1일 오후 2시, 서울 탑골공원에서 한 청년이 단상에 올라 「독립선언서」를 낭독했고, 이는 곧 여기저기에 울려 퍼졌다. 조선이 독립국임과 조선 민족이 자주민임을 외친 소리였다. 낭독 후 수많은 사람들은 태극기를 꺼내 목이 터져라 "대한독립만세!"를 외쳤다.

일제의 무단통치 억압에 민족 저항의 울림을 일으킨 3·1운동은 그렇게 시작되었다. 일본 군대와 기마경찰은 평화적 시위대를 강제로 해산시키며 폭력을 휘둘렀지만 시위는 끊이지 않고 계속되었다. 서울과 평양 등 주요 도시에서 시작된 시위는 3월 중순 철도를 따라 중소 도시로 뻗어나갔고, 4월 초에는 농촌까지 확산되며 전국 대부분으로 퍼져나갔다. 또 한반도를 넘어 만주, 연해주, 중국과 일본 본토, 미국

3·1독립만세운동

본토, 하와이 등에도 이르렀다. 2개월 동안 전국 232개 부·군 중 229개에서 일어난 1,500여 건의 시위에 사망자 7,509명, 부상자 15,849명, 수감자가 46,306명에 달하는 등 당시 이천만 한국인 거의 대부분은 어떤 형태로든 이에 참여한 셈이었다.

3·1운동은 특정한 개인이나 집단의 주도가 아닌 '민중'이 주체가 되어 민족 모두 한마음으로 참여한 항일운동이었기 때문에 더욱 의미가 깊다. 하지만 그 확산 과정을 자세히 살펴보면 3·1운동의 도화선 역할을 했던 민족 대표들이 본래 목표한 운동 방향이나 의도와는 다르게 전개된 것이 사실이다.

당시 독립운동가들은 러시아 혁명과 제1차 세계대전의 종결을 보며 군국주의와 제국주의 대신 평화주의, 인도주의, 민족자결주의 시대가 도래할 것을 확신했다. 그래서 우리 민족의 독립 의지를 외국에 천명한다면 미국 등 열강의 도움으로 독립을 이룰 수 있을 거라고 판단했다. 이에 천도교, 기독교, 불교, 유림 등 종교계 대표 33인은 대외적으로는 독립을 청원하고 대내적으로 대중화, 일원화, 비폭력의 3대 원칙에 따라 운동을 진행하고자 했다. 그랬기에 최남선이 탑골공원에서 「독립선언서」를 낭독할 예정이었지만, 폭력 사태를 우려하여 인사동 요릿집 태화관으로 장소를 이동해 낭독하게 된다. 그러고 나서 한용운의 식사(式辭), 만세 삼창 후 자진 투옥됨으로써 3·1운동의 지도부 역할을 할 기회를 놓친다.

반면 3월 3일 고종의 장례를 위해 서울에 모여들었던 많은 민중들은 고종황제의 독살설로 인해 일본에 대한 적개심이 고조되어 학생들 중심의 만세 시위에 적극 동참하기 시작했다. 일제의 폭력적인 진압에도 불구하고 시위가 확산될수록 운동 조직자나 참가자들은 더욱 증가했고 그 구성과 저항방법에도 변화가 일었다. 일제 치하에서 직접 고통을 겪은 농민, 노동자, 상인과 같은 민중들이 운동의 중개 역할을 담당한 학생과 지식인들의 지도에 참여하면서 그들 스스로 운동을 주도하기도 했다.

장날에 독립선언식을 거행하고 만세운동을 했던 이들은 세계정세나 민족자결주의를 믿는 대신 일본을 우리 손으로 몰아내는 것이 독립을 이루는 길이라 믿었다. 평화적으로 시위하다 무참하게 학살당한 초기와는 달리 일제 통치기관이나 헌병주재소, 경찰서를 공격하여 일본인을 쫓아내기도 했다. 하지만 무자비한 학살과 방화를 자행하고, 독립운동가를 체포해 잔인하게 고문하는 등 일제의 탄압으로 3·1운동은 수그러들게 된다. 그럼에도 결국 일제는 통치 방법을 변화할 수밖에 없었고, 이를 가져온 저항의 바탕에는 구국 항쟁의 전통과 10년간의 혹독한 식민지 수탈 속에서 자라난 민족의식이 자리 잡고 있었다.

3·1운동은 당시 지도자들이 목표했던 외국의 어떤 지원도 받지 못한 채 끝났고 이후 독립운동가들의 이념과 노선 또한 단기적으로는 분열되었기에, 민족이 흘린 피에 비해 그 결과가 미약한 실패한 운동이라고 보기도 한다. 그러나 우리 민족의 독립 의지가 세계에 강렬하게 전해졌고, 이는 일제 패망 후 한국 독립을 당연시한 열강의 인식에 영향을 미쳤다는 점에서 성공적인 운동이라 할 수 있다.

또한 3·1운동을 통해 독립운동 지도부의 중요성과 평화적 방법의 한계를 깨달은 독립운동가들이 상하이 대한민국임시정부를 수립하거나 만주, 연해주에서의 무장독립투쟁에 나섬으로써, 3·1운동은 우리 민족 독립운동사의 결정적 장면이 된다.

대한민국 임시정부 수립

대한민국, 국체와 국호의 탄생

1919년 4월

        3·1운동은 민족독립운동의 전환점이 되었다. 3·1운동으로 민족의 독립 염원을 느낀 많은 애국지사들이 독립운동에 구심점이 필요하다는 것을 절실히 깨달았고 이에 임시정부 수립을 추진하면서 독립운동에 불을 지폈다.

  최초의 정부 형태를 띤 블라디보스토크 대한국민의회와 국내 한성정부, 상하이의 대한민국 임시정부가 다양한 움직임으로 수립된 7개 임시정부 중 대표 격이다. 프랑스 조계 상하이 보창로에 임시 독립 사무소를 설치, 1919년 4월 11일 '임시 의정원'으로 출발한 임정은 각 도 대의원 30명이 만든 헌법 격인 '대한민국 임시 헌장'을 통해 행정, 입법, 사법 3권 분립 형태의 민주공화정부를 선포한다. 헌장(헌법)과 국호, 연호가 선포되면서 정식으로 임정이 수립된 후에 한성정부 수립

소식을 들은 지도자들은 세 임정들의 통합을 추진했다. 그 결과 근거지는 상하이에 두고 임시 의정원과 대한국민의회를 합병한 의회를 조직하기로 결정했다.

9월 상하이 대한민국 임정을 중심으로 대한국민의회와 한성정부가 통합되면서 한성정부의 이승만을 임시 대통령, 대한국민의회 이동휘를 국무총리로 하는 정부가 출범했다. 임정은 외교, 군사, 교육, 문화, 재정, 사법, 교통 등 10여 개 부분에 걸친 중앙부서를 조직하고 국내 각지를 연결하는 교통국과 비밀 연락망인 연통제를 시행했다. 국내와 해외에서 운동에 필요한 자금을 모으고 독립공채를 판매하기도 했으며 운동가들 사이의 비밀 연락 업무와 소식 교환들을 수행하기도 했다. 역사편찬부를 설치하고 박은식의『독립운동지혈사』를 간행해 일본 침략 사실을 기록, 세계인에게 알리고 독립의 당위성을 호소하거나, 『독립신문』과 잡지들을 발행해 독립운동의 전개 상황을 알리기도 했다.

그러나 다양한 세력으로 정부가 출범한 데서 예견되었던 대로 곧 내재되었던 갈등이 표출된다. 만주의 무장독립투쟁 세력이 이승만을 중심으로 추진된 외교독립노선과 독립청원운동에 반대하여 임정을 배격하기 시작한 것이다. 이동휘를 중심으로 1920년을 독립전쟁 원년으로 선포하면서 실력양성과 독립전쟁을 병행하는 노선을 채택하기도 했으나, 이승만의 위임통치 발언 등에 대한 파문은 컸다. 하와이에서 활동했던 이승만은 임정 수립 직후 상하이로 왔지만 외교독립노선에 대한 반발이 거세지자 미국으로 돌아간다. 이후에도 임정의 활동 방향과 구미위원부를 중심으로 모인 독립자금 운용에 대한 내부의 대립은 계속 되었다. 결국 임정은 국민대표회의를 개최, 기존의 임정을 해체하고 새로운 임정을 수립하자는 '창조파'와 정부 자체는 두고 조직만 개조하자는 '개조파'로 분열되었고 이승만 대통령 탄핵안을 통과시켰다.

임정 의정원 신년 기념

이후 십여 년간 대한민국 임정은 독립운동 세력 사이의 통일을 이뤄 내지 못하고 침체 상태에 놓이게 된다. '정부'라 이름 붙이기에는 민족 운동 전체를 결집시킬 역량을 담보해내지 못하면서 독립운동 단체 중 하나로 전락했고, 무장독립투쟁과 외교독립운동은 각자의 길을 걷게 되는 것이다. 8·15광복을 맞기까지 27년 동안 5차에 걸친 개헌을 비롯한 각 세력 간의 분열과 재정난, 8차례에 걸친 상하이를 포함한 중국 각지 이동 등 극심한 부침을 겪으면서 말이다.

임정을 탄생시켰던 많은 독립운동가들이 떠난 뒤 약화된 임정의 자리를 지킨 것은 '임시정부의 문지기'를 자처했던 김구였다. 대통령제를 국무령제로 변경하면서 임정의 명맥을 이어간 김구는 1930년대 중반 이후 변화되는 정세 속에서 임정의 위상이 변모되는 데 큰 역할을 한다. 만주의 무장독립투쟁 세력이 만주사변 이후 활동 입지가 좁아짐에 따라 중국 관내로 이동한 뒤 임정을 중심으로 독립운동 세력 간 통일을 이루어낸다. 이후 임정은 광복에 이르기까지 군사와 외교활동까지 담아내면서 독립운동의 구심점으로서 정부 역할을 하게 된다.

004 | 문화통치와 친일파의 탄생

조선을 지배하라! 영원히, 교묘하게

1919년 9월

1919년 9월 2일 조선 총독으로 취임하여 남대문역(현 서울역)에서 관저로 향하던 사이토 마코토의 마차가 강우규의 폭탄을 맞는다. 66세의 노령으로 식민지 최고 통치자 처단을 목표로 한 강우규의 폭탄 투척은 비록 사이토를 죽이지는 못했지만 한국의 독립 의지를 재천명하며 의열 투쟁의 효시답게 일제의 간담을 서늘하게 했다. 이후 사이토는 "문화가 발달하고 국민의 노동력과 재력이 충실해지는 데 상응해 정치적·사회적으로 조선인을 일본인과 동일하게 대우하려는 궁극적인 목적을 달성하겠다"는 식민지 조선에 대한 통치 방식을 밝힌다. 이는 3·1운동으로 식민지 지배체제 유지에 위기를 느낀 일본의 무단통치에서 문화통치로의 전환이었다.

이에 따라 일제는 무단통치의 상징이었던 헌병경찰제를 폐지하고 언론·출판·집회·결사를 허용했으며, 지방제도를 개정하였다. 이를 통해 조선의 지역 유력자들이 정치에 참여할 수 있는 통로가 열렸다. 또한 회사령을 철폐해 조선 내 자본 투자를 허용하고, 우민화 정책을 수정하여 고등교육기관을 설치하기도 했다.

하지만 그들이 식민지 조선에게 행하는 지배정책의 본질이 바뀐 것은 아니었다. 실제로 광복까지 문관 총독은 한 명도 임명되지 않았고 보통경찰제 내의 경찰 수와 예산은 증가했다. 게다가 독립운동을 탄압하기 위해 사상 사건만을 전담하는 고등경찰이 활동했다. 더 기만적인 것은 문화통치 외피 아래 친일파를 적극적으로 육성해 조선인 사이의 분열을 도모한 것이다.

친일파는 단순히 일본에 우호적이고 일본 문화를 찬양한 자가 아닌 반민족행위를 한 자를 가리킨다. 일제의 강압과 폭력으로 수많은 사람이 죽음의 현장에 내몰릴 때 앞장서 일본의 이익을 대변해 자신의 이익을 얻은 사람들이다. 그러한 친일파는 역사적 어느 시점에 완전체로 만들어진 것이 아닌, 일제의 허용 범위 내에서 조선인도 성장하고 발전할 수 있다는 환상과 함께 서서히 육성되어갔다.

동화주의, 내지주의를 주장한 일제가 친일파 육성에 활용한 미끼는 '참정권'과 '자치권'이었고, 이에 현혹된 친일파들은 3·1운동 이후 정치 세력화되기 시작한다. 조선인의 일본 의회 진출을 목표로 한 참정권 청원운동은 내지연장주의에 입각한 일본 정부의 입장과 일맥상통했다. 일제는 이들이 주장한 조선인의 내지 의회 진출을 당연하다고 인정했다. 하지만 조선인의 수준이 떨어지기 때문에 즉, 민도의 차이 때문에 시기상조라며 수용하지 않았다. 그럼에도 참정권은 친일파에게 빛이 되어주었다고 할 수 있다. 자치론은 '조선인의 의회 설립'을 목표로 했지만 이는 영속적으로 식민지를 지배하고자 하는 일제의 방침과 상충되어 받아들여지지 않았다. 그렇지만 일제는 자치론을 주장하는 타협적 민족주의자들을 통해 절대독립을 주장하는 민족운동 세력을 분열시킬 수 있었다.

일제는 친일파 육성을 위해 중추원의 관제와 지방 제도도 개정한다. 조선총독부 고위 관료 출신, 친일 지주 및 자산가, 친일 단체 간부 등 무단통치 시기 동안 충성이 검증된 인물이 중추원 참의로 발탁됐고, 도지사 추천으로 참의가 될 수 있는 길이 열려 지방 참의라 불리기 시작했다. 중추원은 총독 자문기구에 불과했지만 친일파에게는 중추원이 중앙 정치에 진출해 승진할 수 있는 유일한 통로로 여겨졌다. 지방 유력자가 지방 참의가 되어 중추원으로 신분 상승을 하기 위해서는 친일을 해야 했고 1930년대가 되면 이런 구조가 한층 더 강화되고 정교해진다.

하지만 문화통치는 일제가 의도하지 않은 결과를 낳기도 했다. 비록 제한적으로 허용되긴 했지만 언론·출판·집회·결사의 자유가 한국 사회 변동에 영향을 미쳤기 때문이다. 문화통치는 당시 일본에서 전개되던 민주주의와 자유주의 운동인 '다이쇼 데모크라시'를 조선에 적용한 것인데, 일제는 조선에서도 근대 민주시민의 권리를 일정 부분 인정해 식민지 지배의 안정을 꾀하고자 했기 때문에, 명목상 치안을 저해하지 않는 한도 내에서의 신문과 잡지 발행을 인가하거나 각종 단체의 설립을 허가했던 것이다. 문화통치하에서도 조선인들은 탄압을 받았지만, 이 시기는 국내의 민족독립운동이 활성화되는 데 큰 역할을 담당했다.

의열단

강도 일본에게 고함
1919년 11월

1919년 11월, 만주 지린성 한 중국인의 집에 모인 독립운동가들은 항일비밀결사를 조직한다. 이 조직이 바로 의열단(義烈團)으로, 조직 후 만든 공약 10조의 첫 조항 '정의의 사(事)를 맹렬히 실행한다'에서 그 명칭이 유래되었다. 단장 김원봉과 신흥무관학교 출신 단원 13명으로 이루어진 의열단은, 개인이나 결사들이 일제 원흉과 매국노를 처단하고 침략 기관을 파괴하여 결과적으로는 폭력적 민중 혁명에 의한 일제 타도, 조국 광복을 목표로 했다.

이들의 과감하고 적극적인 암살, 폭탄 투척은 일제를 두려움에 떨게 했다. 1920년 1차 암살파괴계획은 발각되어 실패했지만 이후 부산경찰서, 밀양경찰서 폭탄 투척(1920), 조선총독부 폭탄 투척(1921) 등이 이어졌다. 이들의 투쟁이 두려웠던 일제는 일제강점기 최고의 현상금

100만 원을 단장 김원봉에게 걸게 된다. 이후 임정 주석이었던 김구에게 60만 원의 현상금이 걸렸던 것과 비교해도 엄청 큰 액수로, 당시 1원은 2021년 기준 환산 약 13만 원이라 하니 상상을 초월하는 가치다.

의열단은 자신들의 독립운동 이념 및 방법과 전략을 정립해야 했다. 이에 1922년 겨울, 김원봉은 베이징에 있던 신채호에게 성명문을 만들어줄 것을 요청했고 '의열단선언'이라고 불리는 '조선혁명선언'이 탄생한다.

신채호는 한말에는 계몽적인 논설로, 1910년대에는 만주에서의 저작과 활동으로 항일 독립운동의 선봉에 서 있었다. 그는 대한민국 임정 수립에 관여했지만 이승만 대통령 선출에 반대하여 반(反) 임정 활동을 전개했다. 국민대표회의에서 임정 해체와 새로운 임정 수립을 주장한 창조파의 중심인물이 되었다가 국민대표회의가 결렬되며 실패한 후 한국사 연구에 매진하게 되고 이후 무정부주의 독립운동에 가담하게 된다.

"…… 민중은 우리 혁명의 대본영이다. 폭력은 우리 혁명의 유일 무기이다. 우리는 민중 속에 가서 민중과 손을 맞잡아 끊임없는 폭력—암살, 파괴, 폭동으로써 강도 일본의 통치를 타도하고 우리 생활에 불합리한 일체 제도를 개조하여 인류로써 인류를 압박치 못하며, 사회로써 사회를 박탈치 못하는 이상적 조선을 건설할지니라……." – 조선혁명선언

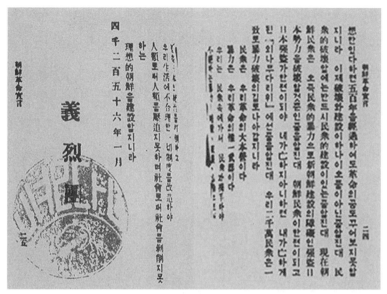
조선혁명선언

일제를 강도로 규정하고 이를 타도하기 위한 혁명이 정당한 수단임을 천명한 조선혁명선언은 자치론, 참정권론 및 문화운동 등을 일제와의 타협주의로 간주해 배격했고 임정의 외교론, 독립전쟁준비론 또한 비판하면서 민중의 폭력 혁명과 평등주의에 입각한 독립 쟁취를 주장한다.

의열 투쟁은 김상옥의 종로경찰서 폭탄 투척(1923.1.), 나석주의 조선식산은행과 동양척식주식회사 폭탄 투척(1926)으로 이어졌고, 이후에도 제3차 폭탄 계획, 대구 부호 암살 계획, 베이징 밀정 암살 사건, 경북 의열단 사건 등으로 계속되었다.

그러다 개별 투쟁의 한계를 절감한 김원봉은 무장 투쟁으로 노선을 전환하고 계획적인 혁명 훈련과 간부 조직에 착수하기 시작한다. 1926년 이후 중국 국민당 정부의 황푸군관학교에 입학해 군사정치교육을 받은 의열단은 후에 중국 관내 독립운동 세력들이 항일을 위해 통일한 민족혁명당으로 개편, 중국 항일 투쟁에 참여하고 이는 한국 광복군과 조선의용군의 조직과 전투력 증대에 크게 기여할 조선의용대로 이어졌다.

의열단

임시정부는 초기에 의열단의 폭력투쟁 노선을 '모험행동'으로 받아들여 이에 부정적이었다. 그러나 후에는 김구도 의열단의 활동에 고무되어 한인애국단을 조직 운영하며 의열 투쟁을 이어갔다. 이것은 중국 국민당 정부의 지원을 이끌어내며 임정이 변화하는 계기가 되었고, 결국 의열단의 항일투쟁은 우리 민족 독립운동사에 큰 족적을 남기게 된다.

조선일보·동아일보 창간

한글 신문에 대한 기대와 현실 사이

1920년 3월

3·1운동 이후 시행된 문화통치로 한국인들에게 일간지 발행이 허용되었다. 한말에 등장한 후 무단통치로 명맥이 끊어졌던 한글 신문 발간이 허용되자 열 건이 넘는 발행 신청이 몰려들었다. 일제는 '통치를 교란시키지 않는 범위 내에서' 배포 전 검열'이라는 조건하에 3개 신문사 설립을 허가한다. 이에 따라 조선일보(1920.3.), 동아일보(1920.4.), 시대일보(1924.3. 중외일보, 조선중앙일보로 바뀜) 일간지가 창간된다. 일제는 이 신문사들을 통해 조선인의 불만을 어느 정도 누르면서 민심을 파악하고자 했다.

조선일보는 대정실업친목회에 의해 창간되었다. 영친왕과 일본 왕족 마사코(이방자)와의 강제 결혼을 비판하는 기사로 압수당하기도 하고 "문화통치는 기괴치 아니한가"라는 논설로 무기 정간을 당하기도 했다. 친일 세력 송병준의 손을 거쳤던 조선일보는 신석우가 인수하면서 독립운동가들을 지원하는 반일 민족주의 신문으로 변화한다. 신석우는 25세의 나이로 대한민국 임정 의정원에 참여해 임시 헌장을 만들 때 국호 '대한민국'을 주장했던 독립운동가로, 임정에서 교통총장을 맡기도 했다. 현재 가치로 8억 원이 넘는 승용차를 몰 정도로 금수저 출신이었던 그는 큰 부자인 부친을 설득해 경영난에 시달리던 조선일보를 8만 5천 원에 인수한 뒤 4대 사장으로 이상재를 추대했다. 조선일보를 민족지로 키우고자 했던 그는 이후에 신간회 결성을 주도하기도 하고 문자보급운동의 일환으로 한글 교재를 무상 배포하는 등의 운동을 전개했다.

김성수와 장덕수

한편 김성수를 비롯한 78명의 발기인으로 시작된 동아일보는 초대 사장으로 박영효가 추대된 이후 이듬해 주식회사로 거듭나면서 송진우가 사장 자리를 잇는다. 김성수, 송진우 이하 거의 모든 기자들이 2~30대였기 때문에 동아일보는 청년 신문으로 불리기도 했다. 하지만 동아일보는 창간 2주 만에 '평양에서 만세 소요'라는 기사가 문제 되어 발매 반포 금지를 당한다. 이를 시작으로 네 차례 무기 정간 처분과 여러 번의 발매 반포 금지, 압수, 삭제 등 탄압을 받는다. 1936년 8월, 손기정 선수가 베를린 올림픽에서

동아일보 사옥

마라톤으로 우승한 것을 보도하면서 가슴에 그려진 일장기를 말소시킨 사진을 실었다가 정간당한 것은 유명한 사건이다.

한글 신문에 대해 한국인이 가지는 기대는 일제의 예상을 넘어 매우 컸다. 사회개조와 사회주의라는 신사상을 수용한 지식인들은 한글 신문을 통해 자신의 생각을 펼칠 수 있는 합법적인 통로가 마련되기를 기대했다. 그랬기 때문에 세 신문에 민족적 과제를 토론하고 실천하는 장으로서의 역할을 원했을 것이다. 사람들은 이들을 세 개의 정부라고 불렀고, 창간 당시 1만 부였던 발행부수가 1924년에 2만 부를 넘어 1928년에는 4만 부에 육박할 정도가 되며 그에 대한 기대를 증명했다.

하지만 일제의 강력한 탄압에 이들의 논조는 점차 바뀌기 시작한다. 특히 상하이 임정 독립신문의 사장 겸 편집국장으로 활동했지만 귀국 후에 동아일보에 입사한 이광수가 일제의 지배를 인정하고, 자치권 확보를 위한 운동을 펼쳐야 한다는 '민족적 경륜'을 연재한 것은

그 대표적인 예라고 할 수 있다. 이들은 1929년 광주학생운동이 전국적으로 확산되고 있을 때에도 학생들에게 시위를 자제하고 학교로 돌아가라는 사설을 싣는 신문들로 변해 있었다.

두 신문의 경영진 김성수, 방응모는 신문을 민족운동의 수단이 아닌 일종의 상품으로 보았다. 그러니 신문에 점차 기업적 성격이 강화된 건 당연했을지도 모른다.

1930년대 만주사변, 중일전쟁 등으로 대륙 침략을 시작한 뒤 일제는 더욱 강하게 언론을 통제해나갔다. 그러면서 신문 지면에는 일제를 비판하는 기사 대신 광고 수입과 직결된 일본 상품 광고가 급증했고, 이들은 더욱 오락적이며 친일적인 성격으로 변모해갔다. 지금도 우리들 주변에 자리하고 있는 이들 신문들, 일제의 탄압이 사라진 광복 이후 현재까지 이들이 한국 사회에 보여준 모습들은 과연 어떠했을까.

007 | 회사령 철폐

한국 최초의 홈 스위트 홈 Made in Japan

1920년 4월

　　　　　　3·1운동 이전만 해도 일제는 회사령으로
조선에서의 회사 설립을 제한했다. 허가제로 인해 조선 내 자본 투자
는 극도로 억제되었다. 그러다 문화통치의 일환으로 회사령이 폐지되
면서 신고하면 회사를 설립할 수 있게 되었고, 조선에서도 자본을 투
자하고 회사를 설립할 수 있는 길이 열렸다. 그 결과 1920년대 이후
한국에서는 공업화가 진전되기 시작한다. 물론 그러한 근대화·공업
화는 우리 민족의 주체적 결정이 아닌 전적으로 일제의 침략 정책에
따른 것이었다.

　회사령 철폐의 주된 목적은 일본 자본의 자유로운 한국 진출이었으
나, 일부 한국인 자본가들에게는 기회가 되기도 했다. 회사령이 철폐
된 후 민족 자본이 중심이 된 경성방직(주), 상인 자본이 중심이 된 평

양 메리야스 공장 등 민족 기업이 설립되기도 했다. 그러나 한국인 기업은 대부분 영세한 소규모 공장이었다. 규모나 수적인 면에서 일본 기업에 비해 턱없이 열세였기 때문에 일제와 타협하지 않고는 지속적으로 성장할 수 없었다. 심지어 독립운동을 지원한 사실이 발각되면 기업은 문을 닫아야 했다. 이러한 민족 기업의 현실, 일본과 한국 사이의 관세 철폐를 앞둔 상황 등은 물산장려운동이 일어나는 배경이 되기도 한다.

1923년 일본과 한국 사이 관세가 철폐됨에 따라 일본의 자본과 상품은 더욱 물밀듯이 밀려들었고, 이 시기에 들어온 직물, 의류, 기계 등 다양한 일본 상품은 한국 기업에 큰 타격을 주었다. 한국 전체 회사의 납입 자본 중 일본인 회사 자본이 약 70%에 육박할 정도까지 되면서 일본 자본의 한국 지배는 강화되었다. 한국 가정 곳곳과 일상에 일본 제품이 스며든 건 당연한 일이었다. 아래 기사와 같은 1920년대 당시 신문 광고는 하루 동안 조선의 신사에게 필요한 일본 상품을 보여준다.

"아침에 일어나 일본산 라이온 치마분(치약)으로 이를 닦고 면도 후에는 레토 후드에서 만든 크림을 바르고 오리지나루(Original) 향수를 뿌리고 집을 나서야 하며 약속 장소에 갈 때 동경가스전기의 자동차를 타야 한다. 사무실에서 사업 파트너를 만날 때에는 피로 회복에 좋은 헬프 약을 먹어야 하고 구강 위생을 위해서는 카오루를 써야 하며 사무실에서는 능률을 높여주는 스완 만년필을 써야 한다. 퇴근 후 집에 와서는 카스케의 맥주를, 아내는 아지노모도 조미료를 쓴다. 식사 후 아내는 남편에게 여자를 이해하는 신사가 되라며 '부인구락부'라는 여성지를 권해야 하고 아이에게는 모리나가 밀크캐러멜을 줘야 하며 자신은 중장탕을 마시며 가족과 담소를 나눠야 한다." – 매일신보 1922년 5월 25일 자

특히 이누이우 식료품 주식회사의 라구도겐 우유는 당시 한국에 큰 반향을 불러일으켰다. 그동안 젖이나 밥 말고는 아이에게 먹일 것이 없었던 한국에 '분유(우유)'라는 신상품을 알리는 계기가 되었기 때문이다. 이를 통해 1920년대 이후 우유를 먹여 '우량아'라는 '근대적 아동'으로 아이를 키우고 싶어하는 '근대적 엄마'가 급속히 확산되기 시작한다. 여기에는 일본 천황의 충직한 병사로 키워내길 기대하는 일제의 의도가 숨어 있었지만, 내포된 식민성의 의미를 무시할 수 있을 만큼, 우유를 먹여 우량아로 키우는 '근대적' '과학적' 모성애는 매력적이었다. 아이에게 더 이상 젖을 물리지 않고 우량아 선발대회에 참가하는 '근대적 각성'으로 거듭난 모성애로부터, 자식에 대한 한국인 엄마 특유의 애착과 집착, 행복한 가정 만들기는 시작되었다.

1920년대 일본산 제품으로 꾸며진 '홈 스위트 홈'을 꿈꾸고, 분유를 통해 과학적 엄마가 근대적 아동을 키우며, 한국 최초로 개장한 부산 송도 해수욕장과 인천의 월미도, 황해도 몽금포 해수욕장 등에 기차를 타고 가 수영복을 입고 해수욕하는 휴가를 즐길 수 있었던 가정의

모습은 그 당시 한국 대중의 생활과는 굉장히 이질적인 그야말로 꿈조차 꿀 수 없던 '광고' 같은 그들만의 이야기였다. 하지만 불과 몇십 년이 채 지나지 않아 한국의 대중들은 이렇게 광고된 모습들을 '이상 적'이라고 꿈꾸며 이를 실현하기 위해 이른 아침부터 밤늦게까지 바쁘게 일하게 된다.

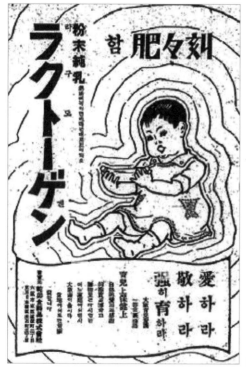

라구도겐 우유 광고

봉오동전투 · 청산리대첩

승전보를 알려라!

1920년 6월 · 1920년 10월

3·1운동을 겪으며 많은 독립운동가들은 비폭력적·평화적 방법으로 독립을 달성하는 것이 불가능하다고 생각하게 된다. 그래서 중국 관내 독립운동 세력이 임정을 중심으로 움직이는 동안 만주와 러시아 영내에서는 1919년 상반기에만 70여 개의 단체를 결성하고 군사력을 키울 만큼 무장독립투쟁 노선을 택한 독립운동가들의 움직임이 활발해졌다.

무장독립전쟁을 통한 조국 광복, 이것이 이들의 최종 목표가 되었고 국권 피탈을 전후해 형성된 이주민들의 망명촌이 이들의 근거지가 되었다. 특히 간도 지역이 키워낸 독립군은 1920년대를 전후해 압록강, 두만강을 건너 국내 진공 작전을 전개해나간다. 관공서를 습격하며 일본 군대, 경찰과 전투를 벌였던 것이다. 이에 일제는 군대를 만주로 보내 독립군을 토벌하려고 했고, 그 중심에 독립군이 대승을 거둔 봉오동전투와 청산리대첩이 있다.

1920년 6월 독립군 부대가 북간도에서 출발해, 함북 강양동에 주둔하던 일본군 헌병 국경 초소를 습격해서 격파한다. 급보를 받은 일본군은 참패를 거듭하면서도 반격을 시도했고 독립군의 유도 작전에 말려 두만강에서 40리 거리에 위치한 봉오동으로 들어온다. 최진동을 사령관으로, 홍범도를 제1연대장으로 한 독립군 부대는 100여 호에 달하는 봉오동 주민을 미리 대피시키고 일본군이 포위망에 들어오자 3면에서 공격한다. 잠복해 있던 700여 명의 독립군이 협공해 일본군 157명의 전사자와 200여 명의 부상자를 낸 데 비해 독립군은

청산리대첩 후 북로군정서

장교 1명, 병사 3명의 전사와 약간의 부상자를 내며 크게 승리한다. 이 전투가 바로 첫 정규전의 쾌거로서 독립군의 사기를 드높인 봉오동전투다.

그동안 청일전쟁, 러일전쟁에서의 승리로 승승장구하던 일제는 봉오동전투에서 정규군이 대패하면서 이에 대한 보복을 계획한다. 간도에 직접 토벌군을 침입시켜 항일 단체와 독립군을 근본적으로 없애려는 대규모 작전이 수립된다. 일제는 훈춘사건(일제가 중국 마적 두목을 매수해 훈춘 성과 일본 영사관을 공격 약탈하게 하고 일본인, 중국인, 조선인 등을 살육하게 한 사건)을 출병의 빌미로, 독립군 토벌을 위한 간도 침범을 시작해 중국과의 교섭이 이루어지지 않은 상태에서 조선 내 주둔 부대, 관동 및 연해주 주둔 부대들을 독립군 토벌대 병력으로 만주 지역에 투입시킨다. 이를 중국 측으로부터 통고받은 독립군 부대들은 청산리(중국 지린성 이도구~삼도구) 방면으로 이동하게 된다.

그러자 북간도 독립군 부대인 북로군정서는 10월 10일경 삼도구에 도착, 20일 백운평 계곡에 매복해 있다 공격하여 200여 명의 일본군 전사자를 내는 등 큰 전과를 거둔다. 일본군 수가 늘어나자 밤새 행군해 160여 킬로미터 떨어진 갑산촌으로 이동했는데, 그동안 홍범도 부대는 이도구에서 일본군 한 부대를 전멸시키고 있었다.

다음 날인 21일 김좌진이 이끄는 북로군정서와 홍범도 연합부대는 함께 어랑촌에서 전투를 벌여 일본군을 격파했고, 이로부터 26일 새벽까지 백운평 전투를 시작으로 완루구, 어랑촌, 천수평, 고동하 등 동서로 약 25킬로미터에 달하는 청산리 계곡에서 대소 10여 회 전투를 벌여 승리하고 많은 무기를 노획한다. 청산리대첩이다.

이 전투에서 1,600여 명의 김좌진 부대와 홍범도 연합부대 1,400여 명의 독립군은 5천여 명의 일본군과 싸워서 전사자 60여 명, 부상자 90여 명만 낸 데 반해 일본군 전사자 1,200여 명, 부상자 2,100여 명을 내며 승리하였다.

1907년 군대 해산 이후 13년 만에 총을 든 우리 군대가 한 사람당 겨우 감자 3개와 한 줌의 쌀로 연명하면서 일제의 정규군을 물리친, 독립군 사상 최대 전과를 거둔 빛나는 승리였다.

009 | 간도참변

피 젖은 만주 땅, 일제가 행한 대학살

1920년 10월~1921년 4월

　　　　　한인들의 간도 이주는 철종 말에서 고종 초
에 이르는 시기에 본격적으로 시작되었다. 주로 세도정치의 폭정과 흉
년에 시달리던 민초들이 새로운 삶의 터전을 찾아 떠나면서부터였다.
국권 피탈을 전후한 시기에 특히 이주민이 급증했는데, 1910년대 일
제의 토지조사사업으로 토지를 강탈당한 농민들이 늘어나 1910년 9월
부터 15개월에 걸쳐 간도로 이주한 한인이 2만 5천여 명에 달하기도
했다.

　간도는 만주 지린성 동남부 지역으로 서간도와 동간도로 나뉜다. 서
간도는 압록강과 송화강 상류인 백두산 일대, 북간도라고도 불리는 동
간도는 훈춘, 왕칭(왕청), 옌지(연길) 등 두만강 북부 만주 땅이다. 「별
헤는 밤」, 「서시」 등의 시로 유명한 시인 윤동주가 북간도 허룽(화룡)의

한인촌인 명동촌 출신이다. 영화 〈아리랑〉의 나운규, 문익환 목사, 그리고 윤동주는 1908년 세워진 명동학교를 졸업한 동문으로, 명동학교는 신흥무관학교와 함께 독립운동사에 큰 역할을 한 북간도 민족교육의 거점이다.

1919년 3·1운동을 계기로 북간도 용정촌에서 1만여 명의 한인동포들을 중심으로 용정 만세시위운동이 벌어졌고 이는 곧 간도 전역으로 확산되었다. 민족의식이 더욱 고취되는 가운데 간도에서는 항일무장투쟁을 위한 수많은 독립군 부대가 편성되었다. 북간도에서는 김좌진의 북로군정서, 홍범도의 대한독립군이 독립군으로 양성되고 있었고 서간도에서는 신흥무관학교 출신들로 조직된 독립군 서로군정서가 활동하고 있었다. 그들은 국민 의연금으로 시베리아로부터 대량의 최신식 무기를 구입하고 만주로 망명한 청년들에게 군사 훈련을 실시하면서 전투력을 키워주었다. 봉오동전투와 청산리대첩에서의 승리가 가능했던 것도 간도 한인들의 민족의식과 인적, 물적 기반이 뒷받침되었기 때문이다.

봉오동전투와 청산리대첩에서 크게 패한 일제는 독립군의 무장투쟁이 식민통치에 위협적이라고 판단해 만주에 있는 이들의 근거지를 소탕하기로 한다. 이에 만주 침범을 감행한 후 한인 독립군 토벌 작전을 벌인다. 하지만 독립군 부대는 이미 일본군의 추격이 미치지 않는 산속이나 중·소 국경지대로 이동한 뒤였다. 그러자 일제의 독립군 토벌은 독립군 무장투쟁의 기반이 되어준 민간인에 대한 학살로 이어지

간도참변이 지나간 후 농가의 모습

고 만다. 1920년 10월부터 이듬해 4월까지 한인 촌락을 대상으로 벌어진 일본군 토벌대의 무자비한 학살을 간도참변 또는 경신참변, 간도대학살이라고 부른다.

일제는 3개 사단을 출동시켜 한인들을 심문도 없이 잡아 일렬로 세운 뒤 총살하고 불태우는 등의 학살을 저질렀다. 1920년 10월과 11월 두 달 사이에만 3천 6백여 명의 한인이 죽음을 당했고 3천 5백여 채 가옥, 60여 개 학교, 20여 개 교회 및 6만여 석 양곡이 소각되었다고 한다. 일본군의 만행을 취재하기 위해 현지에 특파되었던 동아일보 장덕준 기자는 일본군에게 피살되기도 했다.

이러한 간도대학살은 당시 만주에서 선교활동을 하던 서양인 선교사들에게 목격되면서 전 세계에 알려졌다. 일본군의 한인 학살 장면을 목격한 미국인 선교사는 "피 젖은 만주 땅이 바로 저주받은 인간사의 한 페이지"라고 개탄할 정도였다고 한다.

그러나 이와 같은 일제의 탄압에도 불구하고 1920년대 중반 일제가 만주 군벌과 미쓰야협정을 체결해 그들의 도움을 받아야 할 정도로 간도의 한인 독립운동은 소멸되지 않았다. 심지어 만주사변 이후 일제의 괴뢰국인 만주국이 세워질 때까지도 이 지역을 기반으로 하는 항일무장투쟁은 계속되었고 중국군과의 연합작전은 대승으로 이어지기도 했다.

간도참변으로 명동학교는 소실되었고 1925년에는 중등교육과정을 은진중학교와 통합하며 문을 닫는다. 또한 1920년 가을, 서간도의 신흥무관학교가 폐교되는데, 이날 지청천은 사관생도 300명을 인솔해 백두산 지역 안도현 삼림지대로 들어가 홍범도 부대와 연합한다. 그리고 김좌진 부대의 뒤를 따라 밀산에 도착하여 대한독립군단 결성에 참가한다. 신흥무관학교는 광복 이후 서울에서 '신흥초급대학'이라는 이름으로 이어졌다가 한국전쟁 등을 거친 후 경희대학교로 변화된다.

010

자유시참변

러시아에 뿌려진 독립군의 눈물

1921년 6월

"독립군 사망 272명, 익사 31명, 행방불명 250명, 포로 970명" – 「조선민족운동연감」

독립군 내에서 집계된 이런 비극적 통계는 일제와의 전투 때문이 아니다. 봉오동전투와 청산리대첩에서 대승을 거두었던 독립군 부대들이, 자신들을 지원하겠다고 약속한 러시아를 믿고 일제를 피해 들어간 자유시에서 독립군 부대 간 그리고 러시아 적색군의 공격으로 치명적인 상처를 입은 자유시참변(흑하사변)의 결과였다.

간도참변이 일어난 즈음 독립군 부대는 중국과 소련의 국경 지대인 밀산부로 집결한다. 밀산부의 한흥동은 1910년 전후 민족운동가들이 해외 독립운동 기지로 건설했던 곳이다. 하지만 그곳은 다수의 독립군을 장기간 수용하는 것이 불가능했기 때문에 독립군들은 장기 항전을 준비하기 위해 러시아령 연해주로 이주를 결정한다. 각지에 흩어져 있던 한인 부대를 통합하고 볼셰비키 정부의 지원을 받음으로써 항일전을 효과적으로 수행할 수 있을 것으로 기대하면서 말이다. 이를 계기로 독립군들은 서일을 총재로 한 3천 5백여 명 병력의 대한독립군단으로 조직된다.

1921년 1월 초 일제의 경계망을 뚫고 러시아령으로 넘어가기 시작한 대한독립군단은 2월 자유시 일대에 주둔하면서 러시아의 원조를 받고 장비를 보강한다. 이들은 본부를 이르쿠츠크에 주둔시키면서 고려군관학교를 개설해 사관을 양성했고, 그 시기 연해주 각지의 한인 무장부대와 독립군들도 자유시 일대로 집결한다.

한편 이 무렵 일본과 러시아는 캄차카 반도 연안의 어업 조약을 체결한다. 그 과정에서 일본 측은 러시아 영내에서 한국인 혁명 단체를 육성하지 말 것을 요구했고 러시아는 한국독립군의 무장 해제를 일본에 약속한다. 이에 러시아는 대한독립군단에 무조건 무장 해제의 통지를 내리면서 그와 함께 붉은 군대(적군)에 합류해, 러시아에서 지급하는 무기로 전투할 것을 종용한다. 이는 일본과의 충돌은 피하되 자신들의 약소국 지원 방침은 달성할 수 있다고 판단한 결과였다. 이에 독립군 내에서는 거부와 수용으로 의견이 갈린다. 한인 부대의 통솔권을 둘러싼 군권 간의 대립과 당시 계파 싸움이 치열했던 공산당 간의 대립 등이 함께 결합돼 독립군 내부에서 갈등과 반목이 일어나고 말았던 것이다.

결국 6월 28일 무장해제를 둘러싸고 독립군 대 독립군의 교전이 벌

북만주 헤이룽장성의 아이훈에서 바라본 러시아 땅

어진다. 자유시 부근의 수라세프카 일대에서 중화기까지 동원된 대규모 교전이었다. 거기에 러시아 적군은 무장해제에 반대하는 한국독립군을 이중으로 포위하고 장갑차와 기관총으로 공격하기까지 했다. 이사건으로 사상자가 속출했고 독립군 부대는 흩어지고 만다. 독립군의 투쟁 역량이 크게 약화된 것은 당연한 결과였다. 이후 김좌진을 비롯한 독립운동가들에게 극도의 반공적 성향이 나타나게 된 것도 이로인한 충격 때문이다.

대한독립군단으로 활동했던 홍범도는 자유시참변 이후 적군에 편입이 되고 결국 소련의 견제와 감시 속에서 항일무장투쟁의 꿈을 접을 수밖에 없게 된다. 이후 그는 연해주에 정착해 집단농장과 협동농장 등에서 일하면서 한인 동포들의 권익보호에 힘썼다고 한다. 그 후 1937년 9월 스탈린의 한인 강제 이주정책에 따라 연해주에서 중앙아시아로 이주한 홍범도는 카자흐스탄 크즐오르다에서 조국의 광복이

홍범도

이르기 전에 75세를 일기로 세상을 떠난다.

1920년대 초 항일무장투쟁의 영웅 홍범도, 그의 마지막은 만주와 연해주의 독립군과 당시 나라를 잃고 떠돌던 서러운 한국인의 모습 그 자체였다.

011

물산장려운동

조 선 살 림 , 조 선 것 으 로

1923년 1월

근대 지식인 자산가들은 3·1운동 이후 우리 민족정신을 일깨우고자 했다. 일제의 경제적 수탈정책에 항거해 물자를 아껴 쓰고 우리나라의 산업 경제를 육성하자고 주장하면서 말이다. 이러한 의식 아래에서 1920년 평양, 조만식이 중심이 되어 출발한 토산품 애용운동은 민족기업의 설립을 촉진시켰고, 이 움직임은 인천을 거쳐 서울에 상륙했다. 관세 철폐를 앞두고 있어 민족자본에 위기가 닥쳤다고 판단한 1923년 1월, 조선물산장려회가 서울에서 탄생한 것이다. 그리고 20여 개의 민족단체 대표 160여 명이 준비하고 3천여 명의 회원들이 참가하며 시작된 물산장려운동은 폭발적인 호응과 함께 전국적으로 확대되기 시작한다.

지식인, 청년, 부녀자들은 '내 살림 내 것으로' '조선 사람 조선 것'

등 실천 구호 아래 서대문에 전시장을 마련하고 국산품을 진열하며 운동을 발전시켜 나갔다. 연희전문학교 학생 50여 명은 자작회를 조직하기도 하고 전단을 뿌리며 가두연설과 시가행진을 하기도 했다.

이 운동의 주요 내용은 남자는 무명베 두루마기를, 여자는 검정 물감을 들인 무명치마를 입고, 설탕·소금·과일·음료를 제외한 나머지 음식물은 모두 우리 것을 사 쓰자는 것이었다. 일상용품은 우리 토산품을 상용하되, 부득이한 경우 외국 제품을 사용하더라도 경제적으로 실용품을 써서 가급적 절약을 하도록 했다. 일본 상품을 배격하고 국산품을 애용하려고 했던 물산장려운동은 근검저축, 생활개선, 금주, 단연 운동으로 이어져나간다.

하지만 이에 대한 전국적인 호응은 불과 반 년밖에 가지 못한다. 운동에 앞장섰던 지식인들은 민족기업을 세우고 국산품을 애용해 경제 자립의 토대를 닦고자 했지만, 이 운동으로 일부 생활용품 가격이 폭등하는 부작용이 나타났기 때문이다. 그러면서 가난에 시달리던 대다수의 민중들이 아닌 자본가들에게만 이득이 되는 운동이라는 비판이 나오게 되었고, 더 이상 대중들의 지속적인 참여와 지지를 얻을 수 없게 되었다. 게다가 일제는 한국인이 민족 산업을 일으켜 독자적으로 경제권을 확보하는 것을 원하지 않았다. 그랬기 때문에 한국 자본과 일본 자본의 구분을 희석시키고 한국인 내부의 분열을 꾀하면서 물산장려운동을 억제하고 탄압했다.

우리나라의 산업 경제를 키우기 위해 시작된 물산장려운동이 실패로

물산장려운동 광고

끝나자 한국인 자본가들은 크게 흔들린다. 특히 1920년대 중반부터 확대된 사회주의 세력과 노동·농민운동은 그들을 더욱 불안하게 만들었다. 결국 가장 동요가 심했던 한국인 대자본가와 그들을 대변하는 타협적 민족주의자들은 '경제적 실력양성을 뒷받침하기 위해서는 최소한의 정치권력이 필요하다'는 논리를 내세워 자치운동을 추진하게 된다.

012

민립대학 설립 운동

한민족 1천만 한 사람이 1원씩

1923년 3월

일제가 식민지 조선에 행한 교육 방침은 '우민화'와 '동화주의'였다. 1922년 제2차 교육령으로 일본인과 조선인의 교육 연한을 동일하게 하고 보통학교 수를 늘려 민족 차별을 완화한 것 같았지만 그 본질은 변하지 않았다. 일제는 조선인에게 보통-고등보통-전문학교(대학)로 이어지는 실업교육 체계를 적용했고, 일본인에게는 소학교-중학교-대학으로 이어지는 공교육의 체계를 적용했다. 이는 조선인을 우민화하기 위해 차별적으로 이원적인 교육제도를 시행했음을 의미한다. 일본인과 같은 공교육을 받을 기회는 극소수의 조선인에게만 주어졌다. 친일파의 자제나 후에 스스로 친일파가 되는 이들이었다. 또한 동화주의에 따라 조선 교과과정에서 일본어와 일본 역사, 지리, 문학 교육이 대폭 강화되어갔다.

이러한 상황이 되자 민족지도자들은 일본 교육정책에 맞서 우리 민족에게 고등교육이 필요하다는 의식을 갖게 된다. 이들은 이미 19세기 후반 국권 피탈 시기에도 교육을 통해 실력을 양성하여 국권을 회복하자며 전국에 사립학교를 세우려고 시도하기도 했다. 결국 이상재, 이승훈을 중심으로 한 민족지도자들은 한국인을 위한 대학을 세우려는 민립대학 설립 운동을 벌이기로 한다. 그러고는 1923년 3월 서울 YMCA 회관에서 91명이 참가해 민립대학 설립 기성회를 설립하고 "한민족 1천만 한 사람이 1원씩"이라는 구호 아래 3년 동안 1천만 원의 민립대학 설립 기금을 모금할 것을 계획한다. 전국 백여 곳에 지방부를 조직하면서 국내외 모금 운동을 전개하여 우리 민족 최고 교육기관이자 민족문화를 계승할 대학을 민간의 힘으로 설립하고자 한 것이다.

"우리의 운명을 어떻게 개척할까? 정치냐, 외교냐, 산업이냐? 물론 이와 같은 일이 모두 필요하도다. 그러나 그 기초가 되고 요건이 되며 … 교육이 아니면 아니 된다. … 민중의 보편적 지식은 보통교육으로도 가능하지만 심오한 지식과 학문은 고등 교육이 아니면 불가하며, … 오늘날 조선인이 세계 문화 민족의 일원으로 남과 어깨를 견주고 우리의 생존을 유지하며 문화의 창조와 향상을 기도하려면, 대학의 설립이 아니고는 다른 방도가 없도다."

– 조선 민립대학 설립 기성회 발기 취지서

민립대학 설립 운동

하지만 운동이 전국에 급속히 퍼지자 일제는 사상적 차원으로 몰아 방해하고 탄압한다. 게다가 가뭄과 홍수로 인한 경제적 곤란 때문에 모금은 어려움에 직면한다. 또한 당시 일제의 수탈로 극도로 궁핍한 생활을 했던 대다수 민중들에게 대학은 절실한 문제로 여겨지지 않았다. 문맹 퇴치를 위한 최소한의 교육조차 받지 못했던 그들에게 대학에 간다는 것은 먼 나라 남의 이야기에 불과했다. 이에 천만 원으로 한 개의 대학을 세울 것이 아니라 대중교육의 보편화에 힘쓸 것을 주장하는 비판이 제기되면서 결국 실패한다.

하지만 이와 같은 흐름을 통해 일제의 정책이 변화하게 된다. 일제는 우민화 정책을 유지하면서도 고등교육에 부분적으로 기회를 확대해 조선인의 불만을 무마하고자 했다. 또한 식민지 지배를 학문적으로 정당화하는 이론 체계를 수립할 기관을 마련하고자 했다. 1924년, 조선의 유일한 대학으로 경성제국대학이 세워진 배경이다. 물론 1929년 법문학부 최초 1회 졸업생 90명 중 조선인은 22명에 불과했다.

경성제국대학은 친일분자 육성에 봉사한다는 목표로 설치되었기 때문에 졸업생들은 거의 일제의 지배체제에 포섭되었지만, 그런 중에도 민족 독립을 위해 투신한 자들이 나오게 된다. 1946년 9월에 국립 서울대학교가 발족하자 경성제국대학은 서울대학교에 통합된다.

013

3부 수립

참 정 신 군정부, 전열을 가다듬다

1923년 8월

 간도참변, 자유시참변 등을 겪으며 무장
투쟁의 기반이 약화된 독립군들은 1920년대 중후반 만주에서의 부대
통합운동으로 다시 전열과 체제를 정비한다. 특히 이 당시 독립군들
의 조직인 3부는 민정과 군정을 겸비한 군 정부 형태의 특징을 가졌다
는 점에서 이전의 독립군과는 구별된다. 최초의 군 정부는 남만주 환
런(환인)에서 탄생한 대한통의부로 휘하에 '의용군'을 두었지만 구성원
사이의 이념 갈등으로 해체되면서 3부로 이어지게 된다.

 참의부는 독립운동 지도자들이 대한민국 임정 직할 부대로 만주 독
립군을 재통합할 필요성을 절실히 느끼면서 만들어졌다. 상하이에 파
견된 만주 독립운동 지도자들은 임정과 교섭했고 제안을 받아들인 임
정은 직속의 남만군정부를 인정하고 정식 명칭을 대한민국임시정부

육군주만참의부로 정한다.

임시정부의 승인을 얻은 이들은 독립운동 세력 사이의 분열과 대립을 비판하면서 대한민국 임정의 기치하에 모일 것을 주장하는 성명을 발표(1924.5.)했고 임정직할대로서 참의부를 세워 임정으로부터 정식인준을 받았다(1924.6.26.). 참의부는 남만주 압록강변을 중심 근거지로 해 지안(집안), 창바이(장백) 등 동포 사회를 관할하며 항일전을 전개했다. 의병계열이었던 만큼 군사조직이 중시되었고 민사조직도 군자금 수합이 중요 기능이었다. 1924년 벌어졌던 국내 독립군 활동 3분의 2 이상이 참의부가 벌인 일본 군경 습격, 일제 통치 기관 파괴, 친일파 숙청 등의 전과였다.

1923년 국민대표회의 결렬 후 개조파의 양기탁 등이 중심이 되어 남만주 독립운동단체의 통일체로 결성된 것이 정의부(1924.11.)이다. 참의부에 비해 애국계몽운동 계열의 성격이 짙었던 정의부는, 군사행동에도 목적을 두고 무기를 구입해 국내 진입을 준비하기도 했지만 관할지구 교포의 경제, 문화, 교육기관 설립에 활동 역점을 두었다. 농민조합과 농업 공사를 설립하고 황무지를 매입, 개간해서 독립운동가 가족을 안주시켰으며 초등교육을 의무적으로 실시했다. 미주에서 발간된 대한인국민회의 기관지 『신한민보』는 특히 평안도 지역 출신이 중심이 된 정의부의 독립운동에 대해 100회 가까운 기사를 보도하기도 했는데, 정의부의 투쟁성, 재정적 곤란, 정의부원의 희생을 알려 재미 한인의 민족의식을 고취하고 독립운동자금을 모집하여 함께 독립운동을 전개하고자 했다.

김좌진

신민부는 자유시참변 이후 러시아에서 되돌아온 대한독립군단이 김좌진 등을 중심으로 북만주 독립운동 단체들을 통합 결성(1925.3.)한 애국계몽 계열의 단체다. 정의부와 마찬가지로 임정과 거리를 두면서 공화주의와 민족주의를 기본사상으로 삼권분립제도를 기반으로 운영되었다. 농촌의 계몽과 교육 및 산업의 발전에 적극적이어서 한인 자녀에 대한 의무교육을 목표로 50여 개의 소학교를 설립했고 각 마을마다 노동 야간강습소를 설치했다. 이와 함께 항일전을 위한 독립군 양성을 위해 성동사관학교를 설립, 배출된 500여 명의 졸업생들은 독립군 간부로 활동하기도 했다. 청산리대첩의 장군 김좌진은 성동사관학교 부교장으로 정예 군사 양성에 힘쓰며 신민부를 지켰다. 그러다 1930년 산시역 근처 정미소에서 고려공산당 박상실의 총탄에 스러져 41세를 일기로 세상을 떠난다.

1920년대 중반의 민정과 군정을 겸한 3부의 정립은 그동안 만주에서의 단기적 산발적 무장투쟁이 장기적이고 체계적인 항전으로 변화하고 있음을 보여주는 장면이다. 이들의 활동은 일본에게 위기로 다가왔고 일제는 이에 미쓰야협정을 체결했다. 미쓰야협정은 1925년 조선총독부 경무국장 미쓰야와 중국 동삼성(만주)의 실질적 지배자인 군벌 장쭤린 사이에서 체결된 것이다. 만주에서 한국인 독립운동가를 체포하면 일본 영사관에 넘기고, 일본은 인계받는 동시에 대가로 상금을 지불하며 장쮜린은 상금 중 일부를 체포한 관리에게 주도록 하는 규정이었다. 이 때문에 체결 이후 만주의 관리들은 독립군 적발에 혈안이 되었다. 그 결과 한국인들은 많은 피해를 입었으며 만주의 독립군 기세는 약화될 수밖에 없었고 이를 극복하기 위해 3부는 하나의 통일된 단체로 묶이기 위한 노력들을 계속적으로 해나가게 된다.

신민부 본부

014 | 암태도 소작인 항쟁

소작인, 지주의 무릎을 꿇리다

1923년 8월

목포에서 뱃길로 1시간 30분 거리에 있는 암태도는 돌이 많고 바위로 둘러싸여 그 이름이 유래된 섬이다. 암태도의 농민들은 논과 밭을 경작하며 대대로 살아왔지만 그 논밭은 당시 농민의 상황이 대부분 그랬듯 본인의 것이 아닌 문씨와 심씨 성을 가진 몇몇 집안 소유였다. 농민은 땅을 빌려 경작하는 대신 수확의 70~80%를 소작료로 내야 했다. 엄청난 수탈량이었지만 농민들은 저항할 수 없었다. 소작권이 보장되어 있지 않아서 땅 소유자인 지주의 마음에 들지 않으면 땅을 계속 빌릴 수가 없었고, 일제의 비호를 받는 이런 지주들의 힘은 무척이나 막강했기 때문이다.

그러나 3·1운동 이후 암태도에도 변화가 찾아왔다. 섬 청년들이 청년회를 조직하고 학교를 운영하기 시작했다. 그리고 1923년 8월 서태

석을 지도자로 하는 농민들은 암태소작인회를 결성하고 소작료 인하를 요구했다. 하지만 지주 문재철은 비웃으면서 회유와 협박으로 소작인회를 붕괴시키려고 했다. 그는 소작인들이 추수를 거부하고 소작료를 납부하지 않는 투쟁으로 맞서면서 해를 넘기자 소작료를 강제로 징수하려고 했던 것이다. 그 와중에 충돌이 일어나고 경찰들은 소작인회 간부들을 구속했다.

이후 지주와의 싸움은 일제에 대한 투쟁으로 변한다. 농민들은 물러서지 않았고, 4월과 6월 목포경찰서와 법원 앞에서 항의 시위를 전개한다. 7월에는 아사(餓死)동맹을 결의한 600여 명의 농민들이 목포 재판소에 몰려들었다. 동아일보는 1924년 7월 17일 자 신문에서 이들의 단식농성을 기사화했다.

"보라! 저 600여 명의 남녀노유(男女老幼)는 무엇보다도 귀중한 생명까지 내어놓고 법정에서 천(天)으로 더불어 이불을 삼으며 지(地)로 하여금 요를 삼고 수 삼일을 기아(飢餓)하면서 주린 창자를 움켜잡고 마르는 목을 견디면서 13인 형제의 방면을 애호비읍(哀呼悲泣)하는 비절참절(悲絶慘絶)한 애경(哀景)을 보라!"

언론과 전국의 노동, 사회단체가 지원에 나섰고, 일제는 이러한 쟁의가 확산되는 것을 막기 위해 중재에 나섰다. 지주는 양보할 수밖에 없었다. 소작료는 지주 몫 4할로 낮추고 지주는 소작인회에 기부금

암태소작인회

2,000원을 내놓기로 한 것이다. 목숨을 건 1년 동안의 싸움에서 농민이 거둔 승리였다.

　일제는 1910년대 토지조사사업으로 식민지 지주제(일본인 혹은 소수의 한국인 대지주가 다수의 한국인 소작농을 지배수탈한 제도)를 확립한 뒤 1920년대 산미증식계획과 수리조합 사업 등을 강행했다. 한국 농민들은 쌀 생산에만 매달렸고, 소작농들은 소작료 이외에도 토지개량비, 수리조합비, 비료대 등 지주가 내야 하는 수십 가지의 비용을 떠안아 실제 수확물의 80% 이상을 소작료로 부담해야 했다. 또한 지주, 마름 집 청소, 수리, 그들의 관혼상제 시 노역 제공 등 경제 외적인 일까지도 착취당하며 지주들의 철저한 간섭과 통제하에 살아야 했다. 이처럼 인간 이하의 삶을 살게 되면서 많은 농민들은 화전민이 되거나 도시 빈민으로 유리걸식하며 토막민이 되었고, 정든 고향을 떠나 만주, 일본, 러시아 등 해외로 이주하기도 했다.

소작쟁의는 그야말로 최소한의 생계를 유지하려는 농민들의 집단적 대응이었다. 농민들은 지주들의 고율 소작료에 대한 투쟁과 함께 특히 지주들이 자의적으로 소작권을 이동하는 것에 저항했다. 지주가 무자비하게 소작인들을 수탈하는 것이 가능했던 이유는 암태도에서와 같이 소작기간을 지주 마음대로 정할 수 있었기 때문이다. 일제는 우리나라의 세습적 경작권을 부정하고 소작기간을 1년으로 단축하여 철저하게 지주에게 유리하게 만들었고, 이에 생존 자체에 위협을 받게 된 농민들은 살기 위해 저항했다.

일제강점기 내내 벌어진 소작쟁의는 처음에는 분산적이고 비교적 온건하게 진행된다. 하지만 시간이 흐를수록 조직화되면서 양적 질적으로 성장을 거듭한다. 특히 1920년대 중반 사회주의 사상의 영향을 받아 더욱 조직화되고, 농민들의 의식이 성장하고 단결이 강화되면서 변화해나갔다.

처음에는 단순히 소작조건 개선을 요구하던 투쟁은 일제의 탄압이 시작되면서 정치적인 성격의 농민운동으로 변화하고, 이는 일제의 식민통치에 반대하는 반제 투쟁으로까지 발전하게 된 것이다.

암태도 소작인의 1년에 걸친 피눈물 나는 항쟁으로 이룩한 소중한 승리는 1920년대에 매년 평균 680여 건에 달했던 당시 전국 소작쟁의의 시작이 되었다.

015

관동대지진과 한인 학살

지진을 맞는 일본의 자세

1923년 9월

1923년 9월 1일 오전 11시 59분. 일본 도쿄를 중심으로 한 관동 지역에 진도 7.9의 강진이 발생했다. 점심 준비를 하느라 거의 모든 가정에서 불을 사용하고 있었기 때문에 지진은 대화재로 이어졌고, 관동 지역 일대는 붕괴되다시피 했다. 사망자와 행방불명자가 14만 명, 이재민이 340만 명에 달하는 대재앙이었다. 그런 가운데 계엄령이 시행되었고 일본 내에서는 불안을 타고 유언비어가 퍼져나갔다. '조선인이 폭동을 일으킨다' '조선인이 방화했다' '조선인이 우물에 독을 탔다'는 내용이었다. 그리고 자경단, 경찰관 등은 조선인과 조선인으로 의심되는 중국인과 일본인, 사회주의자들을 학살하기 시작했다.

보통 한 집단이 위험에 빠졌다고 판단될 때 그 집단은 스스로를 보

관동대지진이 벌어진 후 시내 모습

호하기 위해 외부에 적을 만들어 단합을 꾀하고자 한다. 혹은 내부에서 책임을 물을 희생양을 찾아 해결의 돌파구를 마련하기도 한다. 집단 전체가 이에 참여하기도 하고 집단의 변화에서 가장 많은 것을 잃을 수 있는 일부에 의해 주도되기도 한다. 근대로의 변화에 두려움을 느껴 유럽인이 벌인 마녀사냥이나 관동대지진 후에 일어났던 한인 학살이 그랬다.

1920년대 전반 일본은 본국과 식민지 모두 위기에 직면해 있었다. 한국과 중국에서는 독립운동이 격화되었고 본국에서는 사회주의로부터 영향을 받은 노동, 농민운동 등이 사회 전반에 확산되고 있었다. 일본 군부와 국가주의자들이 이들에 대한 탄압의 기회를 엿보던 그 시기에 대지진이 일어난 것이다. 일제는 당면한 위기 극복을 위해 이용할 수 있는 '조선인'이라는 희생양을 찾아냈다. 그들은 공황 상태에 빠진 민중의 불안한 감정을 부추기기만 하면 되었다.

당시 일본 내에는 수많은 한인들이 있었다. 19세기말 선진 학문을 배우기 위해 유학길에 오른 유학생들에게서 시작된 일본으로의 도항은, 1910년대 일제가 값싼 노동력을 공급할 목적으로 한인을 일본 본국에 유치하는 정책을 펴면서 계속 증가했다. 또한 토지조사사업으로 농토를 잃은 많은 한인들이 일본에서 산업 노동자로 취업해 급성장하는 일본 산업을 위해 일하며 저임금 노동력의 공급원으로 사용되고 있었다. 1920년대에는 농토에서 밀려나 생활이 더욱 어려워진 한인들의 일본과 만주로의 이주가 계속 늘어났고 1930년대에는 더욱 증가한다. 일본이 좋아서가 아니라 생존이 불가능할 만큼 한국 생활이 비참했기 때문이다.

대지진 직후인 9월 1일 오후 경시청은 정부의 출병을 요청하면서 계엄령 선포를 준비한다. 내무대신과 경시총감 등은 1일 밤 도쿄 시내를 일순하고 2일 도쿄와 가나가와 현의 각 경찰 및 경비대에게 조선인 폭동 사실을 퍼트리며, 전문을 준비해 전국 지방 장관에게 타전한다.

"…… 도쿄 부근의 진재를 이용하여 조선인이 각지에서 방화하려는 등 불경한 목적을 이루려고 하여 현재 도쿄 시내에는 폭탄을 소지하고 석유를 뿌리는 자가 있다. 도쿄에서는 이미 일부 계엄령을 실시하였으므로 각지에 있어서도 충분한 시찰을 가하고 조선인의 행동에 대해서는 엄밀한 단속을 가해주기 바란다……"

일본 정부가 유언비어의 출처요 전파 통로였다.

조선인 폭동에 대한 낭설이 퍼지는 가운데 2일 오후 6시 긴급 칙령으로 계엄령이 선포되었고, 군대와 경찰을 중심으로 각 지역에서 조직된 자경단에 의해 특히 도쿄와 가나가와 현에서 많은 한인들이 학살당한다. 도망치는 한인들까지 붙잡아 무차별 학살하는 것을 방조했던 정부에 의해 아직도 진상이 가려져 있는 이 사건은 대부분 불문에 부쳐졌고 학살당한 상당수는 시체조차 찾지 못했다. 이때 관동 부근 조선인 3만 명 중 6천 6백 61명(당시 대한민국 임정 『독립신문』 특파원의 보고)에 달하는 사람들이 학살당한 것으로 추정할 뿐이다.

관동대지진이 수습된 후 양심 있는 일부 일본인들은 학살당한 한인을 위한 추모비를 세웠다. 그리고 매년 9월 1일 재일교포와 일본인들이 추모비 앞에서 고인들의 넋을 기리고 정부의 책임을 규탄하고 있지만 한국과 일본 정부는 모두 침묵하고 있다. 결국 대지진에 대한 대응을 통해 일제는 식민통치의 기조로 그들이 부르짖던 '동화'와 '내지연장주의' 등의 이론과 구호가 얼마나 허구인지, 그 모순된 민낯을 본인 스스로 증명하였고, 최소한의 도덕성마저 상실한 모습을 역사 속에 남긴 셈이 되었다.

016

대중목욕탕의 등장

다 함께 벗는 시대의 탄생

1924년

"지나간 3월 그믐날 저녁…… 적선탕에서 한 괴악한 야만의 행위가 있었으
니, 곧 경성부청에 다닌다는 일인 관리가 목욕하러 와 남탕은 사람이 많아 들
어갈 수 없다고 핑계하고 여탕으로 발가벗고 들어갔다. 그때에 목욕하던 여
탕의 여자들은 놀라 뛰어나왔다. 그 소리에 남탕에 있던 조선 남자들이 나와
보니 기가 막히는 광경인지라. 곧 주인을 불러 단단히 꾸짖고…… 그 동네
사람들은 기막혀 말하되 일본에는 그런 만풍이 있을지 모르나 세계 각국 어
느 문명한 곳에 그런 풍속이 있을까 하며 목욕탕 주인의 묵인함과 당국의 취
체 완만함을 분개하더라." – 동아일보 1920년 4월 3일 자

'여탕 안에 남자'라는 제목이 붙은 이 기사는 일본인으로부터 시작
된 대중목욕탕이 한국에 맞게 정착되어가는 과정을 보여주고 있다.

당시 일본의 대중목욕탕은 입구만 다를 뿐 안은 남녀 구별이 없었다. 물론 여자가 사용하고 나오면 남자가 들어가는 식이었긴 하지만, 한국인들은 그것을 '만풍'이라고 표현했다. 한국인은 대중목욕탕에 들어가는 입구에서부터 남녀 구별의 철칙을 정해놓고 지금까지도 그 전통을 지키고 있다 할까?

문헌에 기록된 우리나라 최초의 목욕은 신라 박혁거세와 왕비 알영의 목욕이라고 한다. 절에 있던 대형 공중목욕탕은 신라시대의 목욕문화가 목욕재계를 중시하는 불교의 영향을 받았다는 것을 보여준다. 고려인들은 신라인들에 비해 더 사치스러운 목욕을 즐겼다고 하는데 어린아이의 피부를 복숭아 꽃물로 목욕시켜 희게 만들었고, 여자는 난초 삶은 난탕에 목욕해 피부를 부드럽게 하고 몸에서 향냄새가 나도록 했다.

조선 시대에도 제례 전 반드시 목욕재계하는 관습이 성행했는데, 특히 유교 사상으로 노출을 꺼려 벌거숭이로 목욕하지 않고 옷을 입은 채로 신체의 부분을 씻었고 여인들은 허리 위 반신욕 정도로 목욕을 끝냈다. 그러한 전통이 이어져 개항 이전 서민들은 따뜻한 계절에는 냇가, 얕은 강이나 호수 등에서 몸을 씻었고, 겨울에는 물을 데워 부엌이나 헛간에서 목욕을 했다. 양반층은 목간통이라 하여 나무로 만든 욕조를 안방이나 사랑방에 들여놓고 하인들이 가져온 더운 물을 끼얹는 방법으로 목욕을 했다.

1905년경 서울 서린동 근방에 다방과 이발소를 겸한 초기의 목욕탕인 '수월루'가 있었다. 한옥을 개조해 욕조를 들이고 남자와 여자가 따로 들어가 공동으로 목욕하는 형태의 '목욕집'이었는데, 이후 '적선탕'처럼 목욕탕의 형태를 갖춘 곳도 나왔지만 이용자는 극히 적었다고 한다. 남자나 여자나 목욕한다 할지라도 사대부 양반 체면에 옷을 모두 벗은 채 여럿이 모인 곳에 갈 수 없었기 때문이다. 서민들의 경우도 밤에 개울에서 멱을 감긴 했지만 여럿이 발가벗고 목욕하는 것은 어색한 모양새였기 때문에, 목욕탕들은 개점휴업 상태였다.

우리나라에 현재와 같은 본격적인 대중목욕탕이 처음 등장한 곳은 1924년 평양으로 알려져 있다. 부(府)에서 직접 운영하면서 관리인을 따로 두어 욕탕 사용료를 수납하거나 시설을 보수하고, 욕탕 사용인원을 제한하는 등 욕탕을 관리하게 했다. 서울에 공중목욕탕이 처음 세워지는 것은 이듬해인 1925년이고 이때부터 전국적으로 대중목욕탕이 곳곳에 들어서게 된다. 이는 1920년대 한국에 들어온 일본인의 수가 급격하게 증가한 것과 관계가 깊다. 기후 때문에 목욕이 생활의 주요 부분인 그들에게 대중목욕탕은 매우 중요한 장소였다. 이에 대중목욕탕을 설치하려고 했던 이주 일본인들은 처음에는 한국인들의 거센 반발로 쉽게 착수할 수 없었다. 목욕탕을 처음 접했을 때의 반응처럼 당시 한국적인 사고방식으로는 여러 사람이 모인 곳에서 옷을 벗고 목욕을 하는 것은 천민들이나 하는 짓으로 여겨졌기 때문이다.

하지만 일제강점기 내내 꾸준히 증가한 대중목욕탕은 광복 이후 인구가 늘고 위생 관념이 발전하면서 사설 목욕탕이 등장할 만큼 그야말로 대중적이 되었다. 이때부터 영업에 필요한 시설 규정이 제정되었고 휴식 기능을 겸한 목욕 문화가 나타나기 시작한다. 이후 한국 목욕 문화의 대표로 자리 잡은 것이 1997년 IMF 외환위기 시절 불었던 창업 열기 속에서 혜성같이 등장한 찜질방이다. 목욕탕과 온천, 사우나, 한증막 등의 서비스를 한 장소에서 종합적으로 제공하는 찜질 방은 우여곡절 끝에 한국에 자리 잡은 대중목욕탕이 놀랍게 발전된 형태다.

한국인의 전통적인 정서상 목욕탕 입장은 남녀가 구별되어 있지만 찜질복을 입고 그 안에서 다시 만나 함께 식사, 운동, 피부 관리, 취침, 오락 등을 해결할 수 있는 대형화된 찜질방은 21세기 한국에서 단순한 목욕시설이 아닌 복합 레저 공간과 같은 역할로 각광받고 있다. 이와 같은 한국의 찜질방은 심지어 미국에 수출되기까지 하고 있으니 수십 년 만에 이처럼 대중목욕 문화를 변화 발전시킨 한국인의 창의성은 감탄의 대상 그 자체라 하겠다.

017

조선공산당 창당

숨은 독립운동 장면 찾기

1925년 4월

　　　　　　제1차 세계대전 중에 일어났던 러시아 혁
명은 전 세계적으로 사회주의 사상의 유행을 불러일으켰다. 제국주의
의 침탈에 신음하고 있던 많은 약소국들이 식민지 포기를 선언한 레
닌과 러시아로부터 희망을 보았기 때문이다.

　한국 사회주의 운동의 시작은 1917년 러시아 연해주부터였다. 당시
대한제국 군대의 장교 출신 이동휘 등이 블라디보스토크에서 한인사
회당을 조직(1918)했다. 하지만 당시에는 활동을 크게 전개하지 못했
고 국내에도 큰 영향을 주지는 못했다.

　사회주의 사상이 한국에서 크게 확산된 계기는 3.1운동이다. 기대
했던 열강의 지원이 이루어지지 않은 데 실망이 컸던 지식인은, 일본
유학생에 의해 소개된 사회주의에 매력을 느꼈고 지지하기 시작한다.

동우회선언(1922.2.)을 전후로 등장한 사회주의 경향의 단체는 독서회나 사상단체 등의 소규모 운동 조직 형태로 결성되었다. 무산자동맹회, 북풍회, 조선노동당, 서울청년회 좌파 등의 단체가 대표적이었다. 특히 '화요회'는 블라디보스토크의 고려국 (코르뷰로) 밀명으로 잠입한 김재봉과 김약수 등이 포함된 17명이 세웠는데, 이들은

이동휘

청년운동 통일기관인 조선청년총동맹과 183개의 가맹단체를 가진 노동자, 농민단체 통일기관인 조선노농총동맹 결성에 기여했다. 그리고 이를 기반으로 비밀결사 조선공산당과 고려공산청년회가 조직되었다 (1925.4.17.). 조선공산당 책임비서에는 김재봉, 고려공산청년회의 책임비서에는 박헌영이 임명되었다. '화요파의 당'이라고도 불린 이들의 활동 이후 국내 공산주의운동은 코민테른의 지도하에 들어갔고, 조선공산당은 코민테른의 1국 1당 원칙 아래에서 한국지부로 승인받기에 이른다.

그러나 조선공산당은 '치안유지법'을 제정한 일제의 탄압으로 대중 속에 뿌리내리기 전부터 타격을 입게 된다. 치안유지법은 실제 활동에 이르지 않은 미수범과 국외에서의 활동까지 제약하는 악법이었다. 조직 확대를 위해 청년 회원을 모스크바에 파견하는 훈련을 진행하다 발각되어 조직이 무너진 제1차 공산당 사건(1923.11.)부터, 4차 공산당이

체포(1928.7.)된 뒤 1928년 코민테른의 12월 테제에 따라 해체할 때까지 일제의 탄압과 해체, 재조직은 반복된다.

2차 공산당은 민족주의 진영과 연합해 국민적 당을 만들어 정치적 실권을 장악하는 것을 목표로 했다. 그들은 6·10만세 운동을 통해 3·1운동을 재현하고자 했지만 계획이 탄로 나 대부분의 당원이 체포되면서 해체되었고, 이는 2차 공산당 사건이라고 불리게 된다.

3차 공산당은 합법적 사회주의 단체인 정우회가 사회주의 운동의 새로운 방향을 밝힌 '정우회선언' 작성에 기초를 제공했다. 정우회선언은 분파투쟁의 청산과 사상단체의 통일, 교육을 통한 대중의 조직화, 경제투쟁에서 정치투쟁으로 전환, 비타협적 민족주의 세력과의 적극적인 제휴 등을 내용으로 했다. 특히 민족주의 진영과의 제휴를 주장한 것은 획기적인 내용으로 이는 신간회 형성에 크게 기여했다. 그러다 당내의 내분과 조직의 탄로로 36명이 종로서에 검거되는 3차 공산당 사건을 맞고 만다.

4차 공산당은 중앙의 각 부서와 지방 지부 및 고려공산청년회를 재건하여, 학생과학연구회를 간판으로 내걸고 서울 각 중학교 학생들을 규합하여 동맹휴학·시위행진 등을 감행했다. 하지만 그해 7월 당 간부들이 거의 체포되면서 해체됨으로써 그 후 대부분의 조선공산당 재건운동은 실패했다. 박헌영의 경성콤그룹만이 지하에 있다가 8·15광복을 맞았고, 8월 20일 박헌영을 중심으로 여운형, 김원봉 등에 의해 조선공산당은 재건된다.

조선공산당은 광복 이후 남북 분단과 전쟁까지 치른 우리의 상황에서 용어 자체만으로도 불편함을 느낄 수 있는 단체일지도 모른다. 하지만 이후의 역사 전개와는 별개로 일제강점기 독립운동사에서 이들이 차지하는 역사적 부분이 분명히 존재한다는 것을 인정해야, 후손인 우리가 선조들의 독립운동 한 장면 한 장면을 온전하게 바라볼 수 있다는 점에서 유의미하다.

018

6·10 만세운동

또 하나의 6월 10일

1926년 6월

1926년 4월 26일 대한제국의 마지막 황제 순종이 서거했다. 제위에 오른 지 4년 만에 나라를 빼앗기고 왕으로 격하된 채 창덕궁에서 16년을 아픔 속에 살다 간 황제에 대한 애도는 대규모 독립운동 전개를 계획하는 배경이 되었다.

고종의 인산을 기해서 일어났던 3·1운동의 불길을 되살리기 위한 독립운동은 사회주의 진영과 비타협적 민족주의자 및 학생들을 중심으로 몇 갈래로 나뉘어 준비되었다. 이와 함께 일제 또한 3·1운동의 전철을 밟지 않기 위해 철저한 경계 태세를 갖추었는데 육해군 7천여 명을 서울에 집결시켰을 뿐만 아니라, 심지어는 부산과 인천에 함대까지 정박해놓을 정도였다.

2차 조선공산당이 중심이 된 사회주의 진영의 준비는 중국지폐 위조사건과 『개벽』지 압수사건 등으로 사전에 발각되고 만다. 인쇄된 격문 67만 장을 압수당하고 관련된 많은 사람들이 검거되면서 실패로 돌아간 것이다. 하지만 일제의 감시가 기성의 독립운동 진영을 중심으로 이루어진 틈을 타 전문학교, 중등학교 학생들은 성공적으로 운동을 준비할 수 있었다. 중심 학생들은 "이천만 동포의 원수를 구축하라! 피의 대가는 자유이다! 대한독립만세!"라는 격문 등을 작성하였고, 1만여 매를 인쇄해 미리 학생들에게 나누어주며 거사일을 기다렸다.

6월 10일 순종의 인산에 참가한 2만 4천여 명의 학생들은 돈화문에서 홍릉까지 도열했다. 오전 8시 30분경 순종의 상여가 종로 3가 단성사 앞을 지날 때 시위는 시작되었다. 관수교, 을지로, 훈련원, 동대문, 신설동, 동묘 등지에서 학생들은 독립만세를 부르며 격문을 살포했다. 계속된 학생들의 독립만세 시위에 서울 상인들도 가게 문을 닫으며 철시 투쟁으로 호응했고 이는 학생 천여 명이 구속되는 사태에 이르며 끝난다.

6·10만세운동은 준비 단계에서 발각된 데다가 일제의 철저한 감시와 탄압 때문에 3·1운동과 같이 전국적인 운동으로 확대되지는 못했다. 하지만 독립운동사에 있어 그 의의가 굉장히 큰 것은 침체기에 직면했던 당시 기성세대의 독립운동과 관련이 있다.

1920년대 중반 해외 독립운동은 미국이나 서구 열강의 소극적 원조와 일제의 교묘한 탄압으로 힘을 잃어가고 있었다. 대한민국 임정은 독립운동 노선을 둘러싼 분열과 오해로 이승만 대통령 탄핵 결의 등이 나오면서 독립운동 구심점으로서의 역할을 수행하지 못했다. 만주의 무장투쟁도 간도참변, 자유시참변 등을 통해 큰 타격을 입은 상태였고, 국내에서 전개되었던 물산장려운동, 민립대학 설립 운동 등 문화운동으로 불리던 실력양성운동도 일제의 교묘한 술책으로 타협적, 기회주의적으로 변화하고 있었다.

이런 상황 속에서 학생들이 독립운동의 주체 세력으로 등장한 것은 민족독립운동에 활력소가 되었다. 특히 학생층 전체를 망라한 항일학생 운동으로 발전된 6·10만세운동은 학생 독립운동이 분산적이고 비조직적인 성격에서 벗어나 성장하고 있음을 보여주었다. 이후 이 학생들은 1929년 광주학생항일운동에서 독립운동의 중심 세력으로 꽃을 피우게 된다.

더불어 6·10만세운동을 준비하는 과정에서 사회주의자와 학생 및 일부 비타협적 민족주의자들의 제휴가 성사된다. 이는 3·1운동 이후 민족주의와 사회주의 계열로 나뉘어 대립하던 독립운동 진영에 좌익과 우익의 합작, 통일의 필요성을 제기하면서 민족유일당 운동으로 신간회가 조직되는 결정적인 계기가 되었다.

019

영화 〈아리랑〉 개봉

식민지 조선, 영화에 담기다

1926년 10월

"어느 마을에 서울에서 철학을 공부했다가 3·1운동에 참가한 이후로 광인이 된 영진이라는 청년이 있었다. 영진을 걱정하는 동안 영진의 친구 현구와 영진 의 동생 영희는 사랑하는 사이가 되었다. 그 마을 악덕지주 청가의 머슴이며 왜경의 앞잡이였던 오기호도 영희에게 접근했다. 마을 잔치 날 사람들이 농악 이 흥겨운 동리 마당에 모였을 때 오기호는 영진네 집에 침입해 영희를 성폭행 하려고 한다. 연인들의 희롱으로 보여 영진이 좋아하는 동안 현구가 나타나 싸움이 벌어졌고 그 순간 영진은 환상을 보면서 낫을 들어 오기호를 죽인다. 영진은 피를 본 충격으로 제정신으로 돌아왔지만 살인범이 되어 쇠고랑을 차 고 일본 순사에게 끌려 아리랑 고개를 넘어갔다." – 영화 〈아리랑〉 내용

1920년대 이후 한국에는 서적, 영화, 유성기 음반, 라디오 등을 통해

대중문화가 급속하게 보급되었다. 대중가요 〈사의 찬미〉가 인기를 끌었고 이광수의 『무정』이 문학작품 중 첫 번째 베스트셀러가 되었다. 당시 베스트셀러는 대중의 말초적인 정서에 호소하는 통속 소설이 대부분이었다고 한다. 이와 함께 표지가 울긋불긋한 데에서 그 이름이 나왔다고 하는 딱지본 소설도 대중에게 인기가 있었는데, 『심청전』 『춘향전』 등 고전소설이나 이수일과 심순애로 유명한 『장한몽』 등 신파소설은 농촌의 장·노년층과 부인들을 중심으로 읽혔다. 『춘향전』은 1925년 『옥중절대가인』이라는 제목의 딱지본 소설로 출간되어 1년에 40만 부가 팔리기도 했다.

　이외에 각광받기 시작한 대표적인 대중매체는 영화였다. 1900년대 처음 영화가 들어온 이후 1920년대 한국에서는 영화 관람에만 만족하지 않고 직접 영화를 제작하는 움직임이 일어난다. 그중 〈아리랑〉은 가장 돋보이는 영화였다. 3·1운동에 참여한 뒤 간도에서 독립운동에 투신했다 옥고를 치른 나운규가 출옥 후에 시나리오를 쓰고 주연, 최

영화 〈아리랑〉 신문 광고

초로 감독한 영화 〈아리랑〉은 1926년 10월 1일 단성사에서 개봉되었다. 당시 영화는 개화기 신파극이나 번안 모방작이 대부분이었지만 〈아리랑〉은 달랐다. 흑백 화면에 무성 영화였지만, 그 시대가 투영된 억압에 좌절하지 않고 저항하는 등장인물들의 모습에 관객은 열광했고, 이 때문에 관객들에

나운규

게 최고의 인기를 끌면서 2년 6개월 동안 전국을 순회하며 상영되었다. 영화가 끝나면 감동한 관객들은 목 놓아 울며 영화 주제곡이었던 〈신아리랑〉을 따라 불렀고, 이는 '나운규의 아리랑'이라고 불리며 전국적으로 유행했다. 〈아리랑〉의 영향으로 이후 영화 제작이 활발해졌고 민족영화 제작이 본격화되기 시작했다.

〈아리랑〉이 1926년 상반기에만 110만 관객을 동원해 조선인 20명 가운데 한 명 꼴로 관람한 셈이었던 것에서 알 수 있듯이, 1927년 당시 한국에서는 하루에 만여 명이 영화관에 출입했고 1935년에는 하루에 2만 명 이상 관람하기도 했다. 도시의 청소년층이 이러한 영화의 주요 소비층이었다. 야간 상영을 의미하는 '야학', 외국 영화와 일본 영화의 동시 상영을 의미하는 '영어 한 시간, 국어 한 시간' 등의 은어가 학생들 사이에서 유행할 정도였다고 한다. 하지만 이처럼 대중문화의 영향력이 확산되면서 매체 전반은 일제의 검열 대상이 되었다. 사전 검열을 거치지 않은 필름은 상영할 수 없었고 공안, 풍속, 보안에 문제가

된다고 여겨지면 상영 중에도 금지하거나 삭제할 수 있었다. 용케 〈아리랑〉은 살아남았으나 그것은 당시 극히 예외적인 일이었다.

물론 영화 같은 대중매체도 다른 근대적 시설들이나 상품들과 같이 극히 제한된 공간에 사는 특수한 사람들 중심으로 확산된 것이었다. 인구 구성상 절대 다수를 차지하는 농촌 주민에게 영화는 그에 접근할 기회조차도 얻기 힘든 사치 그 자체였다. 농촌 주민에게 영화라는 매체가 알려진 것은, 아이러니하게도 일제가 1930년대 중일전쟁과 태평양전쟁을 위한 선전과 동원의 수단으로 영화를 사용하면서부터다.

020

토막촌의 형성

신석기 시대로의 귀환

1926년

1920년대 서울은 인구가 꾸준히 늘면서 이전 시대와는 다른 변화가 일어났다. 새로운 관공서 건물들은 식민지 민중 위에 군림하듯 위압적인 느낌으로 지어졌다. 1925년 세워진 조선총독부 청사 외에도 부청사, 경찰서, 법원, 금융기관 등이 그랬다. 그와 함께 학교와 극장, 백화점 등 근대적 건축물들도 등장했다.

서울 중심가인 오늘날 명동과 충무로 일대의 남촌은 신식 상수도, 널찍한 도로, 전기 등으로 환하고 깨끗했고 많은 상가에는 화려한 물건들이 가득 차 있었다. 일본인들의 거주지로 탈바꿈하면서 당시 그곳에 거주하던 수많은 힘없는 한국인들은 내쫓겼다. 원래 전통 양반의 터전인 종로의 북쪽을 가리키는 북촌에는 1920년대 이후가 되면 돈 많은 신흥 양반들이 지은 문화주택이라는 신식 주택이 들어선다.

조선총독부 신청사

경성우편국

부유한 지방 지주들의 별채와 같은 역할을 했던 이곳에 살면서 지주의 아들딸들은 학교에 다녔다.

이러한 북촌과 남촌 사이에 흐르는 청계천 변에는 집이기도 하고 아니기도 했던 것들이 생겨나 촌을 형성하게 된다. 나뭇가지, 가마니 등의 재료를 사용해 지은 움집인 토막이었다. 땅에 구멍을 파고 멍석이나 가마니 같은 것으로 덮은 굴집인 토굴도 토막이라고 불렀는데, 그러한 집에 사는 도시 빈민을 토막민이라고 불렀다.

일제강점기 초기 농촌에서 도시로 떠밀려 온 하층민들은 주로 행랑살이로 삶을 시작했다. 행랑은 우리나라 전통 가옥에서 대문간에 붙어 있는 방을 말한다. 행랑채는 보통 대문을 중심으로 마구간, 하인들이 기거하는 방, 광 등으로 되어 있고 집의 경계선에 따라 세워지는 경우가 많았다. 행랑살이는 행랑채에 빈민들이 집세 없이 들어가 살면서 주인집에 일이 있을 때 무료로 또는 소액의 급료와 음식을 받고 일하며 그 외 시간에는 행상이나 품팔이를 하는 것을 말한다. 즉 부유한 집의 노비처럼 살면서 집세 없이 사는 살림살이였던 것이다. 한때 서울에서는 한국인의 20퍼센트 정도가 행랑살이를 할 정도로 성행했다고 한다.

하지만 1920년대 중반부터 행랑살이는 현저하게 줄어들고 대신 늘어난 것이 토막민이었다. 토막은 주로 산비탈, 성벽, 다리 밑, 제방, 하천과 철로 주변, 화장장 주변 등 사람이 살 수 없는 환경에 자리 잡았고 청계천 변은 그 대표적인 장소였다.

청계천 변 판잣집 철거(1960)

1920년대부터 본격적으로 등장한 토막민으로 상징되는 도시 빈민은 이후에 계속 늘어나, 1926년 무렵 서울의 빈민은 약 4천 명 정도였지만 1930년대 무렵에는 3만 명 정도로 늘었고 1933년에는 토막민만 1만 명을 넘어섰다는 기록도 있다.

당시 일제 식민지 지주제하에서 토지를 빼앗기고 할 수 없이 농촌을 떠나 도시로 몰려드는 사람이 많아졌지만 이들을 공장 노동자로 흡수할 수 있을 만큼 한국의 공업이 발달하지 못했다. 따라서 이들은 대부분 날품팔이 노동자와 같이 자신의 육체만으로 생계를 유지해야 하는 도시 빈민이 될 수밖에 없었던 것이다. 이들은 잡역부, 지게꾼, 인력거꾼, 행상인, 넝마주이, 고물상, 청소부 등 대체로 불안정하고 비고정적인 직종에 종사하면서 서울을 비롯한 도시에 노동력을 공급했다.

20세기에 마치 신석기 시대 사람들의 움집과 같은 모양새를 가진 토막에 살던 빈민들의 토막촌은 1910년대 토지조사사업, 1920년대 산미증식계획 등으로 토지를 수탈당하고 인간 이하의 삶을 견디다 못해 도시로 흘러들어 왔던 우리 민중들의 삶터였다. 이들의 모습은 1920년대부터 본격적으로 발달하고 있었던 한국의 근대화와 자본주의가 과연 누구를 위한 것이었는지 극명하게 보여주는 장면이기도 하다.

021

신간회

독립운동, 좌우 날개로 날자꾸나

1927년 2월

3·1운동 이후 독립운동 진영은 이념과 방략에 따라 민족주의자와 사회주의자 계열로 나뉘어 대립했다. 하지만 이들은 1920년대 중반부터 연대와 통일을 모색해야 하는 상황들에 처하게 된다. 일제의 탄압이 더욱 교묘하고 거세어지면서 민족주의 세력 중 일부(타협적 민족주의자, 기회주의자)가 일제의 회유에 넘어가 절대 독립의 길을 포기하고 자치를 주장했기 때문이다. 사회주의 진영 또한 치안유지법과 조선공산당 사건들로 그 활동 입지가 좁아지고 있었다. 이런 상황에서 좌우로 분열된 민족운동 세력을 통일해 독립운동의 역량을 높이기 위한 운동이 일어난다.

먼저 사회주의 계열이 움직였다. 공산당의 합법적 사상단체인 정우회가 민족주의 세력과의 제휴 등을 내용으로 하는 행동방침을 신문지상에 발표한다. 이러한 정우회 선언을 계기로 비타협적 민족주의자와 사회주의자 계열 지도자들이 모여 합법적인 공개 단체인 신간회를 창당하게 된다. 200여 명이 참가해 회장에 이상재, 부회장에 홍명희를 선출, 신국가 수립에 대한 구상의 차이를 극복하고 항일이라는 공동 목표 실현을 위한 최초의 좌우 합작 민족유일당이 건설된 것이다.

이상재

신간회는 1928년 말 전국 141개 지회에 3만 9,410명의 회원에 이르기까지 할 만큼 단기간에 급속하게 발전한다. 일본에까지 지회를 설치하고 활동하기도 했던 이들은 '기회주의자 배격, 민족의 단결과 경제적 각성 촉구, 완전 절대독립 노선 옹호'라는 기본 방향을 취했다. 또 한국인에 대한 착취 기관의 철폐, 일본인의 조선 이민 정책 반대, 한국인 본위의 민족교육과 한국어교육 실시, 소작쟁의와 노동쟁의 지원, 학생 독립운동, 어린이운동과 여성운동 등 사회적 약자들의 형평운동 지원 같은 다양한 형태의 민족운동을 전개하기도 했다. 또한 원산 총파업을 지원하고 전국 순회강연과 수재민 구호 활동을 펼치기도 했다.

하지만 신간회의 세력이 급격하게 성장함에 따라 이후 일제의 탄압도 교묘하고 강해진다. 1929년 11월 광주학생항일운동이 일어나자 신간회는 진상조사단을 파견하고 일제에 학생운동 탄압을 항의하면서 독립운동을 지향한 민중대회를 열고자 했다. 이 계획이 일제에 사전 발각되면서 체포된 주요 인사 44명 중 6명이 실형을 받았고, 신간회는 흔들리게 된다.

여기에 더해 최린과 송진우 등 자치론 주장 세력이 신간회에 가입한다. 신간회는 합법적 단체였기 때문에 일제와의 충돌을 피하기 위해 기대한 만큼 적극적 활동을 전개하지 못하는 민족주의자 중심의 지도부와 사회주의자들이 중심이 된 지회 사이에 균열이 항상 내재되어 있었다. 이런 상태에서 지도부가 자치론을 주장하는 자들과 협력하는 모습을 보임으로써 기회주의 배격이라는 신간회 창립 강령에 배치되는 모습을 보였던 것이다.

또한 신간회 사회주의자들은, 당시 중국에서 장제스가 1차 국공합작을 깨고 공산당을 토벌한 후 나온 세계 코민테른의 민족주의자와의 타협을 반대하는 방침에 영향을 받는다. 신간회 해소를 주창하기 시작한 배경이다.

게다가 일제는 교묘하게 신간회 해소 작업을 진행한다. 일제로부터 집회를 금지당해 중앙지도부가 지회와 별개로 설립되면서 사회주의 세력이 거의 배제되었고 지회는 중앙과 완전히 다른 성격을 보이기 시작했다. 당시 이를 중재할 정통성 있는 지도부는 구금되어 있었고 외부와의 연락도 차단된 상태에서 중앙과 지회 사이의 균열은 돌이킬 수 없었다. 사회주의 세력은 해소 후 재창단을 주장했고 여기에 동조하는 지회가 늘어나면서 중앙집행부를 압박했다. 이에 따라 일제의 허가하에 열린 1931년 신간회 해소를 위한 전체 집회에서는 신간회를 해소한 후 재창단하는 것으로 결론이 난다. 하지만 의도대로 신간회를 해산시킨 일제가 재창단을 위한 행사를 허락할 리가 없었고, 결국 신간회는 의도치 않게 완전히 해소되어 발족한 지 4년 만에 역사 속으로 사라지고 만다.

　그럼에도 한국 내 최대 규모의 독립운동 단체인 신간회의 창립과 활동은 민족독립운동이라는 새가 좌우의 날개로 날아오를 수 있는 가능성을 보여준 의미 깊은 역사적 장면이 되었다.

022

신여성과 근우회

모던 걸, 그녀들은 누구인가

1927년 5월

　　조선시대에 여성은 하나의 인격적인 주체로 인정받지 못했고 심지어 이름조차 없는 여성들도 많았다. 하지만 독립을 위한 투쟁에서 남성과 여성의 차이가 없다고 강조한 대한독립여자선언서의 선포와 3·1운동 전개 과정에서 적지 않은 여성들이 죽음을 두려워하지 않고 만세 시위에 참여해 많은 수난을 당한 것은 사회적 역할에서 여성의 변화를 보여준 신호탄이 되었다.

　'신여성(모던 걸)'이라고 불리던 여성들은 이러한 변화를 가장 빨리 행동에 옮긴 사람들이다. 1920년대 도시 지식인들 사이에서 신여성은 일반적인 용어였고, 신문에도 그들과 관련된 기사나 광고가 많이 실렸다. 검은 피부는 불행하니 화이트닝 메이크업을 하라는 제생당제약소의 하루나 광고(동아일보 1923.1.31.), 강비기(코 성형기)를 무료로 대여해준다는 동경의료기계제작소의 광고(동아일보 1924.2.15.), 몸이 홀쭉한 사람에게 비만해지는 방법을 소개한 책을 주니 엽서로 신청하라는 내용의 비만권장치료제 공애상회 광고(동아일보 1924.2.25.) 등 신여성을 대상으로 한 메이크업과 성형 광고를 적지 않게 볼 수 있을 정도였다. 뾰족구두, 양장, 양산, 모자, 안경 등은 신여성임을 나타냈고, 단발은 그녀들의 상징적인 모습이 되었다. 단지 당시 미를 향한 욕구 충족을 위한 것만이 아닌 합리적인 생활과 여성해방, 반봉건이라는 이전 사회에 대한 도전의 하나로 머리카락을 자른 신여성들은 1930년대에 파마를 유행시키기도 했다. 이들에게 잘 보이기 위해 신사(모던보이)들도 패션 액세서리를 걸치고 다방과 카페 등에 출입한다.

신여성은 크게 세 부류로 나뉜다. 첫째는 자유연애를 중시하고 여성의 정조 문제를 쟁점화하려고 했던 급진적 자유주의 신여성으로 나혜석과 같은 여성들이다. 조선의 여성은 오랫동안 남자를 위해 살도록 길러졌음을 비판한 나혜석은 주변 사람의 반대를 물리치고 자신이 사랑하고 자신을 사랑한 남성과 결혼한다. 서양화가이자 문학인이었던 그녀는 자신에게 청혼한 남성에게 '일생을 두고 자신을 사랑할 것, 그림 그리는 일을 방해하지 말 것, 전처가 낳은 딸과 시어머니와 떨어져 두 사람만 따로 살 것'이라는 결혼 조건을 내걸기도 했다. 두 번째는 '계급이 있는 한 참연애는 없다'고 주장하면서 여성보다 민족과 계급을 중시한, 여성을 반봉건 계급투쟁의 주체로서 본 마르크스주의 신여성이었다. 이들은 마오쩌둥과 함께 일본에 맞선 조선의용군이 된

허정숙, 박헌영의 첫째 부인이자 김단야의
둘째 부인으로 조선의 사회주의 혁명가이자
여성지위 향상에 앞장섰던 주세죽, 광복 후
여운형과 사회노동당을 창당한 고명자와 같
은 여성으로 공산주의 혁명과 항일운동에 일
생을 바친 이들이었다. 셋째는 김활란과 같
이 일부일처제를 강조하고 축첩제도와 같은
봉건 질서에 대해 비판적인 기독교 계열의
신여성들이었다.

제3대 공보처장 김활란

　이처럼 조금씩 다른 차이점들에도 불구하고 신여성들 사이에는 여
성의 자각을 바탕으로 여성 해방을 위해 계몽활동을 중시하는 공통점
이 있었다. 신여성들은 단체를 만들고 여성의 권익 향상을 위한 다양
한 활동과 운동을 벌였는데, 그 정점이 여성계의 민족유일당으로 출
범한 근우회다. '여성의 단결과 지위 향상'을 창립 이념으로 내세운 근
우회는 부녀와 대중을 계몽하는 지방 순회강연 활동을 벌였다. 이들
은 여성에 대한 사회적·법률적 차별 철폐, 봉건적 인습 및 미신 타
파, 조혼 방지 및 결혼의 자유, 인신 매매 및 공창 폐지, 농촌 부인의
경제적 이익 옹호, 부인 노동의 임금 차별 철폐 및 산전 산후 임금 지
불, 부인 및 소년공의 위험 노동 및 야업 폐지 등을 주장했다. 55개의
전국 지회와 3천 6백 명에 달하는 회원으로 여성운동의 힘을 보여주
면서 말이다.

근우회는 일제의 집회 불허로 활발한 운동을 전개하지 못하다가 1931년 신간회 해소로 결국 활동을 중지당하고 만다. 그럼에도 이러한 신여성들의 활동은 당시의 많은 편견과 비난에도 불구하고 한국 여성들이 봉건적이고 폐쇄적인 상황에서 자유로운 인간으로서 삶을 누릴 수 있는 새 시대를 향한 문을 연 것이었다.

여성 공산주의자(왼쪽부터 허정숙, 주세죽, 고명자)

023

원산총파업

한국 노동자들의 그 뜨거운 단결

1929년 1월

1910년대까지만 해도 한국에 세워진 회사는 제약, 연초, 도기, 성냥, 비누 등 몇몇에 국한되어 있었다. 생산 부문 또한 완전히 근대 공업이라고 보기 어려운 업종도 상당수였고 자본의 규모도 크지 않았다. 그러다가 1920년대에 회사령과 관세가 철폐됨에 따라 도시의 소비자를 대상으로 하는 공업 중심으로 공장이 세워지고 그곳에서 일하는 공장 노동자들도 증가하기 시작한다. 대표적 '민족 자본'이라고 불리는 경성방직(주)이 경기도 시흥군 영등포에서 시작되면서 그 지역에 피혁, 기와, 방적, 기계, 맥주 부문의 근대 공장이 집중적으로 세워졌다. 1913년 1,259명이었던 이 지역 한국인 노동자는 1929년 5,139명으로 급증했고, 노동자들이 한 지역에 밀집해 거주하는 양상도 나타나기 시작했다. 함경남도 흥남이 그런 경우였다. 원래 흥남은 함경남도의 중심 도시였던 함흥의 남쪽을 가리켰고, 1920년대 초까지는 지명조차 없었던 곳이었다고 한다. 그러다 1927년부터 일본 재벌 노구치 콘체른의 투자로 질소 비료 공장이 건설되면서 대규모 중화학 공업도시로 탈바꿈하기 시작한다. 전료 공급이 필수적이었기 때문에 흥남과 가까운 장전강, 부전강에 수력 발전소가 건설된 것도 이때였다.

민족 자본들은 그 규모에 비할 수 없을 만큼 일본 대자본들도 앞다투어 한국에 진출하면서 한국의 공업화가 진행되었고 노동자 수도 늘어났다. 1920년대 전체 노동자 수에서 공장 노동자가 차지하는 비율은 5~8퍼센트였지만 1930년대에는 40~50퍼센트에 이르렀다고 하니, 엄청난 속도로 증가한 셈이다. 그럼에도 한국인 노동자의 노동조건은 열악하기 그지없었다. 일본인의 절반에도 미치지 못하는 낮은 임금, 일본인 노동자보다 1.2~1.5배 더 긴 시간의 노동, 나쁜 작업 환경 등은 기본이었다. 특히 한국인 여성 노동자와 아동 노동자는 일제의 가장 중요한 노동 착취 대상이었다. 낮은 임금에 감독, 십장 등 중간 관리자의 착취와 벌금, 강제 저축 따위가 덧붙여져 실질 임금은 더 줄어 그야말로 쥐꼬리만큼의 수준이 다반사였다.

이런 한국인 노동자들의 실상이 알려지고 이들의 단결된 힘을 보여주었던 대표적인 사건이 원산총파업이다. 원산총파업은 1929년 1월 13일부터 4월 6일까지 약 4개월에 걸쳐 원산노동연합회에 속한 전 노동조합원 2,200여 명이 참여한 파업이다.

원산부두 노동자들의 항일 파업 현장

1928년 9월 영국인이 경영하던 문평 라이징선 제유회사에서 일본인 감독이 한국 노동자를 멸시하고 구타하는 일이 발생하고, 이에 대해 노동자들이 항의하며 생활조건 개선을 요구하면서 파업에 돌입한 것이 그 시작이었다. 20여 일 만에 회사 측이 요구를 받아들여 파업은 일단락되었지만 3개월이 지나도록 회사는 약속을 이행하지 않는다. 이를 촉구하는 일체의 노동 단체도 인정하지 않고 단체교섭권을 부인한 것은 물론이다.

이에 격분한 노동자들은 1929년 1월 14일 최저임금제, 8시간 노동제, 대우 개선, 단체 계약권 확립 등을 요구하며 파업했고 1월 22일 원산노동연합회 산하 24개 노조가 총파업에 들어간다. 그러자 원산 지역의 모든 노동자들이 참여한 이 파업에 사회 각계각층, 심지어 해외에서도 성금과 식량을 보내며 지원했다. 하지만 일제는 파업 지도자를 체포하고 어용 노동단체를 만들어 노동자를 분열시켰다. 파업은 점점 장기화되었고 노동자들은 생계에 어려움을 겪게 되었다. 그리고 결국 지도부 대부분이 체포됨으로써 파업은 유지될 수 없었다. 원산노동연합회는 4월 6일 무조건 자유취업을 지시했고, 이로써 총파업은 4개월 만에 끝나고 만다.

원산총파업은 단체교섭권을 확립하지 못해 실패로 끝나긴 했지만 일제강점기 최대 규모의 파업으로 1930년대 노동운동에 큰 영향을 주었다. 이를 통해 일제의 탄압 속에서 합법적으로 투쟁하는 것이 얼마나 어려운지 깨달은 노동자들은 비합법적 정치투쟁으로서 노동운동으로 선회하게 된다.

024

백화점의 탄생

서울 한복판, 근대를 진열하다
1929년 9월

현재 한국의 유통업은 탈 백화점 시대를 맞고 있다고 할 수 있다. 백화점 스스로 고유의 브랜드를 런칭하거나 새로운 방식으로 소비자에게 접근하지 않으면 살아남을 수 없을 만큼, 많은 소비자들이 해외 직구나 온라인 쇼핑몰을 통해 그동안 백화점의 쇼윈도와 진열 속에서 행했던 소비를 대신 하고 있다. 바야흐로 쇼핑 공간으로서의 백화점만이 아닌 문화 공간으로서의 백화점으로 그 기능이 확대되는 시대인 것이다. 하지만 그동안 백화점은 대도시, 교통 및 광고, 주식회사 제도, 은행자본, 대량생산체제를 배경으로 탄생하고 발달해 자본주의식 소비의 최첨단으로서 백 년 넘게 독점적인 지위를 누려왔다. 일제강점기 한국도 예외는 아니었다.

세계 최초의 백화점은 프랑스의 봉마르셰(1852)이다. 파리에 처음

백화점이 탄생하고 약 80년 뒤, 일본의 미츠코시가 '디파트먼트 스토어 선언'을 한 지 25년이 지난 1929년에 우리나라 최초의 백화점이 서울에 문을 열었다. 당시 국내에 머물렀던 일본인을 대상으로 통신 판매를 하는 출장원 대기소로 문을 열면서(1906) 시작한 '미츠코시 경성 지점'이었다. 1916년 10월 르네상스식 3층 건물을 세운 미츠코시는 1929년 9월 1일부로 정식 지점으로 승격되었고 1930년 10월에는 현재의 신세계백화점 본점 건물을 완성하며 그 위용을 자랑했다.

서울은 1920년대부터 급팽창하기 시작했다. 당시 인구는 30만 명, 1936년 4월 확장 시점에는 67만 7천 명, 1942년에는 111만 4천 명으로, 서울은 일제 식민지 전체를 통틀어 도쿄에 이은 대표적 도시가 되었다. 1920년대 이후 내한하는 일본인이 급격히 증가하면서 미츠코시를 비롯한 일본계 소매상 및 종합 상사가 서울에서 활동하며 국내 시장을 장악해갔다. 도시의 근대적 소비를 주도한 것은 처음에는 일본인들이었지만 시간이 지나면서 한국인도 그 영향을 받게 되었고 백화점에 매혹되기 시작했다. 당시 문화통치를 통해 형성된 한국인 상류층이 백화점의 고객 대상에 포함되었던 것이다. 일본에서보다 약 2배의 급료를 받고 있었기 때문에 백화점의 주요 고객층이 되었던 총독부 관련자나 무역상사 근무자 등의 내한 일본인들과 함께 말이다.

이후 서울에는 일본계 백화점이 3개 더 세워진다. '조지야'가 1939년 현재 명동 롯데 영플라자 자리에 현대식 대형 백화점으로 신축하면서 본격적으로 백화점 경영에 나섰고, 충무로의 '마나카이' 백화점은 부

경성우편국과 미츠코시백화점 주변(1930년대)

신세계백화점 앞 육교 개통식과 백화점 내부(1966년)

산, 대구, 평양, 원산, 목포, 대전, 광주 등 전국 주요 도시에 지점을 설립해 전국적 규모로 확장하는 새로운 운영 방식을 도입했다. '히라다'는 충무로 일대에서 큰 영향력을 가진 백화점으로 성장했다.

이처럼 남대문, 충무로 일대에 일본계 백화점이 들어서는 동안 종로 2가에는 민족계 백화점이 자리를 잡아 서울 도심을 양분하며 발전해나갔다. 1931년 조선의 유통왕이라 불렸던 박흥식이 인쇄업과 종이장사로 시작해 '화신백화점'을 차린 것이 그 시작이었다. 평안도 용강에서 인쇄소를 하다 20대에 상경한 박흥식은 종로 2가에서 금은방 영업을 하던 '화신상회'를 인수한 뒤 1931년에 확장 후 백화점식 경영을 시작했다. 인접지에 최남에 의해 동아백화점이 설립되었지만 오래 존

미쓰코시 백화점 경성점 앞(1920~1930년대)　　　신세계 백화점 본점 앞(1970년대 초)

속하지 못한 상태였다. 1934년 화재로 건물이 전소된 화신상회는 이듬해 르네상스식 현대 건물로 신축한 뒤 '화신'이라는 명칭으로 바꾸고 본격적으로 백화점을 지향하게 된다. 규모는 미츠코시 백화점보다 약간 작았지만 경영은 일본 백화점에 뒤지지 않았다고 한다. 미츠코시는 광복 이후 우리 민족에게 운영권이 넘어오면서 동화백화점으로 변모했다가 신세계로 정착된다.

1920년대부터 서울 등에 등장한 도시 속 근대인의 풍경은 백화점에서 파는 상품으로부터 출발했다고 해도 과언이 아니다. 백화점에는 양복, 넥타이, 원피스, 옷장, 양산, 핸드백, 음료수, 안경, 전축, 모자, 양산 같은 근대 상품이 진열되어 팔렸고, 모던 보이와 모던 걸 등을 비롯한 서울의 근대인들은 이러한 상품들을 소비하며 한국 사회의 근대적 장면을 그려냈다.

025 | 광주학생항일운동

항일의 외침, 광주에서 전국으로

1929년 11월

1929년 11월부터 1930년 3월까지 대한민
국은 '대한독립만세'의 함성으로 뒤덮였다. 마치 십 년 전 3·1운동이
다시금 벌어진 것 같았다. 3·1운동과 다른 점이 있다면 기성 독립운동
가들 중심이 아닌 학생에 의해 시작되고 확산된 학생들 중심의 항일
운동이었다는 것이다.

'광주학생항일운동'으로 명명되고 그 본격적 시작일인 11월 3일이
'학생의 날'을 거쳐 '학생독립운동기념일'로 기념되고 있는 이 운동의
시작은 한일 학생 간의 싸움이었다. 나주와 광주를 오가는 통학열차
안에서 광주중학 일본인 학생들이 광주여자고보생을 희롱한 것에 광
주고보생이 따지면서 난투극으로 발전했는데, 이들의 싸움이 항일운
동의 시작(1929.10.30.)이었던 것이다. 일본 경찰은 한국 학생들을 일

방적으로 탄압했고 광주일보도 이를 불공정하게 보도했다. 이로 인해 학생 간의 싸움은 항일민족운동으로 발전하게 된다.

1929년 11월 3일은 일요일이었지만 학생들은 명치절(메이지 유신을 기념하는 국경일) 행사 때문에 학교에 등교해야 했다. 광주고보 학생들은 축하식에서 일본 국가 제창에 묵비권을 행사했다. 그리고 그들은 일제의 식민지 수탈을 자축하는 '전남산 잠(蠶, 누에고치) 600만 석 돌파 축하회'가 열려 많은 인원이 모였던 광주 시내를 통과해 광주일보사에 가서 윤전기에 모래를 뿌리며 항의한다. 때마침 신사참배 후 돌아오던 광주중학 일본인 학생들과의 충돌이 벌어지는데, 그 과정에서 한국인 학생이 칼에 찔리는 일이 발생한다. 비교적 자연발생적으로 일어났던 그날의 시위는 광주여고보, 광주농고 학생들도 참여하면서 격렬해지기 시작했다. 그러자 일제는 광주 시내 중등학교에 휴교령을 내리고, 참여한 한국인 학생 수십 명을 구금한다.

이와 같은 광주 학생들의 시위 소식이 전해지면서 신간회와 조선청년동맹, 학생전위동맹과 같은 단체에서는 진상 조사단을 파견한다. 또한 1926년 식민지 교육체제에 저항하기 위해 결성되었던 광주 학생 비밀결사인 성진회와 그를 확대한 독서회는 사회단체들과 함께 학생들의 시위를 전면적인 항일운동으로 발전시킬 것을 계획한다.

그리고 광주장날인 11월 12일, 광주 시내에서 광주고보, 광주농업학교, 광주여고보, 광주사범학교 학생들의 대규모 시위가 일어났다. 학생들은 격문에서 '언론·출판·집회·결사·시위의 자유 보장' '조선인 본위의 교육제도 확립' '식민지 노예교육의 철폐' '민족문화와 사회과학 연구의 자유 보장' 등 9개 항목을 요구하며 시위했고 그 결과 수백 명의 학생이 경찰에 체포 구금되었다. 이러한 소식들이 목포와 나주 등 인접 지역으로 퍼져나가면서 1월까지 서울을 비롯한 전국으로 시위가 확산되었다. 식민지 교육제도에서 나아가 식민통치 자체를 반대하며 조국의 독립을 부르짖은 광주 학생들의 목소리는 서울의 공사립 학교 학생들을 비롯한 전국 각지 수많은 학생들과 민중들의 대대적 시위운동이라는 메아리로 되돌아왔다.

1930년 1월에 학교들이 다시 문을 열자 15일 서울에서 수천 명의 학생들이 일본 제국주의 타도와 약소민족 해방 만세 등의 구호를 외치며 가두시위를 벌인다. 이에 일제는 임시휴교조치로 다시 학교를 폐쇄했지만 시위는 18일까지 계속되었고 3월 초까지 전국 학생들은 가두시위나 동맹휴학으로 호응했다. 일제에 따르면 시위운동에 194개 학교, 5만 4천여 명의 학생이 참가했다고 한다. 당시 중등학교급 이상 학교 재학생이 8만 9천여 명이었다는 사실을 감안한다면 한국의 전체 학생 60퍼센트 정도가 시위에 참여한 것이다. 582명이 퇴학, 2,330명이 무기정학, 1,462명이 체포투옥을 당하기까지 하면서 벌인 학생들의 저항이었다.

광주학생항일운동은 3·1운동 이후 가장 큰 규모로 벌어진 민족항일운동이었다. 이후 학생운동은 비밀결사 중심으로 진행되거나 브나로드 운동과 같은 언론사를 중심으로 한 계몽운동으로 방향을 전환하면서 대규모로 나타나지 않는다. 그러나 1930년대 초 노동자와 농민이 일제의 강압적인 지배에 저항하는 대중운동을 활발하게 벌여나가는 데 영향을 미쳤다. 더 나아가 이후 한국사의 중요한 고비고비마다 학생들 스스로 자각하고 일어서서 앞장서는 역사적 선례가 되어주었다.

광주학생독립운동 기념탑 기단(1954)

2장

긴 밤이 끝나고
빛이 돌아오다

1931~1945년

026

브나로드 운동

민중 속으로 들어간 학생들

1931년

"오오, 너희들은 기나긴 겨울에 그 눈바람을 맞고도 싱싱하구나! 저렇게 시
퍼렇구나."

소설 『상록수』에서 주인공 동혁이 사랑하는 영신의 장례식을 마치
고 돌아오는 길에 상록수를 바라보며 하는 말이다. 영신의 농촌에 대
한 헌신을 잇는 것이 사랑을 지켜가는 것이라고 생각한 동혁이 농촌
에 살겠다고 다짐하는 소설 속 명대사다.

동아일보에 127회(1935~1936)로 완간되어 실렸던 『상록수』는 심훈
이 쓴 소설이다. 문인으로 유명한 심훈은 3·1운동으로 투옥되기도 했
고 6·10만세운동에 영향을 준 시 「통곡 속에서」와 「그날이 오면」을 쓰

기도 했던 독립운동가이자, 영화 〈장한몽〉에 출연하거나 〈먼동이 틀 때〉를 제작하기도 했던 영화인이었다. 당시 독일 SF영화에 대해 평론을 쓰고 스포츠에 대한 관심으로 「야구」라는 시도 지었던 모던 보이이기도 했다. 그런 그가 실제로 자신이 참여했던 브나로드 운동을 배경으로 당시 학생 및 지식인들의 고민과 일제의 탄압을 농촌의 서정적 모습과 함께 그려낸 『상록수』는 지금까지도 많은 사람들에게 큰 울림을 주고 있다.

당시에는 민립대학 설립 운동이 실패하고 경성제국대학이 설립된 이후 지방 유지나 청년 단체가 주도하여 문맹을 퇴치하자는 야학 운동이 전개되고 있었다. 노동자, 농민, 아동, 여자 등 다양한 계층이 그 대상이었다. 특히 '조선어연구회'가 결성된 후(1921) 한글학자들 사이에서 한글의 가치를 새로 인식하는 운동이 전개되었고, 조선어연구회는 후에 「한글맞춤법통일안」을 제정하기로 결정(1930)하게 된다. 이 과정에서 한글을 민중에게 보급해야겠다는 문제의식이 지식인들을 중심으로 제기되기 시작했다. 이것이 동아일보가 '아는 것이 힘, 배워야 산다'는 표어 아래 문맹퇴치운동(1926~1935)을 전개하기 시작한 배경이며 브나로드 운동 시작의 계기다. 브나로드 운동은 동아일보가 중심이 되어 학생들과 함께 "배우자, 가르키자, 다함께 브나로드!"라는 표어 아래 전개한 전국 규모의 계몽운동이었다. 1931년부터 시작해 4회에 걸쳐 진행되었다가 일제의 탄압으로 끝난 이 운동은 러시아어로 '민중(나로드) 속으로(브)'라는 뜻을 가지고 있다. '이상 사회를 건설하기 위해서는 민중을 깨우쳐야 한다'는 취지의 구호였는데 용어만 러시아어에서 따왔을 뿐 사회주의운동과 연계된 것은 아니었다.

브나로드 운동에 참여한 학생들은 방학 기간에 농촌에 내려가 봉사활동을 하고 야학을 통해 한글과 산수를 가르쳤다. 시국 강연, 위생강연, 학술강연 등의 활동도 진행했고 학생 기자들은 이런 활동들을 수기와 기사 등으로 알리기도 했다. 브나로드 운동은 통계상의 차이는 있으나 1,320곳에서 5,751명의 학생이 참여하여 97,598명에게 강습을 진행한 것으로 알려져 있다. 특히 1934년에는 만주·일본 등 국외까지 확산되었으며 배부된 교재는 210만 부에 달했다고 한다.

하지만 브나로드 운동이 시작된 시기와 주도한 이들, 일제의 반응을 고려해볼 때 비판받는 부분도 있다. 1930년 이후 서울을 비롯한 지방각 학교에서는 광주학생항일운동의 연장선에서 동맹휴학 등이 그칠 새 없이 일어났고 날이 갈수록 일제의 조직적 탄압과 감시는 심해갔는데, 이 무렵 새로운 학생운동으로 등장한 것이 브나로드 운동이었다. 학생운동을 탄압하던 일제가 이를 용인했던 것은 브나로드 운동을 통해 학생운동의 힘을 분산시키고 학생들의 사상 개조로 독립운동 의지를 약화시킬 수 있다고 생각했기 때문일 것이다. 일제의 탄압으로 만세시위 등에 곤란을 겪었던 학생들이 운동 방향의 전환을 모색한 결과이기도 했지만, 당시 동아일보 편집장이었던 이광수가 브나로드 운동에 참여하는 학생들에게 했던 주의사항을 보면 운동의 성격과 한계를 함축적으로 알 수 있다.

농촌 계몽운동

"지방에 있는 동지들과 협력하여 이 운동을 건실하게 할 것/ 글과 셈 이외에
는 아무것도 이 운동에 혼합하지 말 것/ 지방 지국의 알선을 받아 당국의 허
가를 받은 후에 할 것/ 동포에 대한 봉사이므로 품행에 주의할 것/ 건강에
유의할 것."

브나로드 운동은 국가적 지원이 결여된 상황에서 전국적으로 진행
되는 데 한계가 있었고 그 때문에 목표로 했던 문맹퇴치도 큰 성과를
거두지는 못했다. 브나로드 운동이 시작됨과 함께 1920년대와 같은
학생 주도의 대규모 만세시위는 더 이상 일어나지 않게 되었으며 결
국 이러한 문화운동 계열의 많은 이들은 친일의 길로 들어서게 된다.

그럼에도 이 당시 농촌의 문맹 퇴치, 구습과 미신 타파, 생활 개선을 위해 야학과 강습소 활동 속에서 민족문화에 대한 자부심과 독립의식 고취에 열정을 쏟았던 학생들의 모습은 다수의 민중들에 대해 소수의 지식인이 가져야 하는 책임과 의무를 생각해보게 한다.

027

한인애국단

애국의 폭탄, 독립을 부르짖다

1931년 10월

1932년 1월 8일 도쿄 사쿠라다문 앞에서 관병식 후 궁으로 돌아가던 일본 천황 히로히토에게 수류탄이 투척되었다. 중국국민당 기관지 국민일보가 '韓人李奉昌狙擊日皇不幸不中'(한국인 이봉창이 일황을 저격했으나 불행히도 명중시키지 못했다)는 제목으로 이 사건을 대서특필한 내용처럼 1탄은 거리가 짧아 명중하지 못했고 2탄은 불발되었다. 비록 목표달성에는 실패했으나 일본은 국민일보의 '不幸不中'의 기사 내용을 빌미 삼아 상하이사변(1932.1.28.)을 일으켰고 이는 한중일 삼국 현대사에서 중요한 이정표가 되었다. 태극기를 흔들며 대한독립만세를 외치다 그 자리에서 체포되어 그해 사형에 처해진 한인애국단 이봉창의 의열 투쟁이었다.

한인애국단은 1920년대 중반 이후 침체 국면을 벗어나지 못하던 대

한민국 임정에서 당시 국무령이었던 김구가 중심이 되어 80여 명의
단원으로 결성된 비밀결사대였다. 일본의 주요 인물과 시설을 공격하
는 의열 투쟁을 위해 상하이에서 조직된 단체였다. 당시 이봉창은 남
만주철도회사 운전견습생을 그만둔 후 일본에서 막노동으로 여비를
마련해 상하이로 들어와 한인애국단에 가입한다. 그리고 폭탄을 주면
일왕을 죽이겠다고 한 후 결국 이를 실행에 옮긴 것이다.

한인애국단의 또 다른 단원 윤봉길은 1932년 4월 29일 상하이 홍커
우공원에서 거행된 상하이사변 전승 기념 및 천장절(일왕 생일) 기념
식 도중 단상에 폭탄을 던진다. 일본군 최고 사령관, 육군대장, 해군
중장, 주중공사, 상하이 일본 거류민 단장 등이 그 폭탄으로 현장에서
즉사하거나 중상을 입었다. 윤봉길 역시 현장에서 체포되어 오사카로
잡혀간 뒤 사형선고를 받고 총살되었다. 고향에서 농민계몽 운동에
힘쓰다 한인애국단에 가입한 뒤, 중국군 병공창에서 근무하던 김홍일
에게 부탁해 도시락형, 물통형 폭탄을 특별 제조, 투척한 윤봉길의 의
거는 일제강점기 의열투쟁 중 가장 성공적이었고 중국에서는 이를 극
찬했다.

"태극기 아래 바른 기운은 무지개처럼 빛나네/ (조선에는) 군자가 많다 해도
3천만인데/ 봄날 상하이 황푸 강변에서 거대한 폭탄으로 적을 섬멸하니/우
리 4억 중국인을 부끄럽게 하는구나" – 어느 중국인이 쓴 한시

체포당한 윤봉길

　이후 조선총독 암살 시도, 일본고관 암살 미수 등 한인애국단의 투쟁에 위협을 느낀 일제는 김구 등 임정 요인과 한인애국단원 체포에 혈안이 된다. 결국 상하이를 탈출해 항저우에 임정판공서를 설치한 김구는 군대 양성에 힘을 쏟기 시작한다. 김구는 장제스를 면담해 '독립전쟁을 위한 무관 양성'에 대해 협의했고 애국단원 일부를 난징군관학교에 입학시켰다. 또한 만주 한국독립군의 총사령인 지청천 등 간부들과 중국군에 복무하고 있던 이범석을 교관으로 초빙하여 이들에게 교육과 훈련을 위임시키는 등 군사력 확보에 매진하게 된다.

　당시 장제스는 "중국 백만 대군이 하지 못하는 일을 조선의 한 청년이 해냈으니 참으로 놀랍다"며 대한민국 임정을 재정적 군사적으로 후원했고, 이에 임정은 국민당으로부터 중국 화폐로 매달 1,500원의 지원금을 후원받기 시작한다. 당시 중국 근로자 월평균 임금이 6원이었던 것에 비교하면 적은 금액이 아니었던 지원금들은 1941년부터 1945년 8월까지 달러로 환산했을 때 15억 달러 이상에 달했다. 또한 장제스의 호의적 인식은 이후 카이로 회담(1943)에서 루즈벨트와 처칠을 상대로 한국의 즉시 독립을 옹호하는 발언으로 이어져 '코리아 조항'이 들어가는 데 영향을 미치게 된다. 비록 소수의 한인애국단원들의 목소리였지만 목숨을 버리며 냈던 그 '대한독립만세'의 외침은 임정의 위상을 강화시켰고 나아가 조국 독립의 큰 발판이 되었다. 그러니 사진 속 태극기 앞에 선 그들의 환한 웃음과 비장한 결의는 결코 허망하게 끝난 것이 아닐 것이다.

028

만주 한중연합작전

한국군과 중국군이 하나가 되어

1932년

1930년대 만주에서 일제의 입지는 불안해지고 있었다. 만주 군벌 장쭤린이 일본 관동군에 의해 폭살당한 후 아들 장쉐량이 국민당의 군대에 합류하면서 반일정서가 일어났기 때문이다. 게다가 1920년대 말의 경제 공황은 일제를 위기로 몰아넣고 있었다. 해외 식민지를 많이 보유하고 있었던 영국과 프랑스는 블록경제, 미국은 뉴딜 정책으로 대공황의 위기를 간신히 넘길 수 있었다. 하지만 후발 자본주의 국가로 보유 식민지가 상대적으로 적었던 독일, 이탈리아, 일본은 문제가 심각했다. 결국 대외침략으로 식민지를 확대해 문제를 해결하고자 한 독일, 이탈리아가 유럽에서 팽창정책을 펼 때 일본 또한 대륙침략 전쟁을 시작하면서 추축국 참여의 길을 열게 된다.

1931년 9월 18일 류타오후사건으로부터 발발한 만주사변이 중일전쟁(1937), 태평양전쟁(1941)으로 이어지는 일제 침략전쟁의 시작이었다. 일본 관동군은 펑톈 외곽 류타오후에서 자기네 관할이던 만주 철도를 스스로 파괴하고 이를 중국 측 소행이라고 몰아 철도 보호를 구실로 군사행동을 개시한다. 관동군이 만주 전역을 점령하자 중국은 국제연맹에 일본의 침략 행위를 호소했고, 이에 국제연합은 리튼 경을 위원장으로 하는 조사단을 파견했다. 그 와중에도 일본은 상하이 공격을 감행해 국제 여론이 만주에 집중되지 않도록 한 뒤 펑톈, 지린, 헤이룽장의 동북3성에 인구 약 3천만 정도인 만주국(1932.3.1.)을 세워 만주에 대한 실질적 지배권을 행사했다. 이후 국제연맹은 만주국에 대한 주권이 중국에 있다고 결정했으나, 일본은 국제연맹 탈퇴로 대응하면서 본격적인 파시즘 체제에 돌입하게 된다.

이런 상황에서 만주의 한국독립군과 조선혁명군은 일제와의 전면 전투를 벌이게 되었다. 1920년대 초반 3개의 군정부로 나뉘어 있던 만주 무장독립투쟁 세력은 20년대 후반 민족 유일당 운동을 통해 두 개의 세력으로 모였는데, 그 결과로 탄생한 조직이 북만주의 한국독립당과 그 산하의 한국독립군, 남만주의 조선혁명당과 조선혁명군이다. 1930년대 초반 일제의 만주 침략으로 중국인들 사이에서는 반일감정이 높아지고 있었기 때문에 독립군은 중국항일군과 연합전선을 펼 수 있었다.

한국독립군은 중국호로군과 함께 한중연합군을 편성, 지청천을 중심으로 하여 하얼빈 전투(1932)를 필두로 9월과 11월 전략적 요충지인 쌍성보 전투에서 많은 물자를 노획했다.

다음해 경박호 전투와 6월초의 동경성 전투에서도 승리한 이들은 1933년 6월 대전자령 전투에서 승리를 거두게 된다. 매복해 있다가 기습한 연합군의 공격에 일제가 대부분 사살되었던 대전자령 전투는 일제강점기 항일무장 독립전쟁사에서 봉오동전투, 청산리대첩과 함께 독립군 3대 대첩으로 꼽힐 만큼의 대승이었다. 4시간여의 격전 끝에 한중연합군은 일본 군복 3천벌, 군수품 2백여 마차, 대포 3문, 박격포 10문, 소총 1500정, 담요 3백장 등 막대한 전리품을 얻었으나 전리품을 분배하는 과정에서 독립군과 중국군 사이에 불화가 생겨 결국 연합이 깨지고 말았다.

백산 지청천 장군 사회장 영결식(중앙청 야외음악당 1957.1.21.)

양세봉이 이끌었던 조선혁명군도 랴오닝민중자위군과 한중연합군을 결성해 1932년 4월 영릉가 전투를 승리로 이끌었다. 이후 5월부터 7월 사이에 신빈, 청원현, 석인구, 무순현 노구대 전투에서도 승리를 거두고 1933년 6월 홍경성 전투에서는 기습공격으로 비행기까지 동원한 일본군을 저지하기도 했다.

하지만 이후 한국독립군과 조선혁명군의 주도 세력은 중국 관내의 독립운동 세력과 연대해 후일을 도모한다는 방침을 세우게 된다. 이미 만주국이 수립되어 일제의 만주 지배가 확립된 상황에서 일본군과 지속적인 전투를 벌이는 것은 어렵다고 판단했기 때문이다. 오랫동안 독립운동 기지 역할을 담당해주었던 만주를 뒤로하고 중국 관내로 이동해 독립운동세력을 결집시키고자 했던 독립군의 구상은 1940년 충칭 대한민국 임정 산하 한국광복군 창설로써 그 결실을 맺게 된다.

029

명월관과 기생

우리가 몰랐던 요릿집과 기생 이야기

1909~1948년

'청풍명월'에서 이름을 딴 명월관은 '태화
관'과 함께 근대 한국 요릿집을 대표하는 브랜드이다. 궁중 궁내부 출
신 안순환이 양식과 조선식으로 지은 6백여 평 건물에서 시작한 이곳
에서부터 궁중요리가 일반인에게 공개되기 시작했다. 특히 관기제
도 폐지 이후 어전에 나가 춤을 추고 노래를 했던 궁중기생과 인물
이나 재주가 뛰어난 명기들이 많이 모여들며 명월관은 더욱 유명해
졌다. 1918년 불이 난 명월관을 이종구가 3만 원에 인수하면서 안순환
은 새롭게 요릿집 '태화관'을 차리게 된다. 이종구는 1937년에 종로 권
번(일제강점기 기생조합의 일본식 명칭)도 인수할 정도로 재력가였고, '태
화관'은 3·1운동 때 민족대표 33인이 독립선언문을 낭독하고 체포된
곳이다.

1910년대 명월관의 고객은 주로 명목상 조선왕조의 왕족, 대한제국의 고관, 친일파 혹은 부유한 집안의 자제들이었다. 일제로부터 나라를 지켜내지 못한 무능한 위정자 자제들에게는 명월관에서의 교양 있는 기생과의 유흥이, 해야 할 일도 울분을 토로할 공간도 마땅치 않았던 그들의 삶에서 유일한 낙이었을 것이다.

당시 기생들은 다재다능한 여성들로 권번에서 수업을 받고 양성되었다. 일제강점기 지방 권번 중에서 가장 뛰어났던 평양 권번의 교육과정에 따르면, 학습기생의 수업 연한은 3년으로 8세부터 20세까지 입학할 수 있었다. 성적이 부진하거나 행실이 단정하지 못한 학생은 퇴학이었는데, 기생은 노래와 춤은 물론이었고, 사군자를 비롯해 인물화와 산수화 등의 그림, 일어와 회화 같은 교양과목까지 이수하고 졸업시험에 통과해 기예증을 받아야 기생 활동을 할 수 있었다고 한다.

1920년대 초반은 대학생들이 명월관의 주된 고객이었고 상하이 애국지사들도 이곳에서 밀담을 나누기도 했다. 특히 3·1운동으로 일어난 사회 변화는 기생의 세계관도 바꾸었는데, 이를 계기로 여성운동과 독립운동에 투신하는 기생인 '사상기생'이 나타났다. 독립만세를 부른 해주, 수원 권번의 기생들 중에는 징역을 선고받은 이들도 많았다. 심지어 푼푼이 모은 돈으로 8개의 고사기관총을 헌납한 기생들도 있었다. 이 당시 기생들은 권번에 적을 두고 세금을 냈으며 수재민 구호 작업이나 조선물산장려운동과 같은 사회운동에도 적극 참여했고, 공식적인 봉사료를 신문에 광고하며 공개했던 직업의식을 가진 여성들이었다. 현재의 우리들에게 익숙한 기생의 이미지와는 다른 모습이었던 것이다.

1920년대 후반에는 지방 부자들이 서울 기생을 보러 명월관에 올라오면서 고객층이 급격히 변한다. 당시에는 일본 유학을 가거나 근대식 학업을 공부해 신여성으로 살겠다고 기생폐업을 하는 기생들이 많이 나타났다. 이때 일제강점기 7대 얼짱으로 유명한 기생들이 있었다. 현매홍, 김옥엽, 오산월, 김영월, 윤채선, 이옥란, 장연홍이 그녀들인데, 특히 최고 얼짱이었던 장연홍은 사상기생으로 중국 유학길에 오르며 그 궤적이 사라지기도 했다.

그러다 1930년대 명월관에 언론인과 문인들이 뒤늦게 주요고객으로 등장하면서 명월관은 생기를 되찾기 시작한다. 신학문을 닦고 시대의 첨단을 걷는 이들의 이야기에 기생들은 귀를 기울였다. 이 당시 언론계 인사치고 조선요리를 비롯해 서양요리를 접할 수 있었던 명월관에 드나들지 않은 이가 거의 없었다고 하니, 1932년 하루 매상이 500원 이상, 종업원도 120여 명이나 되었다는 것은 과장이 아닐 것이다.

당시 일본에서 미용기술을 배우고 온 후 쌍꺼풀 수술에 색안경을 착용하고, 코르셋을 입고 굽 높은 구두를 신은 유명인이었던 오엽주가 화신백화점 내에 미장원을 개업(1933)했다. 1937년 그곳에서 우리나라 최초의 파마(전발)를 시작하자 사회 일선에서 활동하던 배우, 소설가, 무용가, 의사, 교사 등 신여성들이 그녀에게 머리를 맡겼다. 최첨단 헤어스타일에서 빠질 수 없는 기생들도 마찬가지였다. 파마 값은 5원

정도로 금반지를 사서 낄 수 있는 쌀 두 섬 정도의 금액이었지만 고객은 점점 늘어났다.

한편 1940년 6월, 명월관에서 회식을 하던 일본 경찰 간부들이 요리상을 덮은 백색갱지를 보고 주인에게 출처를 묻는다. 당시 한국어 신문 폐간 구실을 찾고 있던 일제는 "동아일보에서 신문지 파지를 구입했다"는 대답을 듣고 배급해준 신문지 파지를 불법 처분해 '가격정지령'을 어겼다는 구실을 붙여 동아일보를 폐간까지 끌고 간다.

1940년대가 되면 명월관 출퇴근 기생들의 친일 행적도 늘어나기 시작했고 이들 역시 전시체제의 영향 하에서 비단옷 대신 몸뻬(왜바지) 옷을 입을 수밖에 없게 된다. 그러면서 명월관은 휴업에 들어갔고, 1940년대 후반 미 제5공군 장병들을 주된 고객으로 서양 댄스 중심 파티의 마지막 전성기를 누린 이후 기생과 함께 사라지게 된다.

명월관의 별관으로 세워진 태화관.

명월관 본점 현관

　　이처럼 조선시대 궁 안에서 위락을 담당했던 사람들과 요리들이 일제강점기를 통해 많은 부침을 겪다 결국 사라져 갔다. 명월관, 그리고

명월관의 역사와 함께했던
기생들의 삶은 일제강점기
조선왕조의 잃어버린 영광
이, 그리고 한국 지식인들
의 상처와 희망과 좌절들이
함께 녹아 있던 공간이자
시간이었는지도 모른다.

관기(1910)

강을 바라보는 기생(1930)

030

다방과 카페

식민지 시대, 아픈 청춘들이 머물던 장소

1930년대

다방과 카페는 커피를 전문적으로 판매하는 대표적인 장소다. '가배차' '가비차' '양탕국'으로 불리며 1880년대 조선에 들어온 커피는 많은 조선인들의 입맛을 사로잡았다. 특히 고종은 아관파천 중에도 커피를 즐겼는데, 환궁 후에도 서양 건물 '정관헌'을 짓고 서양 음악을 들으며 커피를 마실 만큼 커피를 좋아했다고 한다. 이런 커피를 최초로 판매한 곳은 우리나라 최초의 서양식 호텔인 인천의 대불호텔이었다.

1909년 남대문역 '기사텐'이 최초의 전문 커피 판매점이라는 조사 결과가 최근 발표되기도 했지만 그동안 일반적으로 알려진 바에 따르면 1923년 한 일본인이 충무로 3가에 '후다미'라는 커피 판매점을 오픈해 일본인 대상으로 커피 판매를 시작했다. 그리고 한국인이 처음

창업한 다방은 영화감독 이경손이 종로 관훈동에 개업(1927)한 '카카 듀'였다. 근대문물을 경험하고 돌아온 해외 유학파들과 문화인임을 자 처한 일부 한국인 지식인들은 자유로운 토론으로 지식을 나누는 유럽 식 살롱 문화를 다방을 통해 실현해보고 싶어했다. 그래서 화가나 배 우, 문인 같은 문화 예술가들이 직접 다방을 경영하기도 했는데, 시인 이자 소설가인 이상이 금홍과 함께 차렸던 '제비', 극작가 유치진이 개 업했던 '프라타나(플라타너스)'가 대표적이다.

1930년대는 이런 다방들이 각각의 특색을 드러내면서 유흥공간으 로 자리 잡은 시기였다. 이국적 취향을 누려보려는 상인, 관리, 회사원 이 출입했던 다방도 있었고, 비싼 찻값에도 불구하고 문화공간을 찾아 예술가, 길거리의 철학자, 유한마담, 대학생들이 드나들기도 했던 다 방도 있었다. 이 시기 '외국식 이름을 가진' 다방은 '커피'를 마시며 '외 국' 음악을 듣고 이국적 취향을 만족시킬 수 있는 곳으로 생각되었다. 일제강점기 한국에서는 다방이 외래 문물의 표상으로서 도시의 문화 인들에게 '이국 체험'의 역할을 하고 있었던 것이다.

이에 비해 1920~30년대 한국의 카페는 일본의 영향을 받아 손님을 접대하는 여급(카페 걸)이 있는 술을 파는 곳으로 자리 잡는다. 기본적 으로 돈 있는 집 자제가 술과 여자를 얻으러 가는 곳의 이미지였던 것 이다. 우리나라 최초의 카페로 알려진 '타이거'가 남대문통 3정목(남대 문로 3가)에 문을 연(1911) 이후 카페는 1920년대 남촌을 중심으로 급 격하게 증가해 입지를 굳혔고 1930년대 이후 북촌으로 진출하면서 그

카페 타이거(1915)

전성기를 구가했다. 당시 북촌 카페 중 가장 크고 유명했던 카페인 '낙원회관'에는 전속 밴드와 전속 가수까지 있었다고 한다.

주요 고객들은 회사원, 은행원, 관리, 신문기자, 문인, 학교 교원처럼 경제적 여력이 되는 사람들로 중산층 이상의 도시 남성이었다. 카페 걸들 중에는 교육을 받은 여성들이나 배우 등의 직업을 통해 사회생활을 한 여성들이 많았고 경제력도 높았다. 연초 공장 여직공이 한 달에 6~25원, 교사가 60원 정도 벌 때 카페 걸은 80~100원 정도를 벌기도 했기 때문이다. 그래서 당시 남성들은 전직 배우 출신에 학력까지 높은 카페 걸과 술을 마시고 이야기를 나누는 이른바 신식 연애를 꿈꾸며 실험해보고자 했다. 이로 인해 1930년대에는 카페 걸들의 이루어질 수 없는 사랑으로 인한 자살이 유행병처럼 번지기도 했다.

유행의 첨단을 걸었던 카페 걸들이 지니고 다니는 물건은 절도의 표적이 되기도 했고, 술을 파는 장소였기에 무전취식, 도난, 폭행, 살인 사건들의 중심이 되면서 카페는 범죄의 온상이 되기도 했다. 1930년대 전반 서울에서 최대의 세력을 가진 폭력단으로 '우미관 사자' '다방골 평양서방' '은송정태랑'이 있었는데 특히 은송정태랑은 카페와 연관된 조직으로 카페 주변에서 일어나는 싸움을 해결하고 그 대가로 카페로부터 돈을 받기도 했다.

1940년 전선이 점차 확대되면서 일제는 한국에서의 소비를 통제하기 위해 사치품 판매를 금지하고 카페와 요릿집, 백화점 등 상점 개장 시간도 축소하게 된다. 그 이전까지 다방이나 카페는 도시의 이국적 공간이자 별천지로 황금기를 구가했다. 일제강점기 현실이 암울할수록 모던 보이들은 다방과 카페라는 환상에 빠져들었고 그곳에 '중독' 되었다. 마치 스타벅스 매장의 이국적 분위기, 서비스, 커피와 어울리는 음악과 와이파이까지 제공받으며 시간을 즐기다 그곳을 나오는 순간 현실로 돌아오는 현대 청춘들처럼, 당시 모던 보이들도 다방과 카페에서 차를 마시고 자유연애를 하며 도피하지만 결국 현실에서는 식민지의 지식인이라는 자신의 모습에 직면할 수밖에 없었을 것이다.

그래서 더욱 다방과 카페에 빠져들었을지도 모른다.

현대에도 한 이슈에 관해 추종과 비판이라는 이분법으로만 나눌 수 없게 하는 침묵하는 다수들이 존재한다. 그와 같이 일제강점기 안에서도 '독립운동'과 '친일파'로서만 구분할 수 없는 다양한 모습의 청춘들이 현실에 괴로워하고 때로는 도피하고 현실과 싸우기도 하면서 삶을 보내고 있었을 것이다. 비록 그들이 벽에 붙은 그림처럼 다방에서 두세 시간씩 꼼짝 않고 앉아 있어서 '벽화'라고, 온종일 다방을 돌아다니면서 물만 마시고 있어 '금붕어'라고 불리면서, 다방이나 카페만 전전하는 것 외에는 하는 일이 없어 보이던 무기력한 지식인이었을지라도 그 또한 당시 '친일'이 아니고서는 그 어떤 뜻도 펼칠 수 없는 암흑과도 같은 세상 속의 내일이 없는 한국의 아픈 청춘들이었다.

031 | 진단학회

현대 한국 사학, 시작되다
1934년

"조선은 대륙에 붙어 있는 반도이기 때문에 중국과 같은 다른 민족에게 이끌
려왔다."

"조선은 고대에서 중세, 근대로 발전하는 인류 발전의 보편적 법칙을 거치지
못하고 고대에 머물러 있었다."

"조선민족은 서로 헐뜯고 단결되지 못하는 특징이 있어 조선도 당쟁 때문에
망했다."

"불교나 유교 등 조선의 모든 문화는 외부에서 유입되었으며 독창적인 것이
없다."

일제는 한국의 역사와 문화 연구에 열성적이었다. 물론 그들의 열
심은 한민족의 자긍심을 고취시키기 위해서라거나 한국의 좋은 것을

배우고 전파하기 위한 것이 아니었다. 역사적으로 우리나라보다 문화 수준이 떨어졌던 그들이 자신들의 식민 지배를 학문적으로 정당화하기 위해서였다. 특히 일제는 한국사의 부정적인 면만 강조해 식민 통치에 유리하게 만들었고 그렇게 '악의적으로 왜곡시킨' 역사관은 끊임없이 한국인들에게 주입되었다. 그리고 '타율성론, 정체성론, 당파성론, 모방성론'으로 일명 '식민사관'이라고 불리는, 일본의 눈으로 본 한국의 역사성은 우리 민족의 집단 무의식을 타고 여전히 흘러 내려오고 있다. 물론 인정하고 싶지도 않고 의식적으로는 다 극복되었다고 하지만, 아직도 결정적 순간에 우리 민족의 힘을 뺄 수 있는 걸 보면 알 수 있다.

'청구학회'는 이같은 식민사관을 확립하기 위해 1930년 경성제국대학과 조선총독부의 조선사편수회 간부들이 조직한 단체였다. 학자와 관리뿐 아니라 일반인도 참여한 당대 최대 규모의 연구단체로, 일본인 학자들을 중심으로 한국학을 연구했다. 이처럼 일제가 주축이 된 청구학회에 대응하기 위한 움직임으로 결성된 단체가 바로 '진단학회'다. 손진태, 이병도를 중심으로 1934년 5월 7일 서울 푸라다아느 다방에서 조직되었다. 문헌고증의 방법을 통해 한국사를 실증적으로 연구하고자 해, 일명 '실증주의 사학'이라고 불린다. '진단'(震檀)은 동방 단군(檀君)의 나라, 즉 우리나라를 말한다. 진단학회는 당시 청구학회를 통해 한국사의 주요 자료를 독점하고 연구 성과를 일본어로 발표했던 식민사학자들의 연구에 대항해, 한국 학자의 힘으로 연구하고 그 결과를 한국어로 발표하려는 의도로 창립된 학회였다. 실증적이지 못하다는 의미에서 식민사학뿐 아니라 민족주의 사학이나 사회경제사학도 비판했던 이들은 『진단학보』도 간행하고 강연회와 간담회를 개최하기도 했다. 1934년 11월 28일 창간된 『진단학보』는 당시 해외 각 학회의 학술잡지와 교환할 정도였다. 하지만 점차 각계의 호응이 열렬해지면서 일제의 탄압도 심해졌고, 이에 1942년 자진해산 형식으로 해체한 뒤 학보 간행도 중단해야 했다.

물론 진단학회가 창립되었을 당시는 실증적 역사학의 연구 기반이 취약했던 시기였기 때문에 실제로는 그들도 식민사학을 크게 벗어나지 못했다는 비판도 있다. 창립 회원 중 대표였던 이병도가 청구학회의 회원이기도 했었던 것처럼 그들의 태생적인 학문적, 현실적 배경 하에서는 일제의 식민사관을 완전히 극복해낼 수 없었던 것이다. 그러나 이들은 우리 역사를 실증적으로 스스로 연구하는 기초를 제공하였고, 이러한 진단학회의 출발이 현재까지도 우리의 역사, 문화를 연구하는 학계의 활동으로 이어지고 있다. 신민족주의 사학으로 이어졌던 민족주의 사학이 한국전쟁 이후 그 흐름이 이어지지 못한 것에 비해, 광복 후 『진단학보』 발간을 재개한 진단학회 회원들은 계속적으로 대학 강단에서 활동하면서 현재까지 명맥을 이어오고 있다. 그렇기 때문에 그들이 지닌 한계에도 불구하고 한국사에서 그 의미는 적지 않다고 할 수 있다.

032

민족혁명당과 조선의용대

민족독립운동 세력 통일의 예고편

1935년

1930년대 중반 중국 관내 독립운동의 중심
에는 두 명의 인물이 있었다. 한 명은 의열단의 지도자로 황푸군관학
교에 들어가 있던 김원봉이었고 또 한 명은 대한민국 임정을 지키며
한인애국단을 이끌었던 김구였다. 당시 반일 의식이 고조되어가던 중
국 관내에는 만주국이 세워진 이후 이동해온 독립운동 단체, 혹은 베
이징 및 상하이 등의 단체들이 모여 있었고, 독립운동가들에게는 분
열을 극복하고 대일 항전을 추진하기 위해 두 사람을 중심으로 하는
통일이 요구되고 있었다.

우선 임시정부 해체를 주장한 김원봉의 의열단을 중심으로 당을 건
설하기로 의견이 모아졌다. 이에 따라 1935년 7월 난징에서는 민족주
의자와 사회주의자의 연합조직이자 민족유일당인 민족혁명당이 창

당되었다. 이에 합류하지 않았던 김구가 『백범일지』에서 당시 상황을 '민족혁명당 발족 직후에는 임정의 국무회의가 성원이 되지 않을 정도였다'라고 쓸 만큼 민족혁명당에는 그동안 중국 관내지역에서 활동하던 의열단, 한국독립당, 조선혁명당 등 좌우 세력이 대부분 참가했다. 이들은 이후에 진행되는 독립운동의 통일을 형성하는 계기가 되었다는 점에서 그 의의가 대단히 크다고 할 수 있다.

그러나 민족혁명당은 성립 직후부터 주도권을 둘러싼 분쟁이 계속되었다. 일례로 당명을 '조선민족혁명'으로 할지 '한국민족혁명당'으로 할지를 두고 의견이 분분하기도 했다. 그러다 의열단 중심으로 활동이 이루어지는 데 대해 1차로 조소앙 중심 세력이 이탈해 한국독립당을 재건했고, 2차로 지청천 중심 세력이 조선혁명당을 다시 조직하는 등 민족주의 계열이 이탈을 하게 된다. 그리고 이들은 김구를 중심으로 다시 모여 우익 계열의 통일전선을 만들어나가기 시작한다.

민족혁명당은 이 때문에 좌우합작 정당의 의미를 잃은 상황에서도 1937년 중일전쟁이 발발하자 장제스 정부의 도움으로 항일전을 벌인다. 그러다 난징이 일본군에게 점령되자 국민당 정부와 함께 우한으로 퇴각한 뒤 그곳에서 김규광, 최창익, 유자명 등 사회주의자와 연합하여 조선민족통일전선연맹(전선연맹)으로 다시 결성(1937.12.), 좌익 계열의 통일을 이루게 된다. 그리고 국민당 정부의 도움을 받아 산하 군대로 조선의용대를 편성(1938.10.)한다. 조선의용대는 중국군 부대에 배속되어 일본군에 대한 정보를 수집하고, 일본군 포로 심문, 투항

권고, 후방 교란 등의 활발한 활동을 폈다. 그들이 일본어 사용이 가능했던 것은 당시 전쟁에서는 굉장한 전투 능력이었을 것이다.

우한이 점령된 후 김원봉을 비롯한 조선의용대 일부는, 사회주의자들이 이끄는 조선의용대 화북지대와 갈라져 장제스 정부를 따라 충칭으로 이동한다. 이때 대한민국 임정도 충칭에 함께 자리를 잡게 된다.

김원봉은 1941년 이전까지는 대체로 임시정부의 반대 입장에 서 있었지만 상황은 크게 변하고 있었다. 유럽에서는 폴란드·네덜란드·프랑스 등의 망명정권이 수립되었고 중국 국민당 정부도 임시정부를 한국인의 상징적인 정권으로 인정하여 지원하고자 했다. 특히 태평양전쟁이 막바지로 접어들면서 일제의 패망이 예견되자, 중국 관내의 독립운동 세력의 통일은 시급한 문제가 되었다. 일제가 패망하기 전에 한국 독립군의 군사력이 정식으로 연합군의 일원이 되어야 하고, 그러기 위해서는 독립운동 단체가 연합국의 승인을 받아야 했으며, 이를 위해서는 좌우익을 막론하고 통일이 이루어져야 했기 때문이다.

이런 배경에서 김원봉은 1942년 10월 25일 제34차 대한민국 임시의정원회의에서 김규식과 장건상 2인을 임시정부에 입각시키면서 본격적으로 임시정부에 참가했고 조선의용대를 임시정부 산하 한국광복군에 편성시킨다. 결국 임시정부의 문지기를 자처한 김구를 중심으로 모인 우익 세력의 통일전선에 김원봉이 참여해 손을 잡음으로써 충칭 대한민국 임정을 중심으로 독립운동 세력의 통일전선이 그려지게 되는 것이다.

033

민족말살통치

일 상 깊 은 곳 까 지 스 며 든 정 신 적 말 살 의 시 작

1937년

만주사변 이후 중일전쟁(1937)으로 전선이 확대되면서 필요한 노동자나 군인들의 수가 늘어나자 일제에게는 큰 고민이 생겼다. 일본인만으로는 이를 감당할 수 없어 조선인을 노동자로 징용하거나 군인으로 징병하는 정책을 추진해야 했는데, 무기를 쥔 조선인이 누구를 공격할지 몰랐기 때문이다. 잘못하면 적에게 총을 쥐어주는 상황이 될 수도 있었던 것이다. 그래서 무기를 주었을 때 일본인을 공격하지 않고 아무 사심 없이 천황을 위해 죽을 수 있는 조선인을 양산해내야 했다. 그를 위해서는 조선인의 조선인 됨을 가능하게 하면서 항일투쟁과 독립운동의 힘이 되는 민족정신을 없애야 했는데, 이것이 1937년부터 본격적으로 시작된 민족말살통치 추진의 배경이다.

민족말살통치는 유대인에게 행해진 홀로코스트와 같은 물리적 말살이 아닌 정신적 말살이 목표였다. 그랬기 때문에 내지인(일본인)과 선인(조선인)은 한 몸이라는 '내선일체'와 한국과 일본의 조상이 같다는 '일선동조론'이 기본이론이 되었고, 조선인을 일본인으로 동화시키려는 황국신민화정책이 그 내용이 되었다. 이 정책이 시행되면서 한국인은 '충성스럽고 선량한 황민'이 되기 위해 성인용과 아동용으로 만들어 배포한 '황국신민서사'를 일상생활 속에서 암송해야 했다. 심지어 결혼식에서도 신랑, 신부, 하객들이 모두 일어서서 이를 암송하는 풍경이 연출되기도 할 정도였다. 또한 마을마다 '내선일체'라고 쓴 포스터나 푯말이 보이는 것은 당연했다. 하루에 한 번 정오에 일본에 있는 왕궁을 향해 절을 하는 '궁성요배'로 일본 천황에 대한 충성 표시를 하거나 서울의 남산을 비롯한 전국 중요 장소와 학교, 면마다 세워

조선 신궁

진 신사에서 참배도 해야 했다. 이를 거부하면 무자비한 탄압이 쏟아졌던 것은 말할 것도 없다.

게다가 1938년에는 조선교육령이 개정되면서, 보통학교에서 필수였던 조선어가 선택과목으로 바뀌게 된다. 조선어를 가르치면 탄압을 받는 상황에서 선택하는 학교는 있을 리 없었으니, 실제로 조선어는 과목에서 사라진 것이나 다름없었다. 『초등국사』교과서가 만들어져 황국사관에 입각한 역사교육이 행해진 것도 이 시기다.

일제가 태평양전쟁을 도발한(1941) 뒤에는 학생들의 군사능력 배양에 초점을 맞추었기 때문에 일본어 교육과 군사 교련이 강화되었고, 소학교의 명칭이 황국신민을 뜻하는 국민학교로 개칭되기도 했다. 1996년 3월 1일 이전에 초등학교에 다녔던 세대들은 스스로도 알지 못하는 사이에 황국신민학교를 졸업한 것이다.

1940년, 일제는 조선인 징병제 결정과 함께 조선인에게 조선식 성을 대신해 '일본식 씨를 새로 만들고'(창씨) '이름도 바꾸는'(개명) 정책을 실시한다. 대일본제국 병영 안에서 조선식 이름이 불리는 것은 안되는 일이라고 생각했기 때문이다. 중국식 이름은 사대사상에 따라 붙인 것이니 일본식 이름을 가져야 한다고 정당화하면서 각 호주가 6개월 이내(1940.2.11.~ 8.10.)에 새로 정한 씨를 신고하라는 자발적 창씨개명 방식을 공포했다. 그러나 실제로는 애국반과 각급학교를 통해 무자비하고 폭력적인 방법으로 추진한 '강제적 자발'이었다. 그로 인해 일제는 1941년 말 조선 인구의 81.5%가 창씨개명을 하는 결과를 얻어

창씨개명 강요로 경성부청에 나온 사람들

낼 수 있었다.

동화 정책에 감춰진 민족 차별을 간파했거나 전통적인 성(姓)에 대한 애착과 양반 의식을 가진 사람들 중에는 적극적으로 반대하거나 자살을 택한 경우도 있었다. 하지만 총독부나 일본인과의 접촉 기회가 많거나 대규모 사업주, 기술자와 감독 등의 지도층, 지식 계급 등에서는 자발적으로 참여했던 사람들도 많았다. 이왕가는 씨가 없는 일본의 황족과 같은 대우를 받아서, 친일파 거두들은 자발적 창씨의 증거 또는 가문의 명예를 존중해준다는 의미에서 성이 씨로 간주되어 신고할 필요가 없었다. 독실한 기독교 계통의 학교에서 근무하는 교사들, 양반 출신으로 총독부 산하 기관에서 근무하던 사람들은 창씨를 신고하지 않아도 묵인받기도 했다. 사실 창씨개명을 한 사람들 중에는 적극적으로 협력하거나 선전한 사람들도 있었지만, 대부분은 신고하지 않으면 '불령선인'으로 불리면서 학교 입학, 공문서 발급, 우편물 수취, 식량과 물자 배급 등에서 제외되는 일제의 폭력적 조치에 어쩔 수 없이 신고한 힘없는 일반 민중이었다. 단순히 창씨개명 자체만으로 친일 여부를 판단할 수는 없는 이유다.

일제는 친일적 성향을 띠고 있었던 한국인 신문조차도 탄압을 가해 조선일보와 동아일보 두 신문사는 강제 폐간(1940.8.10.)되기에 이른다. 1942년부터는 강제로 일본어를 상용해야 했기 때문에 학생들은 학교 안과 밖에서 서로 감시 고발해야 했고, 관공서에서는 업무 시간에 반드시 일본어를 사용해야 했다. 이와 같은 민족말살통치는 이론이나 정책, 일회성의 선전에서 그친 것이 아니라 심지어 국민정신총동원 운동 등의 조직화된 행정체계를 통해 한국인의 일상 가장 깊은 곳까지 파고들었다.

034

병참기지화정책

전쟁과 함께 사라지다

1937년

1930년대 초 조선총독부는 '조선공업화' 정책을 내걸게 된다. 이는 1910년대의 토지조사사업, 1920년대 산미증식계획과 비교할 때 일본 경제권 내에서 요구되는 한국의 역할이 변화되고 있다는 의미였다. 즉, '농공병진'의 구호 아래 조선과 만주 경제를 통합해 원료와 식량의 공급지, 상품 및 자본의 수출지를 확보하려는 의도였다. '일본은 수준 높은 기술이 뒷받침하는 정공업 지대, 만주는 농업지대, 양자를 연결하는 조선은 조공업 지대'로 설정하면서 말이다. 이로 인해 한국 북부지방에 발전소와 화학·금속 관련 공장이 들어서게 되었지만, 이는 기본적으로 철저히 일본 산업 발전을 위한, 일본 산업 발전에 의한, 일본 산업 발전의 정책이었다.

그러나 이러한 조선공업화 정책은 중일전쟁이 발발한 1937년을 기점으로 병참기지화정책으로 변모된다. 이때는 '중요산업통제법'이 시행되면서 경금속, 철도, 차량, 항공기, 피혁 등 중요산업의 생산과 판매를 통제하는 통제경제체제가 시작되었던 시점이다. 대륙침략전쟁에서 군수물자 보급지 역할을 하는 한국이 적에 의해 일본과의 해상 수송로를 차단당해도 오로지 한국의 능력만으로 이를 보충할 수 있을 만큼 군수공업이 발전되어야 했기 때문이다.

이에 조선총독부는 '임시자금조정법(1937)'을 실시해 광업, 철광업, 항공기 제조업, 병기 제조업 등 군수산업에 자금을 집중 투하하기 시작한다. 자금이 이미 본국의 동원 수준을 넘어섰기 때문에 일제는 식민지 금융기관을 통해 조선의 자금을 흡수, 충당해야 했다. 이를 위해 과도하게 세금을 거두며 수탈했고, 농수산물을 판매할 때 일정액 이상을 원천 공제하거나 임금을 지불할 때 일정액 이상을 제하고 주는 '천인저축(강제저축)'을 실시했다. 이를 통해 일제는 1937년에서 1944년 사이에 56억 엔의 엄청난 자금을 수탈할 수 있었다.

자금뿐만 아니라 물자와 노동력도 군수산업에 집중되었다. 특히 태평양전쟁 이후 연합국의 봉쇄로 원자재 부족이 심화되면서 민수공업을 구조조정한 뒤 그 설비와 노동력을 군수공업으로 이전하기 시작한다. 그러다 보니 전시공업화를 주도한 일본의 독점자본은 더욱 규모가 커졌고 영세공장 및 가내공업 수준인 한국 산업은 축소되었다. 1930년대 이래 형성된 일명 '식민지 공업의 이중구조'의 양극화가 심화되는 것이다. 더구나 두 자본의 공업체계는 서로 연계된 것이 아니었기 때문에 병참기지로서 공업화가 진행되면 될수록 한국 경제는 재생산 기반이 약해져 일본 경제권으로 더욱 종속될 수밖에 없었다. 이같은 구조에서 한국 공업이 발전하는 것은 근본적으로 불가능했다.

전쟁을 위해 지하자원이 절실했던 일제는 당시 국제 무역대금으로 사용되었던 금부터 시작해 한국의 지하자원을 강탈했다. 1944년경 일본인 광산업자가 채굴한 금이 한반도 전체 금 생산량의 90%에 달하기까지 할 정도였다고 한다. 무기 생산에 필요하지만 일본에서는 거의 생산되지 않는 철, 텅스텐, 수연, 흑연, 운모, 마그네사이트 등 광물 생산도 철저하게 한국에 의존할 수밖에 없었다. 한국의 막대한 자원이 전쟁 물자로 쓰이기 위해 단기간에 채굴되었던 것이다. 거기에 한국인이 일상에서 쓰던 금속제 용기인 식기, 제기 같은 그릇과 농기구, 교회의 종과 절의 불상까지 수탈의 대상이 되기도 했다.

전쟁 초기 한국 경제는 성장한 것처럼 보였다. 일본 기업이 창출해 낸 대량의 노동력 수요와 시장에 뿌린 전쟁 비용으로 한국인의 구매력이 높아진 데다가, 산업 구조와 공업 구성도 이전에 비해 군수 공업 중심으로 고도화되었고, 공장과 공장노동자 수 역시 전시체제하에서 2배가량 증가했기 때문이다. 그러나 전쟁 상황이 점차 일제에 불리해짐에 따라 식민지 공업화의 실제 모습이 드러났다. 인플레이션을 고려할 때 한국의 사실상 성장률은 마이너스인 상황이 계속되었다. 기술 발전이나 구조 개선이 아닌, 열악한 환경 속에서 노동자를 강제로 동원하거나 노동 시간을 늘리면서 '착취'한 생산성 증가는 지속적일

수 없었다. 전시체제에
서 생산량을 늘리기 위
해 조선인들에 대한 압
박을 강화해갔지만 일제
가 요구하던 생산량은
당시 한국 경제의 한계
를 넘어서는 것이었다.
공업 발달로 인해 신생
도시와 물품도 늘어났고

금속을 수탈하는 일제

철도와 항구도 붐비는 것 같았지만, 그 열매는 침략자 일제의 것으로
전쟁과 함께 사라져버렸다. 그리고 그 성장의 대가는 두고두고 이 땅
에서 한국인이 지불해야 했다.

035

전향과 친일파 확대
포기가 낳은 어리석은 선택
1937년

중일전쟁이 시작된 1937년은 독립에 대한 신념과 국제 정세를 보는 눈에 따라 한국인의 정치적 입장이 나뉜 중요한 기점이다. 당시 친일이나 부일 협력자와 적극적으로 독립을 준비하던 독립운동가들 사이의 간격은 광복 이후 계속되는 한국 정치 갈등의 불씨가 되었다.

1920년대의 친일세력은 일제 강점에 적극적으로 협력해 지위와 특혜를 누렸던 귀족, 중추원 참의, 고등관료 출신, 자본가 등으로 그 범위는 한정적이었다. 대다수 민중과 지식인들은 독립운동 방법과 신국가 구상을 둘러싼 이념을 두고 갈등했을 뿐 독립 포기를 고려하거나 언급하지도 않았다. 그러나 1930년대 들어 일제가 만주국을 수립한 후 전선을 확대하고 승리를 선전하면서 '조선인도 전쟁에 참여해

진정한 황민으로 거듭나자'는 내선일체론을 제창하자, 그동안 식민지배에 저항해왔던 지식인, 사회지도층 사이에서 일제에 대한 정치적 대응 방법이 나누어지기 시작한다. 그들은 저항하거나 순응, 침묵, 또는 동화 및 찬양의 모습들을 보였는데, 그중 일제의 승전을 믿어 '내선일체'를 지지하게 된 계층이 '전향'을 거쳐 친일파로 변모하면서 일제에 동화되거나 찬양하는 양태를 취하게 된다.

일제는 전쟁을 확대하면서 비밀고등경찰, 헌병스파이 등을 두어 수많은 민족지도자와 민중의 사상을 철저히 통제했다. 사상전향자 단체를 결성(1938)해 반일사상 박멸을 선전하기도 하고, '조선사상범 예방구금령'을 제정(1941)해 전향하지 않은 사상범을 강제 구금하기도 하면서 말이다. 수많은 애국지사들에게 일제를 지지하는 의사를 밝히게 하고 전향에 협력하지 않으면 탄압을 가했던 것이다.

그러나 '내선일체'를 차별에서 벗어나는 방법이라고 해석해 자발적으로 친일파가 된 사람들도 있었다. 강점 이후 20년이 지나면서 친일 외에는 방법이 없다고 생각하게 된, 독립에 대한 희망을 잃은 지식인들 사이에서 벌어진 일이었다. 1935년 치안유지법 위반으로 체포되었다가 전향해 '조선어 사용의 전폐'를 요구한 현영섭, 3·1운동에 참여해 7개월간 옥살이를 했지만 결국 친일 관료가 되어 '황국신민서사'라는 아이디어를 내서 조선총독부에 입안한 김대우 등 차별에서 벗어나고 싶은 욕구가 강할수록 한국에 대한 부정에 철저했다. 특히 2차 지방제도 개정 이후 지방 의회에서 한국인이 차지하는 비율이 높아지면서 식민통치에 동화되는 층은 더욱 두터워졌다. 더욱이 당시 많은 수의 청년들은 황민화시대의 민족말살 정책하에서 인격이 형성되고 있었기 때문에 일제가 주장하는 내선일체의 논리에 빠지기 쉬웠다.

일제는 지원병제(1938), 학도지원병제(1943), 징병제(1944)를 실시해 한국 청년들을 전쟁터로 내몰았다. 국민징용령(1939)이 근거가 되어 전쟁 물자를 생산하는 광산, 기업과 건축물 공사에서 노예와 같은 노동을 강요받은 한국인은 더욱 많았다. 여성들은 말할 것도 없었고, 1937년 이후 일제에 의해 탄광, 공장, 전장 등으로 끌려간 연간 100만 명의 한국인 외에도 전시체제하의 수많은 한국인의 삶은 죽지 못해 사는 것이었다. 한국인들에게 그런 삶을 찬양하고 독려하는 글을 쓰거나 강연을 했던 자들 중에는 한국인의 사랑과 존경을 받았던 문인, 교육자들도 있었다. 예술가는 음악이나 미술 작품으로, 기업인 중에서는 돈으로 일제의 전쟁을 도운 자들도 있었다.

전향한 인물들은 일본의 선전을 진실로 믿고 속은 자, 확신하면서 앞장 선 자, 거짓인 줄 알면서 일신의 안위와 출세를 위해 협조한 자 등 다양하다. 하지만 어떤 이유에서였건 그들의 판단이 얼마나 어리석은 결과를 낳았는지 볼 수 있다. 그들의 행동은 최악의 상황에서도 독립을 위해 애쓰던 독립운동가와 대다수 한국인의 소망을 어쩌면 일제의 군홧발보다 더욱 강하고 아프게 짓밟은 것이었는지도 모른다.

036 | 국가총동원

아직도 현재진행형

1938년

　　　　　　중일전쟁을 일으킨 일제는 1937년 말 당
시 난징을 함락하면 조만간 전쟁이 끝날 것이라 생각했다. 그러나 장
제스의 국민당 정부가 '백년항전'을 선언하면서 전쟁은 예상하지 못한
상황으로 전개되었다. 일제는 전쟁 장기화에 따라 인적·물적 자원을
동원해야 했고 이에 1938년 4월 1일 '국가총동원법'을 제정 공포한다.
일본에만 국한된 것이 아닌 조선, 대만, 사할린 등 식민지 전역에 해
당했던 이 법은 일제 말기 전시 동원체제를 총괄하는 기본이자 각종
동원의 법적 근거였다. 위반하면 무거운 형벌로 처벌할 수 있어 한국
인들에게는 치안유지법과 함께 가장 두려운 법이 되었다. 이 시기부
터 물자들이 강제 수탈된 것은 물론 한국인들에 대한 강제 동원이 시
작된다.

1939년 7월부터 16~49세의 노동력을 동원하는 '국민징용령'이 시행되었다. 초기 징용은 '모집'의 형식이었다. 하지만 일제가 필요 노동력을 요구하는 대로 총독부가 권력을 동원해 지역별로 인력을 할당해 모집했다는 점에서 강제 징용과 큰 차이가 없었다. 다음 단계로 추진된 '관 알선'은 서울, 부산, 대구, 평양 등에 설치된 6개 관영 직업소개소를 통해 광범한 노동력 동원 체제가 만들어지면서 진행된다.

1944년 9월부터는 '강제 징용'이 시작되면서 한국 전역은 준전시 상태가 되었다. 일제는 거리에서 청장년이 눈에 띄면 잡아가거나 불시에 마을을 뒤져 연행해갔다.

일본이나 중국, 사할린으로 끌려간 징용자들은 탄광이나 군수공장 등에서 강제노역에 시달렸다. 군속(군 노무자)으로 차출된 사람들은 태평양전쟁 발발로 전선이 남방으로 확대되자 일본이 침략한 동남아 지역의 철도, 항만, 비행장, 군사기지 건설 등에까지 동원되었다. 이들의 경우 전쟁이 끝난 후에는 전범으로 재판에 회부되어 희생되기도 했고, 사할린 징용의 경우에는 냉전으로 귀향할 수도 없었다.

1934년부터 패전 직전까지 한국인 징용자는 총 612만 6,180명으로, 이는 당시 한국인 전체 인구의 20%에 해당한다. 여기에 징병, 학도병, 종군위안부까지 합칠 경우 전체 강제 동원 피해자 숫자는 거의 800만 명에 육박한다.

당시 한국인 노무자들은 가혹한 노동 조건에 비인간적인 대우를 받

강제징용된 한국인들의 모습

으며 목숨까지 위태롭게 하는 위험한 작업에 종사해야 했다. 하루 14시간의 노동에 휴식시간도 없었으며 일과 후에도 격자 달린 창과 철망을 둔 담에 감시견까지 배치한 '우리'에 갇힌 채 가축처럼 지내야만 했다. 최악의 주거 환경, 불량한 식사를 하면서 강제 노역에 시달렸던 이들은 임금조차 일본인의 절반밖에 안 되었는데, 그나마 강제로 저축을 들게 하거나 통장을 노무 직원이 관리한다면서 국채 등을 구입해, 일본 패망 후에도 이들이 손에 쥐는 임금은 사실상 거의 없었다. 이들 중 탈주하거나 작업을 거부하고 파업이나 폭동, 항일운동 등을 통해 소극적으로 혹은 적극적으로 저항한 이들도 있었지만 혹독한 노동으로 타국에서 억울한 죽음을 맞이한 노무자들의 수는 헤아릴 수 없이 많았다.

남성들이 '노동노예'로서의 가혹한 삶을 살아갔다면 여성들은 노동노예와 함께 성노예로서 삶을 수탈당했다. 1930년대부터 관과 군의 주도하에, 주로 농촌의 극빈층 미혼 여성들이 일본군 전장에 설치된 군위안소의 위안부로 끌려간 것이다. 속아서 혹은 강제로 끌려간 전장에서 한국인 여성들은 성노예로서의 삶을 강요받으면서 이름 대신 번호로 불리며 감시당하고, 거부하면 폭행을 당하거나 살해되는 등 죽음과 같은 시간을 보내야 했다. 일본 본토에서는 황국신민 출산과 양육을 위해 모성 보호 운동이 진행되던 시기의 일이었다. 이후 패망한 일제는 비인간적이고 잔악한 행위의 증거 인멸을 위해 수많은 여성들을 살해하였다.

조국이지만 돌아올 수 없어서 타향에서 생을 마감하기도 했고, 조국이라 돌아왔어도 멸시와 천대 속에서 상처를 안은 채 평생을 고통 속에 살아야 했던 여성들에게 일제강점기는 아직도 진행 중인 현재인지도 모른다.

037

가격정지와 암거래

소비, 하늘의 별따기보다 어려웠던 시대

1939년

　　　　　　1930년대 후반 전쟁이 확대되면서 일제 경제권 내의 식량 수급 사정은 점차 어려워졌다. 일제는 각종 독려와 탄압에도 한국에서의 식량 생산이 필요한 만큼 증가되지 못하자 소비절약 운동 같은 소비통제를 시행하기 시작했다. 1940년 5월부터 주요 양곡의 통제 및 설탕, 소금 등 필수 식료품과 주류, 과자류, 통조림에 대한 배급을 실시한 것이다. 일제는 종합적 배급을 통해 조선인에게 효율적이고 합리적 식량 소비가 이루어진다고 선전했지만, 이는 한국인의 더 나은 삶을 위해서가 아닌 전쟁으로 인한 식량 부족을 해결하기 위해서였다.

　　특히 1943년에 조선총독부에서 당시 일본과 같이 식량에 대한 국가 관리를 실시하면서 쌀, 맥류와 조 같은 잡곡, 전분, 곡분, 고구마와 감자 및 그 가공품인 면류, 빵 등 주요 식량 전부가 통제 대상이자 전쟁 수행을 위한 선전도구가 되었다.

"이 빵을 먹고 체위를 향상하고 동아시아를 굳게 지켜라!"

경성제빵조합 제작 포스터첩

통제 대상이 되었던 것은 식량만이 아니었다. 일제는 이미 1939년 '가격정지령' 등의 통제령을 제정해 주요 산업물자의 거래 가격을 공정가격(9.18정지가격)으로 맞추었다. 물자의 가격을 국가가 정한 것이다. 그러면서 조선인은 의식주 생활이 합리적이지 못하므로 개선해야 한다고 강조하면서 흰옷을 입거나 온돌을 사용하는 습관은 비위생적이고 나태를 조장하기 때문에 버려야 한다고 주장했다. 한국인의 일상생활을 개선한다는 명목으로 절약을 강조한 것이었지만, 실제 목적은 전쟁이 확대되면서 물자 부족 사태가 발생하자 한국인들의 소비를 통제하는 데에 있었다.

이들은 특히 전시 상황에도 도시 지역을 중심으로 장발을 하거나 파마를 하는 등 '사치'가 계속된다고 비판하며 '사치품제조판매금지규칙'을 공포(1940)해 사치품에 속하게 된 코티분, 박가분과 같은 물건 판매를 금지했다. 상점 개장 시간도 축소해 카페, 요릿집, 백화점 등 소비와 유흥 공간의 폐점 시간을 엄격히 통제했다. 그러나 이러한 도시 지역의 부유층이나 상류층의 사치에 대한 규제는 그야말로 '사치'였다.

일제는 전시 생산력 확충을 내세우며 각종 물자의 증산을 독려했지만 사실 군수 물자 확보가 그 목적이었다. 이 때문에 생활필수품 생산이 통제되면서 일반 민중들의 신발, 면직물 등 기본 옷감 같은 생필품은 턱없이 부족해졌다.

이와 같은 물자 부족으로 인한 물가 상승을 인위적으로 조절하기 위해 가격정지령을 제정했던 것이지만 실제 물가는 10배 이상 뛰어오르며 암거래(야미)가 확산되었다. 당시 암거래는 생필품을 구하기가 하늘의 별따기보다 어려웠던 상황에서 목숨을 걸고서라도 구하려는 생존권 차원의 거래였다. 주로 행상, 노점상 등 소규모 영세 상인이나 농민, 일용 노동자와 같은 도시 빈민층에 의해 이뤄졌고, 특히 상대적으로 단속을 피하기 쉬운 여성들이 암거래에 나서는 경우가 많았다. 부인이 아이를 등에 업고 가는 것처럼 식량을 암거래하기도 해서 순사가 실제 아이를 업은 부인을 암거래하는 것으로 여기고 찌르는 바람에 아이가 죽는 일도 있었다. 시체를 운반하는 것처럼 꾸며 식량을 몰래 운반하기도 했고, 배급표 자체가 암거래되거나 배급과정에서 초과 수량을 취득해 다시 암거래를 하는 등 그 방법도 다양했다.

1945년경에는 쌀, 설탕, 비누 등의 암거래 가격이 정상가의 100배 이상이 되어 6월경에는 세숫비누가 공정가의 200배, 설탕이 174배에 달했다고 한다. 이는 현금이 있다 해도 구할 수 없었다는 의미다. 징용이나 징병에 끌려가지 않고 남아 있던 한국인들도 일제가 벌인 전쟁으로 인해 그야말로 고통과 아픔을 온 삶으로 겪으며 식민지 시대의 마지막을 살아내고 있었다.

038

애국반

일상도 전쟁처럼
1939년

우리 애국반에는 이런 사람이 없도록 합시다!

- 호적에 들어 있지 않은 사람

- 기류계(본적지가 아닌 곳에서 90일 이상 살 때에 준비해야 하는 것)를 내지 않은

  사람

- 호주 상속계를 잊어버리고 있는 사람

- 출생신고를 하지 않은 사람

- 사망신고를 내지 않은 사람

- 혼인신고를 아직 하지 않은 사람

- 특히 이번 해에 징병제도에 뽑혀야 할 사람으로서 기류계와 호적을 하지 않

  은 사람

지금 곧 수속을 하십시다!

일제는 황국신민화정책을 정신적이나 사상적 캠페인에서 그치는 것이 아니라 실제 삶을 통제함으로써 개개인에게 흡수시키기 위해 전 조선인을 대상으로 한 견고한 조직망을 세웠다. 1938년 7월부터 시작된 국민정신총동원운동(정동운동)과 더욱 정교하게 정비된 국민총력운동(총력운동)을 실시(1940)한 것이다. 국가 정책에 조선인의 협력을 끌어내 경제 등 다른 부문 또한 총동원하려는 의도였다. 일제는 정동조선연맹 하에 부-군-도, (읍-면), 정-동-리 부락 연맹으로 연결되는 일원적 조직에, 애국반을 거쳐 가구(호)로 이어지는 체계까지 만들면서 조선인에게 집단주의와 애국심을 주입하였고, 이 조직은 실질적으로 전시동원에 큰 역할을 했다.

애국반은 10호 단위로 만들어진 조직이다. 주민의 자치기구 같아 보이지만, 실상은 총독부 정책을 마지막으로 전달받고 실행하는 관제기구 말단조직이었다. 총독부는 애국반을 통해 주민들에게 후방에서의 마음가짐과 임무를 선전하면서 노동력과 자원 등을 체계적으로 동원하려 했다. 애국반을 통해 개인이 국민복이나 몸빼 착용, 양력 사용 등의 지시를 전달받고 실천하는 과정은 그동안 대중매체는 물론 교육의 영향력 밖에 있었던 대부분의 한국인, 특히 가계를 이끌어가는 주부를 비롯한 일반 주민들이 설득과 동원의 대상이 되었다는 것을 의미했다.

주민들은 매월 애국일 행사, 월례회, 각종 주간 행사 등에 동원되었고, 이것은 집요하고 반복적으로 이루어졌다. 결국 이에 비판적이었던 사람들도 자연적으로 황민적 심성을 체득하게 만들어냈다. 특히 총독부는 애국반 단위로 매달 열리는 반상회를 적극 활용한다. 애국 반상회의 기본인 정회는 애국반장이 반기를 들고 공회당으로 모여 출석을 확인한 후 사이렌이 울리고 방송에서 국민총력 노래와 애국반 노래가 울려 퍼지면 국기 게양과 국가 합창, 궁성요배와 묵도, 천황의 조서 봉독순으로 이어졌다. 끝으로 당면 사항을 논의하고 황국신민서사를 봉창한 후 '천황폐하 만세' 삼창 후 국기를 내리면 해산하는 식으로 약 30분에 걸쳐 진행되었다. 한국의 각급학교에서 볼 수 있던 애국조회와 비슷하다.

매월 10일경 하루 일과와 식사를 마친 7시 30분쯤 열리는 상회에는 애국반장의 주도로 반에 소속된 가구의 대표들이 모인다. 궁성요배와 묵도로 시작해 주지사항을 듣고 보고한 뒤 제시되는 주제에 대한 강화를 듣는다. 경우에 따라 일제를 찬양하는 영화나 연극, 창가를 관람하기도 했다. 태평양전쟁 이후 전황이 불리해진 일제는 선전 활동에 더욱 열을 올렸는데 특히 농촌 애국반을 단위로 영화나 연극, 뉴스를 상연하거나 야담, 만담가들을 동원해 내선일체와 징병제를 선전했다. 영화관이 없는 농촌 지역에 영사기를 가지고 가서 주민들에게 영화를 보여주는 이동 영사는 아무런 문화적 혜택을 입지 못하던 농민들에게 큰 호응을 얻기도 했다. 〈그대와 나〉〈병정님〉 등 영화 속에서 보이는 비행기, 탱크 등의 근대적 병기와 잘생긴 남녀 주인공의 사랑 이야기를 보러 아이를 업고 오는 부인들도 많았다고 한다. 그 안에는 조선인

지원병인 남자 주인공과 일본 여성의 내선일체 결혼, 일본어 상용, 신궁참배 등의 내용이 들어 있었다. 이런 관람 후 끝으로 황국신민서사를 제창하는 것까지 총 두 시간 정도 소요되었다.

이처럼 애국반은 황민화정책을 위해 시작된 후 전쟁이 확대되자 갖가지 동원을 위한 기초 단위로서의 역할을 담당했다. 관에서 할당한 공출량을 확보하고 식량과 각종 물품을 배급하는 단위가 된 것이다. 거기에 징용 지원자를 추천하거나 징용 기피자를 색출하고 징병 사업을 선전하기도 했다. 근로봉사, 저금 및 국채매입, 국어(일본어) 보급, 인구 조사, 금은 식기 공출 등에 협력하기도 했다. 이 같은 기능상 애국 반장의 성향은 중요할 수밖에 없었을 것이다. 때문에 친일적 성향을 가진 지식인, 또는 지식여성 중 집안일만 하는 부인을 애국반장으로 임명했고, 식량을 살 수 있는 배급표에 애국반장 도장을 찍어야 유효하게 만듦으로써 반상회 참여를 높였다.

애국반은 지역 단위뿐만 아니라 광산, 공장, 은행, 회사 등에도 조직된다. 1944년 2월 당시 애국반 수는 37만 3,750개, 반원 수는 459만 7,162명이었는데, 그 가족들까지 포함하면 거의 모든 한국인을 포괄한 규모였다. 일상에 대한 통제와 감시가 심해질수록 민중의 반발과 저항심도 커졌겠지만, 살아남기 위해 이에 적응하거나 애국반장 부인들처럼 이러한 활동으로 자기실현 혹은 실리를 얻기 위해 적극적으로 협력함으로써 식민 통치의 마지막을 보내던 사람들도 있었다.

039 | 한국광복군

광복을 향한 임정의 군대

1940년 9월~1946년 6월

　　　　대한민국 임정은 초기 외교독립론에 치중한다는 비판을 받았지만 1919년에 이미 군사조직법을 제정하는 등 수립 당시부터 군사 활동에 관심을 두고 있었다.

　1920년대에 침체기를 지낸 임정은 한인애국단 윤봉길 거사를 계기로 장제스가 중앙군관학교 뤄양 분교에 한인특별반 설치를 배려하면서 중국 국민당 정부와 가까워지는 새로운 전기를 맞았다. 이에 따라 만주 지역에서 활동하던 독립군 92명이 독립전쟁을 수행하는 데 필요한 사관이 되기 위해 한인특별반에 입학했고, 1935년 4월 지청천과 이범석의 주관하에 62명이 졸업하게 된다.

　중일전쟁을 전후한 시기 임정은 조국 광복을 위해, 또 국제 정세 상으로도 일본과 일전을 벌이는 것이 불가피하며 그 시기가 다가오고 있음을 알고 있었다. 이에 임정은 충칭 도착 1년 전쯤 시안에 군사특파단을 파견해 병력을 모집하는 한편, 중국 정부와 군대 조직에 대한 양해와 재정 지원을 교섭했다. 그 결과로 임정이 중국 임시수도가 된 충칭으로 옮긴 직후인 1940년 9월 17일 대한민국 임정 산하의 군대인 한국광복군 총사령부가 창설되었다. 당시 임정을 실제로 이끌던 주석 김구는 "한국과 중국 공동의 적인 일제를 타도하고 독립을 회복할 목적으로 연합국의 일원으로 항전하기 위해서"라는 한국광복군 창설 취지를 선포했다.

총사령관 지청천, 참모장 이범석의 한국광복군 창설은 대한민국 임정의 군사 활동이 더욱 확대되는 계기가 되었고, 1941년 일제가 태평양전쟁을 도발했을 때 대한민국 임정은 일본에 선전포고를 하기에 이른다. 여기에 1942년 4월 김원봉이 이끌던 조선의용대 병력이 한국광복군 제1지대로 통합되면서 이범석의 제2지대와 함께 지청천 사령관하 3개 지대로 한국광복군은 그 병력이 증강되었다.

한국광복군의 작전권은 처음에는 중국 정부 군사위원회에 속해 임정의 직접적인 지휘권 밖에 있었다. 중국 정부는 1941년 11월 한국광복군에 대한 군사 원조에 동의하면서 '한국광복군 행동준승 9개항'이란 것을 첨가해 행동에 제약을 가했다. 임시 의정원은 약간의 원조를 받는 대가로 한국광복군이 중국군에 예속된 것처럼 여겨지는 것은 문제라 지적하면서 이의 폐기를 요구했다. 결국 중국 정부도 한국광복군에 대한 군사 통수권은 임정에 있다고 규정한 새로운 군사 협정의 체결을 수락(1944.4.4.)하면서 군사원조도 군사차관으로 수정한다.

한국광복군은 항일 전투에 참가한 것을 포함하여 다양한 활동을 전개해 국제적 위상을 높이려 했다. 특히 일본군에 강제로 편입되어 중국 등의 전선에 배치되었던 한국 청년들을 광복군에 복귀시키는 활동을 펼쳤다. 일본군이 미얀마를 점령하자 미얀마, 인도 전선에까지 파견되어 영국군과 함께 대일 투쟁을 전개했고, 한국광복군이 독립을 위해 활동하고 있다는 사실을 국내 동포들에게 알려 독립에 대한 의욕을 높이기도 했다.

더 나아가 일본의 패망이 예견되자 한국광복군은 우리 손으로 독립을 쟁취하기 위해 국내진공작전을 계획했다. 미국에서 독수리 작전이

한국광복군

라 불렸던 이 작전을 위해 한국광복군은 중국에 주둔하고 있던 미국 전략사무국과 연합해 비행편대를 편성하고 국내에 침투해 활동할 특수요원을 훈련시킨다. 훈련받은 한국광복군이 미국 잠수함이나 전투기를 이용해서 국내에 잠입한 뒤 소지한 무기로 중요 지역을 파괴하거나 점령하려는 계획이었던 것이다.

그러나 일제가 예상보다 빨리 패망하면서 1945년 8월 20일에 예정되어 있던 국내진공계획은 무산되었다. 김구 주석은 8·15 광복 소식을 접하고 "내게는 이것이 기쁜 소식이라기보다 하늘이 무너지는 듯한 일이었다"라고 개탄하면서 "가장 걱정되는 일은 우리가 이번 전쟁에서 한 일이 없기 때문에 장래에 국제간의 발언권이 박약하다는 것이다"라고 우려했다. 그리고 이것은 광복 이후 한반도의 정세를 정확히 예견한 것이었다. 한국광복군은 광복 이후 미군정의 요구에 따라 무장을 해제한 채 귀국했고 1946년 6월에는 완전히 해체되었다. 그 일부가 국방경비대 요원으로 흡수되어 이후 국군 창설에 이바지한다.

040

「별 헤는 밤」·「광야」

암흑 속에서 빛을 노래하다

1941년 · 1943년

일제의 탄압이 있었던 암울한 시대 속에서도 문학작품을 통해 일제에 저항하고 민족의식을 고취하고자 했던 문인들이 존재했다. 1926년 『개벽』지 6월 호에 발표하며 제목과 첫 연 첫 행의 구절에 모든 것을 함축적으로 담은 탁월한 작품인 「빼앗긴 들에도 봄은 오는가」를 쓴 이상화, 1930년대 브나로드 운동에 참가해 실제 인물들의 활동을 소재로 소설 『상록수』를 집필함으로써 큰 반향을 불러일으켰던 심훈과 같은 문인들이 대표적이었다.

일제의 전쟁이 확대되고 승리의 소식이 전해지면서 한국의 많은 문인들이 징용과 징병을 독려하는 친일의 길로 돌아섰던 1940년대. 하지만 그때에도 여전히 연약한 펜 끝으로 일제강점기의 아픔과 희망을 강인하게 노래한 윤동주와 이육사 같은 문인들이 있었다.

"소학교 때 책상을 같이 했든 아이들의 이름과 … 시인들의 이름을 불러봅니다. … 어머님 그리고 당신은 멀리 북간도에 계십니다. 나는 무엇인지 그리워 이 많은 별빛이 나린 언덕 위에 내 이름자를 써보고 흙으로 덮어 버리었습니다. 딴은 밤을 재워 우는 벌레는 부끄러운 이름을 슬퍼하는 까닭입니다. 그러나 겨울이 지나고 나의 별에도 봄이 오면 무덤 우에 파란 잔디가 피어나듯이 내 이름자 묻힌 언덕우에도 자랑처럼 풀이 무성할게외다." - 「별 헤는 밤」

윤동주의 1941년 작품인 「별 헤는 밤」은 언제 들어도 또 언제 읽어도 우리 모두에게 깊은 감동을 준다. 일제강점기의 막바지, 한국인들은 스스로의 이름조차 마음대로 부를 수 없었던 어두웠던 시대. 그런 시대를 살아냈던 한국인들의 말할 수 없는 아픔을 어린 시절의 따뜻한 추억으로 만져주며 조국의 광복에 대한 간절함을 담담하게 그려내고 있는 이 시를 통해, 당시를 살아간 우리 조상들의 아픔을 그대로 느낄 수 있어 눈시울이 젖기도 한다.

윤동주는 북간도 명동촌에서 태어난 시인이다. 기독교 장로인 조부의 영향으로 신앙심이 깊었던 그는 북간도 민족교육의 산실 명동소학교를 졸업하고 용정에서 중학교를 마쳤다. 1941년 연희전문학교 문과를 졸업하고 일본 기독교 계열 대학의 영문과에서 공부했지만 1943년 7월 귀향 직전 항일운동 혐의를 받고 검거되어 광복을 앞둔 1945년 2월에 28세의 나이로 일본 후쿠오카 형무소에서 사망하였고, 그의 유해는 고향 용정에 안장되었다. 특히 그가 연희전문학교 시절에 집필한

윤동주

시들은 일제 말기 암흑기를 살아간 우리네 마음들이 담겨 있어 큰 의미를 가진다. 「서시」 「별 헤는 밤」 「쉽게 쓰여진 시」 등이 이때의 작품이고, 『하늘과 바람과 별과 시』라는 제목의 시집은 광복 후에 발간되었다. 그의 모교인 연세대학교에서는 1968년에 그의 시비를 세워 기리고 있다.

이와 함께 조국 광복을 위한 열망을 시에 담았던 시인 이육사. 그의 본명은 이원록이지만, 조선은행 대구지점 폭파 사건에 연루되어 3년 형을 받고 투옥된 후 받은 수인 번호인 264번을 따 호를 육사로 택했다. 의열단의 일원으로 베이징에서 활동하기도 했고 출옥 후 중국으로 건너가 정의부 등 독립운동 단체에 가담하며 독립투쟁을 벌였던 그는 일제에 의해 17회나 투옥되었다. 그리고 1933년 9월부터는 시 쓰기에 전념하며 육사란 이름으로 작품을 발표하기 시작한다. 이후 언론기관에 종사하면서 한시, 시조, 논문, 평론, 번역, 시나리오 등도 다루며 1941년까지 다양한 작품을 발표했다.

그의 대표작인 「광야」에서 보이듯 그의 시는 일제강점기 민족적 아픔을 소재로 저항 의지와 민족정신을 장엄하게 노래했다. 이육사 또한 독립운동을 하다 붙잡혀 베이징 감옥에서 수감 중 옥사했고(1944), 1946년에 『육사시집』이 발간된다.

"… 지금 눈 내리고 매화 향기 홀로 아득하니 내 여기 가난한 노래의 씨를 뿌려라.
다시 천고의 뒤에 백마 타고 오는 초인이 있어 이 광야에서 목 놓아 부르게 하리라."

'그 별에 봄이 와 내 이름이 묻힌 언덕에 자랑처럼 풀이 무성할 것'이라는 윤동주와 지금 절망적 상황에도 '매화 향기'는 있으니 언제인가는 피어날 '노래의 씨'를 뿌린다면 그것을 불러줄 초인이 올 것이라고 노래한 이육사. 암흑 속에서도 그들이 버리지 않았던 간절한 소망은 이후에 그들이 노래한 것처럼 이루어졌다. 그들은 비록 그것을 보지도 맞이하지도 못했지만, 그들이 남긴 작품은 한국의 역사가 그대로 이룬 꿈이 되었다.

041

민족독립운동 세력의 통일

임정, 독립운동의 중심에 서다

1942년

국제법상 정부는 국토와 국민을 가져야 한다. 하지만 임정은 통치권을 행사할 대상인 영토와 국민을 직접 지배하지 못했기 때문에 일반 정부와는 성격이 달랐다. 대한제국과 연속성도 없고 주체 세력과 이념도 달랐기 때문에 망명 정부라고 할 수도 없었다. 그럼에도 대한민국 임정은 우리 민족의 거족적인 3·1운동의 결실로 탄생해 대외적으로는 우리 주권을 대표하는 정부로서 대내적으로는 독립운동을 총괄하는 중심기구로서 역할을 담당했다. 1919년 출발 이후 임정은 비록 침체기를 겪었지만 1930년대 시대에 맞게 서서히 변화하며 자리를 잡아간 것이다.

임정을 지키며 한인애국단의 의열투쟁을 통해 장제스의 지원을 이끌어냈던 김구는 1935년 11월 한국국민당을 조직한다. 당시 김원봉의

김구 선생

의열단을 중심으로 만들어진 민족혁명당에 참여하지 않았던 그는 이동녕 등과 임정 고수파 우익으로서 정치, 경제, 교육 균등의 삼균주의를 표방하고 '토지와 대 생산기관의 국유화' '국민생활의 평등화'를 한국국민당의 강령으로 삼았다. 중국 관내 독립운동 진영 중 가장 우익적인 세력이 정당을 조직하면서 그 강령으로 토지와 대 생산기관의 국유화를 내세우고 있는 것은 의미심장하다.

중일전쟁 발발 후 독립운동 진영 통일이 절실하게 필요해지면서 한국국민당이 중심이 된 우익세력의 통일운동이 펼쳐진다. 민족혁명당에 참가했다가 이탈한 조소앙의 한국독립당, 지청천의 조선혁명당 등과 한국국민당이 연합해 한국광복운동단체연합회를 탄생(1937.8.)시켜 중국 관내 우익 전선의 통일을 이룬다.

이후 이들이 정당으로 발전한 한국독립당(1940.5.)은 임정의 여당으로서 역할을 해내게 되는데, 이들을 중심으로 구성된 임정은 일제의 패망에 대비하면서 한국광복군을 조직하고 '건국강령'을 발표(1941)했다. 그리고 이 강령을 통해 대 생산기관을 국유로 하고 토지, 어업, 광업, 은행, 전신, 교통기관 등도 역시 국유로 하며, 토지의 상속 매매를 금지하고, 두레농장과 국영공장, 생산 소비와 무역의 합작기구를 조직 확대하여 농·공대중의 물질과 정신상 생활 정도와 문화 수준을 제고한다고 선언했다.

　민주 사회주의를 지향한 것으로 평가받는 건국강령은 임정이 광복 이후를 대비하여 1944년 새로 마련한 헌법에도 반영된다. 이는 결과적으로 민족 독립운동 세력이 임정 중심으로 좌우익의 통일을 이루는 결정적 배경으로 작용했다.

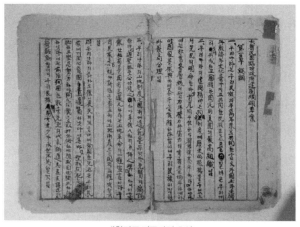

대한민국 건국강령 초안

　태평양전쟁이 막바지에 접어들면서 독립운동 세력 간의 통일은 절실해졌다. 이제 이들은 임정을 해체하는 것이 아닌 기존의 임정을 중심으로 통일전선을 형성하는 방식을 택한다. 임정은 우파 통일정당인 한국독립당 중심이었지만, 여기에 민족혁명당원이나 무정부주의자가 가담하면서 명실공히 통일정부이자 좌우 합작 정부로 거듭나게 된 것이다. 이에 참여한 각 단체와 정당들의 강령에서 보듯이 이들의 광복 이후 신국가 건설 방안에 큰 차이가 없었기 때문이었다.

먼저 중국 공산군 지역으로 옮겨가고 남은 조선의용대 병력이 한국 광복군에 편입(1942)되어 제1지대가 되었고, 김원봉이 지대장이 되었다. 이후 정치 부문에서도 통일이 이루어져 전선연맹 계열의 왕통, 유자명, 김상덕 등이 임시의정원 의원으로 선출되었다. 또한 김규식이 임정의 부주석이 되고 김원봉, 장건상, 김성숙 등이 국무위원이 됨으로써(1944.4.) 임정은 통일전선정부를 이루어낸다. 이같이 중국 국민당 지역의 독립운동 세력을 통일한 임정은 곧 중국 공산군 지역 독립운동 세력인 조선독립동맹과의 통일운동, 국내 조선건국동맹과의 접촉에도 나선다.

이와 함께 임정은 외교활동 또한 활발히 벌이기 시작해 미국 워싱턴에 주미외교위원부를 설치하는 '규정'을 공포(1941)한다. 주미외교위원부의 전신인 구미위원부는 1925년 위원장 이승만이 임시정부 대통령직에서 탄핵당하면서 이승만의 측면 지원세력으로 분류되어 철폐되어야 했다. 그럼에도 지속적으로 독자적인 활동을 유지하던 중 이승만은 주미외교위원장으로서 대미교섭의 전권을 위임하는 임정의 '신임장'을 교부받게 되었고, 이를 통해 단절되었던 임정과의 관계를 정상화하면서 대미외교의 전면에 다시 나설 수 있게 된 것이다.

이들은 태평양전쟁 발발 후 본격적인 외교 선전활동에 나선다. 미국인으로 구성된 한미협회, 기독교인친한회같은 민간단체를 만들어 미국 정부와의 교섭 및 선전업무에 활용했던 이승만과 주미외교부는 재미 한인의 전쟁 시 지위를 '적성외국인'으로부터 '우호국 국민'으로 전환시키고, 임정의 국제적 승인을 획득하여 연합국의 일원으로 대일전쟁에 공식 참전하는 것을 목표로 활동했다. 또한 미국의 무기대여법에 따라 광복군에 대한 미국의 군사적 지원을 얻어내고자 노력했다.

주미외교부의 활동은 미국 정부의 대한민국 임정 불승인 방침으로 말미암아 소기의 성과를 거두지는 못했지만, 한국 독립의 당위성과 임시정부의 존재를 국제사회에 널리 알리는 데 적지 않은 기여를 했다. 이처럼 임정을 중심으로 한 무장독립운동 세력 간의 그리고 외교독립론과의 연합이 이루어지면서, 임정은 그야말로 대한민국 독립운동의 구심점으로서 역할을 이루어낸다.

042

조선독립동맹과 조선의용군

팔로군의 은인, 북한의 정통이었지만
1942년

　　　　　태항산은 중국 북동쪽 화베이 평원과 남서
쪽 산시고원 사이의 거대한 산맥으로, 산둥성과 산시성을 나누는 기
점이다. 산세가 험해 일찍부터 군사 전략의 요충지로 여겨져 중국 공
산당 팔로군의 기지이기도 했던 이곳에 우리 민족 독립운동의 발자취
가 남아 있다.

　1941년 1월 뤄양에 집결한 80여 명의 조선의용대 주력 대원들은 태
항산으로 이동한다. 이들은 최창익이 주장한 '동북노선(중국 관내에는
한국인이 없으므로 중국 동북인 만주로 가서 민족운동을 전개하자)'에 입각
해 화북으로 진출한 이들의 뒤를 따르는 것이었다. 1938년 10월 우한
이 함락되자 최창익 일파는 먼저 옌안으로 이동했고, 화북조선청년연
합회를 결성(1941.1.)했다. 김원봉 등 조선의용대 본부는 충칭에서 국

민당과 항일전선을 형성하고 있었는데, 국민당이 국공합작을 깨고 공산당을 공격하면서 조선의용대 대부분도 팔로군 지구로 북상을 결정한 것이다. 화북에서 활발하게 활동하던 공산당의 지원 약속 또한 북상의 요인이기도 했다. 김원봉 등 의용대 본부는 김두봉, 박효삼 등 대원들의 북상을 승인하고 자신들은 충칭에 남는다.

1941년 봄 황허를 건넌 의용대 주력 대원들은 6월 태항산 팔로군 지역에 도착하였고, 7월 화북조선청년연합회와 함께 조선의용대 화북지대를 결성해 활동하기 시작했다. 대원들은 대부분 중국어와 일본어에 능통했으며, 오랜 식민지 생활로 일본인의 생리를 잘 파악하고 있었다. 이들은 연극, 영화, 노래, 선전, 삐라, 벽보, 군중집회, 시장 연설 등을 통해 일제를 규탄하며 중국인들의 민족의식을 일깨웠으며, 일본에 강제 징집된 학도병들의 마음을 움직이는 등 뛰어난 무장선전활동을 벌여나갔다.

또 이들은 일본군과 직접 전투를 치르기도 했는데 1941년 12월 호가장 전투가 그 대표로 아군 30명, 적군 300명이 맞붙은 전투에서 대승리를 거두었다. 이후 팔로군 부대는 전투기까지 동원한 일본군의 포위로부터 조선의용대의 희생으로 탈출에 성공하기도 했고 이때 생명을 건진 팔로군에 덩샤오핑이 있었다. 그들은 조선의용대가 처절한 전투로 길을 뚫어주어 무사히 십자령을 넘었지만, 일본 전투기의 집중 폭격 속에서 조선의용대의 지도부 진광화와 윤세주는 전사하고 말았다.

이후 의용대에 대한 팔로군의 정치적 신임은 두터워졌으며, 지휘관을 잃은 의용대원들은 팔로군의 지원 아래 다시 세를 규합해나갔다. 고향 친구이자 항일 동지였던 윤세주의 죽음으로 충칭에 남아 있던 김원봉과 조선의용대 화북지대의 연결 고리가 사실상 끊어지면서 충칭의 본대가 광복군으로 편입되자 조선의용대 화북지대도 조선의용군으로 새로이 개편된다.

1942년 7월 청년연합회가 발전적으로 해체된 후 김두봉을 주석으로 하는 조선독립동맹이 결성(1942.8)되었고 조선의용군은 그 산하의 군대가 되었다. 그들은 중국 공산당 팔로군과 함께 항일전에 참여했고 태항산 전투(1943)는 그들의 대표적 전투였다. 당초 약 3백 명으로 발족한 조선독립동맹은 '독립 자유의 조선민주공화국 수립과 반일 민족 통일전선 건설, 무장 투쟁의 수행' 등을 표방한 강령을 발표했다. 또한 '전국 국민의 보통선거에 의한 민주정권의 건립, 일제의 조선에서의 일체 재산 및 토지 몰수와 일제와 밀접한 관계에 있는 대기업의 국영화 및 토지분배의 실행' 등을 내세웠다.

이들은 산시성, 허베이성, 허난성, 후베이성 등지에 지부를 두고 일본군 점령지역과 만주지역에도 공작원을 파견하면서 국제적 민족적 통일전선 운동을 폈다. 이와 함께 국내의 조선건국동맹과도 연결해 1945년 국치일(8.29.)에 중국 옌안에서 '전조선민족대회'를 개최하기로 합의를 해놓기도 했고, 임정 쪽에서는 국무위원 장건상을 옌안의 독립동맹 측에 파견해 양자 간 통일전선을 수립하는 데 합의, 김두봉이 충칭으로 갈 예정이었다. 이처럼 중국과 국내의 독립준비 세력 3자간 통일이 눈앞에 다가오고 있을 때, 일제가 무조건 항복을 선언했고 한국은 광복을 맞게 된 것이다.

조선독립동맹은 독립에 이르기까지 일본군에 대항하여 항쟁을 계속 전개했지만 광복 직후 일본군의 방해와 북한의 미묘한 정치적 사정 때문에 순조롭게 귀국하지 못하고 나중에 핵심 간부만 뿔뿔이 귀국한다. 귀국한 독립동맹의 핵심 간부들은 북한 정권 수립에 깊게 관여한다. 그러나 한국 전쟁 이후 전개된 권력 투쟁에서 김일성 세력에게 패하여 역사의 전면에서 사라지고 말았다.

043 | 조선어학회 사건

말모이를 없애라!

1942년

2019년 초 개봉한 〈말모이〉는 조선어학회 회원들이 사전을 편찬하기 위해 전국의 말을 모은 과정을 다룬 영화다. 한 출연배우는 일본군이 조선어학회 공청회를 덮치는 장면에서 너무 억울해 저절로 눈물이 나 따로 준비한 안약을 쓸 필요가 없었다고 제작보고회에서 말하기도 했다. 우리 민족을 말살하려는 정책이 본격화되면서 말과 글, 역사가 사라져가기 시작하던 때, 이에 대항해 한글 연구와 보급을 위해 지속적으로 노력했던 그리고 그로 인해 탄압받았던 조선어학회 회원들의 마음이 그러했을 것이다.

3·1운동 이후 이윤재, 최현배 등 15~16명은 국문 연구소의 전통을 이은 조선어연구회를 조직(1921.12.)해 한국어 연구에 활력을 불어넣었다. 이들은 한글 연구와 함께 발표회와 강연회, 강습회를 열며 한글

보급에 노력했고, 잡지 『한글』을 간행(1927)해 연구 성과를 발표하기도 했다. 특히 훈민정음 반포 480주년을 맞은 1926년에 '가갸날'을 제정해 우리말 쓰기를 권장하면서 한글을 대중화하는 데 큰 역할을 담당했다.

조선어연구회는 1931년에 조선어학회로 이름이 바뀌면서 더욱 활발한 활동을 벌여, 한글 연구를 통해 '한글 맞춤법 통일안'과 '표준말 모음'을 제정하고 외래어 표기법을 정했다. 더 나아가 이들은 우리말 사전을 편찬하기로 결정하고 실행에 옮겼다.

한편 일제는 만주사변을 일으킨 후 전선을 확대하면서 한국에 대한 탄압을 점차 더해가기 시작했다. 한국사, 한국어 교육조차 금지하고, 1941년 '조선사상범 예방구금령'을 통해 독립운동가들을 언제든지 검

조선어학회 수란 동지회

거할 수 있게 만드는 등 일제의 탄압이 거세어지자, 조선어학회는 우리말 사전의 편찬을 서둘러 1942년 4월 그 일부를 대동출판사에 넘겨 인쇄하기에 이르렀다.

그런 상황에서 함흥영생고등여고 학생 박영옥이 기차 안에서 친구들과 한국말로 대화하다 조선인 경찰관 야스다에게 발각되어 취조를 받는 사건이 일어난다. 취조 결과 이들에게 민족주의적 감화를 준 사람이 서울에서 사전을 편찬하고 있는 정태진임이 파악되었고, 9월 정태진을 연행, 취조해 조선어학회가 민족주의 단체로서 독립운동을 목적으로 한다는 자백을 받아낸다. 이를 통해 일제는 3·1운동 후 부활한 한글운동을 폐지하고 민족말살정책을 방해하는 단체를 해산시키며 한국 최고의 지식인들을 모두 검거할 수 있는 꼬투리를 잡게 되었다. 일제가 사전편찬 원고와 수십만 장의 한글 자료를 압수하고 조선어학회를 강제 해산하면서 시작된 '조선어학회 사건'으로 10월 이중화, 장지영, 최현배 등 11명이 서울에서 구속되어 함남 홍원으로 압송되면서 1943년 4월까지 33명이 체포되었다. 거기에 증인으로 불려나와 혹독한 취조를 받은 사람도 48명이나 되었다. 판결 전 이윤재, 한징은 심한 고문과 굶주림, 추위로 감옥에서 사망했고 2~6년의 징역형을 받았던 11명은 항소 중에 광복을 맞아 석방되었다.

해방 후 서울역 창고에서 극적으로 원고를 찾으면서 조선어학회는 마침내 1947년에 『조선말 큰 사전』 1권을 을유문화사를 통해 간행해냈고 이후 1957년까지 마지막 6권을 펴냄으로써 조선어 사전 편찬 사업을 마무리할 수 있었다. 한글의 연구와 보급이 우리 민족혼을 일깨우고 민족의 자주 독립을 쟁취하는 길이라 생각했던 이들이 피땀을 흘리며 목숨을 걸고 일구어낸 결실이었다.

044

조선건국동맹

광복을 예상하고 국내 세력 모이다

1944년

일제의 패망이 명확해졌을 때 총독부에게 가장 큰 고민은 진주할 연합군에게 항복하고 일본인이 안전하게 물러날 때까지의 치안 유지였다. 이를 위해 한국인 청년 학생들에게 영향력을 줄 수 있고, 반일적이지만 합리적 의사소통이 가능한 인물들에게 협력을 요청하기로 결정한다. 그 대상 인물이 중도좌파의 여운형과 우익의 송진우였다. 광복 후 조선건국준비위원회(건준위), 조선인민공화국의 지도자가 된 여운형과 한국민주당의 수석총무가 된 송진우는 국내 좌우파의 대표적 인물이었다.

총독부의 요청에 송진우는 건강상의 이유로 이를 거절한 반면 여운형은 '정치범의 석방, 식량의 확보, 치안유지 협조, 자율권 인정' 등 5개 조건을 제시하며 총독부의 치안 유지에 협력하기로 한다. 이미 조선

건국동맹을 조직하면서 광복을 조직적으로 준비하고 있던 여운형은 광복 후의 정치 사회적 혼란을 극복하고 한국인의 주체적 정치 공간을 확보하기 위해서는 일제의 요청을 받아들이는 것이 필요하다고 판단했던 것이다. 조선건국동맹이라는 조직 명칭에서 알 수 있듯이 광복 이전 여운형은 이미 일제의 패망을 예견하고 다음 단계인 건국 준비를 자신의 사명으로 생각하고 있었다.

조선건국동맹은 1944년 8월 10일 국내 사회주의자들이 일제의 패망과 조선의 광복을 대비하기 위해 항일 조직들과 연계, 여운형을 위원장으로 세우고 현우현의 집인 서울 경운동 삼광의원에서 조직한 비밀 결사 조직이다. 태평양전쟁의 막바지, 일제의 패망이 가까워옴을 예상한 국내의 다양한 항일 조직이 세력을 모아 광복을 준비한 결과였다.

이들은 문서로 남기지 않는다는 '불문(不文)', 말하지 않는다는 '불언(不言)', 이름을 말하지 않는다는 '불명(不名)' 등 3대 원칙을 세우고, '각인각파가 대동단결하여 거국일치로 일제의 모든 세력을 구축하고 조선 민족의 자유와 독립을 회복할 것' '반추축 제국과 협력하여 대일 연합전선을 형성하고 조선의 완전한 독립을 저해하는 일체 반동세력을 박멸할 것' '건설부면에 있어 일체 시위를 민주주의적 원칙에 의거하고 특히 노농대중의 해방에 치중할 것' 등의 3대 강령에 따라 활동했다. 보조단체로 농민동맹, 부인동맹, 청년노동자운동, 학교학생운동, 철도종업원운동, 교원세포조직운동 등의 직능별 조직을 두어 전국적으로 확대한 이들은 식량대책준비위원회와 함께 일본군 후방을 교란하고 군대를 만들 목적에서 군사위원회를 설치하기도 했다.

특히 건국동맹에는 안재홍과 같은 민족주의 계열의 인사들이 참여해 민족주의와 사회주의를 아우르는 좌우합작전선이 그려졌는데, 중앙조직과 전국 10개 도에 갖춘 지방조직에 참가한 인물은 대체로 과거에 사회주의 운동이나, 노농운동, 신간회 등에 참가한 경력을 가진 자들이었다. 이와 함께 건국동맹은 국외 민족해방운동 세력과도 통일전선을 모색해, 중국 옌안의 조선독립동맹과 충칭 대한민국 임정과도 연계하고자 했다. 건국동맹의 이러한 활동은 1930년대 후반 이후 전체 민족독립운동 세력에서 추진된 통일운동의 일환이었고, 이를 바탕으로 건국동맹은 일제가 패망하자마자 조선건국준비위원회로 발전해 신국가 건설을 추진할 수 있었다.

1945년 8월 4일, 건국동맹 간부들이 붙잡혀 투옥되지만 일제의 항복을 미리 안 이만규는 독립선언문을 작성했다. 그리고 8월 15일, 일본이 항복하자 여운형 등 건국동맹 간부는 건준위를 발족한다. 이는 비밀조직이었던 건국동맹의 향방에 큰 영향을 미친다. 건준위 발족으로 구성원 간 공로 다툼이 일어나면서 정통성이 깨졌고, 이후 구성원들은 각각 여러 정당과 정파에 흡수되거나 분산되고 만 것이다. 결국 이들은 11월 12일 조선인민당이 결성되면서 사실상 해체되었다.

045

8·15 광복

일제의 패망! 한국의 승리?

1945년

한국인들은 일제강점기 내내 독립을 쟁취하려는 노력을 계속해왔다. 태평양전쟁 말기 해외에는 김구의 대한민국 임정, 김두봉의 조선독립동맹, 김일성의 빨치산 그룹, 이승만의 주미외교위원부 등 독립운동 조직이 있었다. 이들은 연합국의 후원 속에 국내 진공을 계획 중이었고, 국내에서는 여운형의 조선건국동맹이 이들과의 긴밀한 연계를 모색하고 있었다. 평범한 국민들에게 광복은 갑작스럽게 닥친 일이었지만 국내외 독립운동가들에게는 이미 예견된 일이었다.

1945년 8월 13일 포츠담선언의 수락과 무조건 항복에 동의하면서 15일 일본은 패망하고 한국은 해방되었다. 광복을 맞은 것이다. 하지만 정작 8월 15일의 서울은 고요했다. 히로시마에서 폭사한 의친왕의 아들 이우의 장례식이 이날 오후 평온하게 거행되었다. 서울 시민들이 거리에 쏟아져 나와 광복의 감격을 노래한 것은 서대문형무소에 있던 독립운동가들이 풀려나 행진함으로써 광복을 확인시킨 16일부터였다.

16일 오후 휘문중학교에 운집한 5천여 명의 한국인들은 건준위원장 여운형의 연설을 들으며 광복을 실감했다. 경축대회를 열던 한국인들은 소련군이 진주한다는 소식을 듣고 서울역으로 달려나갔고, 안재홍은 패전한 일본인에게 관용을 당부했다. 평양과 서북에서 신사가 불탔고 관공서 방화나 악질 친일파 공격이 일어나기도 했지만 상대적으로 남한은 평온했다.

안재홍이 지방마다 건국을 준비하기 위한 건준 지부를 결성하라고 방송한 이후 전국에서 17~18일에 걸쳐 광복 축하 집회가 열렸고, 건준 지부가 조직되어 1945년 8월 말에 이르면 남한 내 145개 시, 군에 건준위 지부가 결성되었다. 건준위는 조선총독부와의 타협 속에 여운형을 위원장, 안재홍을 부위원장으로 1945년 8월 15일 출범한 조직이다. 중심인물들은 조선건국동맹원들과 여운형의 인맥들이었다. 치안유지, 식량 확보 등을 위해 조선총독부는 건준위가 필요로 하는 재정적 지원과 협력을 제공했다. 건준의 임무가 치안유지 협조에 국한된다고 생각했기 때문이다. 그러나 한국인들은 건준이 말 그대로 건국을 준비하는 조직이라고 생각했고 실천에 옮긴다. 이에 따라 지방에서 건준 지부들이 치안대, 보안대 등 다양한 이름으로 불리던 지방의

자치적 조직들로부터 재편되고 실질적 행정권을 행사하자 이에 경악한 총독부는 일본군 헌병대 등을 동원해 강제 해산을 시도했지만 이미 그 힘은 총독부 통제 범위를 넘어서고 있었다. 결정적 시기에 기회를 얻은 한국인들은 현명하게 자주적 건국의 길로 달려 나가고 있었던 것이다.

건준의 가장 큰 역할은 광복 후 한국인들이 정치 사회 조직을 자유롭게 결성할 수 있는 정치적 공간을 마련해주었다는 점이다. 광복 후 불과 1개월 만에 50여 개의 정당과 사회단체가 조직될 정도였다. 하지만 건준이 당시 정국을 주도하는 정치적 중심으로 부각되면서 좌우익 갈등이 빚어지기 시작했다. 여러 차례에 걸친 간부진 교체 과정에서 좌익의 영향력이 강해지자 우익들의 불만은 커졌고, 비타협적 민족주의자로 대표되는 안재홍이 부위원장직을 사퇴하게 된다. 또한 이들이 9월 초에 급하게 '조선인민공화국'이라는 정권으로 전환한 것은 그 이후 많은 부작용을 낳기도 했다.

한편 광복과 함께 해외에서 활동하던 한국인 지도자들이 속속 입국하기 시작한다. 남한의 경우 미국에서 활동하던 이승만(1945.10.16.), 중국에서 활동하던 김구 등 임정 요인(1945.11.~12.)들이 귀국했고 북한에는 소련에서 훈련받은 김일성 등 빨치산 그룹(1945.9.), 중국 공산당의 후원으로 활동했던 김두봉, 무정 등 조선독립동맹 그룹(1945.12.) 등이 귀국했다. 그리고 독립운동가들이 감옥에서 풀려나 고향으로 돌아왔고 그동안 징용, 징병, 학병, 군위안부 등으로 중국, 만주, 일본,

남태평양 등에 강제 동원됐던 한국인들이 1946년 중반까지 대거 귀환한다. 죽음을 넘어섰던 이들의 귀환, 거기에 전통적 영웅담을 통해 존경과 신망을 얻은 민족 독립운동가들의 귀환은 광복 이후 한국 정치에 힘을 불어넣었다.

8·15 광복 당시 서울역 앞에 모인 시민들

당시는 일제에 대한 증오심과 잔재 청산 요구, 새 시대에 대한 소망, 아직은 보이지 않지만 거대한 미국과 소련의 영향력, 이 모든 것들이 그동안 민족의 독립을 위해 앞장섰고 조국을 위해 아픔을 겪었던 많은 이들과 함께 한반도의 상황을 한 치 앞도 알 수 없는 기대와 불안이 뒤섞인 시대로 끌고 나가고 있었다.

8·15 광복 당시 우리 민족에게 분할 점령이나 군정은 상상할 수 없

는 일이었다. 전범 국가이자 패전국이었던 일본에서 실시되었어야 할 일이기 때문이다. 그러나 일본에서는 이러한 정책들이 실시되지 않았다. 선거로 구성된 의회가 내각을 구성해 주권을 행사했고 군국주의 전쟁 기구들은 폐지, 전범은 추방되었으며 민주적 개혁이 실시되었다. 그 대신 일본을 위해 준비되었던 군사 점령, 군정 실시 정책은 한국에서 시행되었다. 예상보다 빨랐던 일본의 항복, 38선을 기준으로 소련과 미국이 분할해 점령하면서 시작된 우리 현대사 비극의 씨앗이었다.

3장

세계가 그은 선,
비극의 시작

1945~1961년

046

신탁통치 파동

신탁통치, 이것이 문제로다

1945년 12월

한국인들은 광복 이후에 조선인민공화국과 임시정부가 주권정부임을 선포하면서 한국인에게 주권이 회복되었음을 확신했다. 그러나 미 국무부는 제2차 세계대전 동안 한국독립운동 세력을 대표한 임시정부를 승인하지 않았고 그것은 광복 이후에도 마찬가지였다. 남한에 진군한 미군정은 임정 요인들을 개인 자격으로 귀국시킨 후 일정 기간 정치에 이용만 했고 조선인민공화국은 부정하면서 해체했다. 당연히 멸망한 대한제국도 인정하지 않았던 미군정은 자신이 유일한 합법정부라고 선언하며 통치를 시작했지만 한국에 대한 지식이 거의 전무했기에 결국 남한의 총독부 기관을 유지시켜 통치해야 했다. 총독부 관리들은 유임되거나 고문으로 임명되었고 당시 한국의 시대적 과제였던 친일파 청산과 토지개혁 요구는 받아들여지지 않았다.

1945년 12월 16일부터 25일까지 미국과 영국, 소련은 제2차 세계대전 문제를 처리하기 위해 모스크바에서 외무장관 회의를 개최했다. 38선을 기준으로 분할 점령된 한반도 문제도 일명 모스크바 3상회의라 불리는 이 회의에서 논의되었다. 그 결과 한반도에 독립 임시정부를 수립하고, 이를 위해 미소공동위원회를 구성해 한국의 정당, 사회단체와 협의하며, 이후 임시정부와 협의해 최장 5년간의 신탁통치를 실시한다는 결정이 내려졌다. 이는 즉시 독립정부 수립을 원하는 한국과 소련의 입장, 신탁통치를 주장한 미국의 입장, 미국과 소련의 분할 점령이라는 상황이 다 반영된 결정이었다. 그러나 이 결정이 초기에 왜곡된 형태로 국내에 알려지면서 국내 정국은 극단적 대립 구도로 치닫게 된다.

결정 내용이 국내에 처음 알려진 것은 12월 27일이었다. 동아일보가 미국의 외신을 받아 '소련은 신탁통치 주장, 소련의 구실은 38선 분할점령' '미국은 즉시 독립을 주장'이라는 제목으로 '한국을 4개국 신탁통치 아래 두기로 결정했다'고 보도한 것이 그 시초였다. 이 기사의 출처는 태평양 방면 미군들을 위해 일간으로 발행하던 태평양성조지(Pacific Stars and Stripes, 1945년 12월 27일 자)였는데, 이 기사를 합동통신사가 워싱턴 발로 기사화했고 동아일보는 이를 그대로 내보냈던 것이다. 12월 28일 모스크바 3상회의 결정문이 나오기도 전에 말이다.

총체적 내용이 아닌 '신탁통치 결정'이라는 측면만 부각되는 형태로 왜곡 보도되면서, 한국은 이를 '통일적 독립 임시정부 수립'으로 받아들인 쪽과 '독립이 유보되고 신탁통치가 실시'된다고 해석한 쪽으로 나뉘었다. 그러면서 이들의 상반된 정치적 입장 사이에 극단적 충돌이 일어나게 된다.

신탁통치에 가장 먼저 적극적으로 반대한 충칭 임정 계열은 신탁통치 반대운동을 제2의 독립운동이라고 규정하면서 반탁운동을 조직했다. 특히 신탁통치 반대에 다른 견해를 가졌던 한민당 당수 송진우가 극우에 의해 암살된 1945년 12월 30일부터 반탁투쟁은 더욱 거세졌다. 흥분한 일부 우익 단체들은 좌익 신문사에 대한 테러도 서슴지 않았고 신탁통치 반대 국민총동원위원회가 결성되어 12월 31일 서울운동장에서 대대적 반탁대회까지 열렸다. 이후 반탁운동은 미군정이 '집단히스테리'로 표현할 만큼 군정청, 체신국, 서울시청 및 상가들의 파업 및 반탁 대열 합류 등으로 격렬하게 전개되었다.

처음 신탁통치에 반대 의사를 표명했던 조선공산당을 비롯한 좌익 세력은 모스크바 결정의 주된 내용이 조선임시민주정부의 수립이고, 신탁통치를 연합국이 한반도에 통일정부를 세우는 일종의 후원 정도로 이해하면서 모스크바 결정을 총체적으로 지지하는 쪽으로 전환했다. 이들은 대중들의 설득에 나섰지만 당시는 '공산당이 소련의 앞잡이로 나라를 팔려고 한다'는 임정과 한민당의 주장이 대중에게 더 설득력이 있던 상황이었다. 남한에서 좌익은 매국노가 되어갔고 소련에 대한 반감은 더욱 커져갔다. 소련은 이에 대해 비난했지만 남한에 친

신탁통치 반대

소련적 정부가 세워지는 것을 원하지 않았던 미국은 사실상 이 모든 상황을 방치했다고 할 수 있다.

사태가 이렇게 전개되자 소련은 1946년 1월 24일 타스통신을 통해 모스크바 3상회의에서 미국이 신탁통치를 제안했다는 사실을 공개했지만 미군정은 기사를 막기 위해 즉시 언론을 통제했다. 이틀 뒤 소련은 미소공위가 열리는 것을 계기로 기자회견을 열어 모든 내용을 공개했고 미국의 신탁통치 제안과 반탁운동을 고무시킨 일이 드러났다. 그 결과 미국은 정치적·도덕적 타격을 입고 신탁통치 파동도 일단락된다. 그러나 반탁 정국의 소용돌이는 그와 별개로 충칭 임정 주도의 정치회의 소집 등 정권수립운동으로 정치 갈등화되면서 수그러들지 않았다.

결국 이러한 신탁통치 파동은 광복 이후 전반적으로 좌익에 가까웠던 남한의 정치적 성향이 친미적인 우익 중심의 정국으로 재편되는 계기가 되었다. 그리고 신탁통치 파동 중 일제강점기 친일파들이 반탁운동에 적극적으로 가담함으로써 자신들의 친일 행적을 세탁하며 반공 애국자로 변신하게 된다. 이는 대한민국이 친일파 청산으로부터 멀어지는 결정적 계기가 되었다는 점에서 더욱 안타까운 장면이다.

047

좌우합작운동

분단시대 최초의 통일정부 구상
1946~1947년

1946년 3월, 서울에서는 모스크바 3상회의의 결정에 따라 한국의 임시정부 수립을 위한 1차 미소공동위원회(미소공위)가 열렸다. 여기에서 양국은 미묘하지만 명확한 입장 차이를 보인다. 소련은 '앞으로 수립된 임시통일정부는 모스크바 3상회의의 결정을 지지하는 정당, 사회 단체들을 망라한 대중 단결의 토대 위에 세워져야 함'을 강조했다. 반탁운동을 견제한다는 의미였다.

반면 미국은 '신탁통치 반대는 표현의 자유이다. 신탁통치 반대 단체들도 위원회에 참여시키고 소수파에 의한 한국 지배는 저지하겠다'는 입장을 내세웠다. 반탁운동 세력을 미소공위의 협의 대상에서 제외하려는 소련의 입장을 반대하는 것이었다. 여기에 미국은 먼저 남북의 행정적·경제적 통합을 주장했지만 소련은 임정을 세우는 것이

우선이며 행정과 경제의 통합은 추후의 일이라고 맞서면서 1차 미소 공위는 다음 일정도 잡지 못하고 결렬되었다.

광복 직후 한민족에게 한반도의 분단은 임시적인 상황이었다. 38도 선은 편의상 그어놓은 선에 불과하다고 확신했다. 그러나 모스크바 결정을 둘러싼 대립을 통해 군사적 분할이 정치적 이념적으로 확대 되면서 분단의 장기화 조짐이 나타났다. 미소 점령 당국은 각자 자국 에 우호적인 세력을 지원했다. 북한에서는 1946년 2월 소련 점령 당국 의 지원하에 통일까지 북한 행정을 관장할 임시인민위원회가 수립되 었다. 임시인민위원회는 미소공위가 시작된 3월, 무상몰수 무상분배 방식의 토지개혁과 주요 산업의 국유화를 비롯한 노동법, 남녀평등법 등 실시를 내용으로 한 북한만의 이른바 '민주개혁'을 진행했고 이는 1차 미소공위의 결렬에도 계속되었다.

이와 함께 남한에서도 미군정에 의해 우익세력을 중심으로 하는 세 력 재편 과정이 진행되었다. 미군정은 친미적이고 영어를 구사할 줄 아는 교육 수준 높은 정치 세력을 미군정의 자문역으로 위촉해 육성 하고자 했는데, 귀국한 이승만이 그 중심에 있었다. 임시정부 계열에 대해서는 정부로서 인정하지 않았지만 김구를 비롯한 몇몇 인사들의 정치적 역할은 인정해 그들을 이용하고자 했다. 미국에 우호적인 정 치세력 결집을 위해 이승만과 임정계열의 합작 결과로 탄생한 '비상국 민회의'의 핵심인물들로 '남조선 대한국민 대표민주의원(민주의원)'을 구성했고 그들을 군정자문기구이자 미소공위의 협의 대상으로 기획했다.

그런 와중에 1946년 6월 3일 전라도 정읍에서 "무기휴회된 공위가 재개될 기세도 보이지 않으며 통일정부를 고대하나 여의케 되지 않으니, 남한만이라도 임시정부 혹은 위원회 같은 것을 조직하여 38이북에서 소련이 철퇴하도록 세계공론에 호소해야 할 것입니다"라는 이승만의 발언이 나왔다. 일명 '정읍발언' 이후 미군정도 이를 부인한 상태에서 이승만은 거센 비판에 직면했지만, 그럼에도 그는 11월 본격적으로 단정론을 제기하면서 12월부터 이듬해 3월까지 미국에 건너가 남한만의 단독정부 수립을 유엔에서 해결해줄 것을 요청하는 외교활동을 벌인다. 이미 5월부터 김규식과 민주의원 창설자 굿펠로우에 의해 부상하고 있던 의견이었고, 이 무렵부터 미국의 한국 정책 담당자들 사이에서도 단정론이 고개를 들었지만 이승만 세력에 대한 불안함 때문에 유보하던 중이었다.

이런 상황 속에서 정읍발언으로 시작된 단정 수립 주장에 반대하며 미소공위 재개 촉진과 좌우익을 망라한 남북 통일정부 수립을 목표로 하는 좌우합작 운동이 전개되기 시작한다. 김규식과 여운형 양자의 개인적 접촉에서 발전한 합작 공식기구인 합작위원회에 대표단과 비서국이 설치되면서 좌우합작운동의 진행은 가속화되었고 미군정도 이들을 지지한 것이다. 이들은 우여곡절 끝에 '좌우합작 7원칙'을 내놓는다. 그중 임시정부 수립과 미소공위의 재개는 좌우로부터 다 환영을 받았으나 토지의 유상매입은 좌익이, 무상분배는 우익이 반대했고, 친일파 처단 문제는 우익으로부터, 입법기구 창설은 미국의 개입을 이유로 좌익으로부터 비판받으면서 좌와 우 모두의 반대에 봉착한다. 거기에 당시 남한 사회에서 주요 정치적 인사였던 박헌영, 김구, 이승만 등이 불참한 상태였으니 운동의 동력이 떨어진 것은 당연했다. 김구의 경우 중도파로 좌우합작운동은 지지했지만 참여하지는 않았다.

이와 함께 남과 북은 1946년 말에서 1947년 초, 더 이상 관계를 회복할 수 없는 길로 접어들게 된다. 북한에서는 1947년 2월 최고인민회의가 소집, 김일성을 위원장으로 하는 북조선인민위원회가 구성되었고, 남한에서도 1946년 12월 남조선과도입법위원이 구성, 이듬해 6월 남조선과도정부로 발전했다. 국제연합국으로서 미국과 소련의 협조도 끝났다. 동유럽에 공산권 국가가 수립되자 미국이 트루먼 독트린을 발표(1947.3.12.)하면서 세계사는 본격적인 냉전시대로 돌입하게 된 것이다.

2차 미소공위는 이런 시점에서 다시 시작되었지만 결국 합의점을 찾지 못하고 결렬되었다. 2차 미소공위가 결렬(1947.7.10.)되고 7월 19일 여운형 피살, 이와 함께 미군정의 지지 철회 등으로 결국 좌우합작운동은 실패로 돌아가고 만다.

좌우합작운동은 통일민족국가를 수립하려고 했던 분단시대 최초의 민족운동이었다. 단정 수립을 저지하려던 그들의 시도는 미군정하에서 일정한 한계를 가질 수밖에 없었고, 미소공위 실패로 그 의미가 퇴색된 채 사라졌다. 하지만 당시 극단적 이데올로기의 대립을 극복하고자 한 중도파로서 제3세력 결집의 계기가 되었다는 점에서 한국 현대 역사상 큰 의미가 되었다. 이 같은 좌우합작운동이 실패로 돌아간 남한에서는 결국 단독선거 단독정부 수립의 목소리가 힘을 얻게 된다.

048

대한민국 단독정부 수립

대한민국으로서의 첫발을 내딛다

1948년 8월

제2차 미소공위가 결렬되면서 모스크바 3상회의 결정에 의한 한국 문제 해결 방안은 사실상 폐기되었다. 38선은 이제 단순한 군사 임시 분계선이 아닌 국경선으로 변화하고 있었다. 미국은 한국 독립 문제를 국제연합으로 넘겼고 미국의 영향력이 컸던 국제연합은 '1947년 11월 인구를 기준으로 남과 북의 인구 비례에 의한 남북한 주민들의 자유로운 총선거 실시와 이를 바탕으로 통일 정부 구성'을 결정했다. 그리고 이듬해 1948년 1월 국제연합 한국 임시 위원단이 구성되어 서울에 들어왔다.

소련과 북한은 이들의 활동을 거부했다. 인구가 많은 남한이 정치적 우위에 서는 결과를 예측할 수 있었기 때문이다. 게다가 미국이 주도하는 유엔이 총선거를 관리한다는 것은 소련이나 북한에 당연히 불리할 거라고 생각했다. 이에 유엔 소총회는 남한만의 선거를 통한 단독정부 구성을 결정했고, 일찍부터 단독정부를 수립하자고 주장했던 이승만과 한국민주당 세력은 이 결정을 적극 지지했다.

1948년 5월 10일 남한에서 총선거가 치러졌다. 5·10총선거를 치를 때까지 단독선거 단독정부(단선단정) 수립을 반대하는 격렬한 움직임이 일어났지만 그 모든 것을 누르고 치른 총선이었다. 총선은 정부를 세우기 위한 법을 제정하는 2년 임기의 국회의원을 뽑는 선거다. 우리 역사상 처음으로 성별과 신앙을 묻지 않고 21세 이상의 성인에게 동등한 투표권이 주어진 남한 최초의 보통선거였다. 그러나 5·10총선거는 남한만의 단정 수립을 위한 선거였기 때문에 김구와 김규식을 비롯한 중도파 민족주의자들은 남북협상을 추진하며 선거에 참여하지 않았고 좌익은 단선단정 반대 투쟁을 계속 전개했다.

총선 결과 전체 의석수 200석 중 85석을 무소속이, 이승만의 대한독립촉성국민회가 54석, 한민당이 29석을 가져갔다. 미군정하에서 강권을 휘둘렀던 한민당은 참패한 결과였지만 이들은 무소속 등을 끌어들여 60~70여 석을 확보했고, 이승만 지지 세력도 60~70석, 김구나 김규식과 노선을 같이 하는 무소속 의원도 60~70석 정도를 차지하게 된다.

5월 31일 소집된 제헌국회는 대한민국을 국호로 정하고 이승만의 주장에 따라 대통령중심제를 정치체제로 채택했다. 그리고 7월 17일 대한민국의 보통선거제에 기반을 둔 민주주의 헌법이 공포되었다. 이 당시 헌법은 주요 자원과 중요 산업의 국유, 국영 또는 공영을 규정하

대한민국 정부 수립 경축식 전경(1948)

는 등 자유주의 경제 체제와 현저히 다른 사회주의적 요소가 반영된 특징을 가지고 있었다. 이는 비록 당시 남한이 단정으로 가는 과정이었으나 민족독립운동의 맥을 잇고자 하는 중도적·진보적 민족주의자가 국회 내에 적지 않아, 독립운동 시기 조소앙의 삼균주의를 기반으로 선포되었던 대한민국 임정의 건국강령을 반영할 수 있었기 때문이다. 민족독립운동 세력의 통일을 이룩했던 대한민국 임정의 신국가 건설 청사진이 광복 이후 대한민국 헌법으로 이어진 역사적 장면이었다.

제헌국회는 7월 20일 대통령에 이승만, 부통령에 이시영을 선출했고 24일 취임식을 가졌다. 8월 15일 대한민국 정부 수립이 공포되었고 국군에 대한 작전통제권은 미군이 철수할 때까지 미군에게 속하게 되었다. 북한도 9월 9일 조선민주주의인민공화국을 선포함으로써 남북 분단은 정치적으로 기정사실화되었다. 이후 남북 정부 각자가 자신의 정부만이 합법적으로 정통성이 있다고 강조함에 따라 분단은 더욱 고착화되고 각 정치체제는 강화되어간다.

유엔총회는 12월 12일 대한민국 정부가 유엔한국임시위원단이 감시한 선거에 기초를 두어 수립된 한반도의 유일한 합법정부임을 선언하고 점령군은 조속히 철군할 것 등을 결의했다. 이로써 길고 길었던 한국 독립 정부 수립의 여정은 불완전하게나마 일단락된다.

049

제주 4·3과 남북협상

단독선거 단독정부 수립, 난 반댈세!

1947~1949년

1948년 1월 8일 유엔한국임시위원단이 한반도에 들어오자 분단은 현실이 되어갔다. 남로당(남조선노동당)을 비롯한 좌익 세력은 총파업 및 대중 시위를 통해 적극적인 반대투쟁을 벌였고 김구와 김규식 등 중도파 우익 세력은 북한과의 직접 대화를 시도하면서 유엔한국임시위원단과도 남북요인회담을 협의했다.

김구는 2월 10일 발표한 연설문 「삼천만 동포에게 읍고함」을 통해 비통한 심정을 말했다.

"나는 통일된 조국을 건설하려다가 38선을 베고 쓰러질지언정 일신의 구차한 안일을 위하여 단독정부를 세우는 데에는 협력하지 아니하겠다."

사실 김구는 광복 이후 신탁통치를 열렬히 반대했던 모습 때문에 정치 감각이 떨어진다는 평가를 받기도 한다. 하지만 임정을 끝까지 지켜낸 독립운동가인 그의 강력한 통일 의지는 우리 민족의 마음을 울렸다.

그럼에도 1948년 2월 유엔 소총회는 선거 실시가 가능한 지역에서만 선거를 치르자는 미국의 결의안을 통과시켰다. 미군정은 김구와 김규식을 선거에 참여시키기 위해 압박을 가했지만 3월 12일 김구, 김규식, 조소앙, 홍명희 등 7명의 민족지도자들은 '7거두 성명'을 통해 남한만의 총선거에 참여하지 않겠다는 입장을 발표한다. 3월 25일 북한은 김구와 김규식의 편지에 답장하면서 한국 문제 해결을 위해 4월 평양에서 남북지도자연석회의를 개최하자고 제안했고 이에 대해 좌익과 중도파도 지지 의사를 밝혔다.

이처럼 단정 추진 세력과 통일 추진 세력의 대립이 극명하던 시국에 제주 4·3이 발생하였다. 그 시작은 제주도 3·1절 기념행사로 거슬러 올라간다. 일제강점기부터 군사기지가 설치되어 수탈이 심했던 제주도는 그에 따라 혁명운동의 전통이 강했다. 이 때문에 광복 후 제주도에서는 도민들의 적극적인 지지 속에 건준과 인민위원회가 활발히 활동했고 제주도 인민위원회는 대중성을 가진 온건함으로 미군정에 협조적이었다. 그런데 1947년 3월 1일, 3·1절을 기념하는 시위 행렬이 관덕정 광장을 벗어날 무렵 기마경찰의 말굽에 한 아이가 채이는 사고가 발생한다. 기마경찰이 모른 채 그대로 지나가자 주변의 주민들이 항의하며 쫓아갔고 이에 경찰이 발포하면서 여섯 명이 사망한다.

이 사건을 접한 남로당 제주도당은 항의의 표시로 3월 10일 관공서 관리까지 가담한 관민 총파업을 일으켰다. 그 결과 파업을 주도했던 남로당 간부진은 대거 구속되고 육지로부터 경찰과 극우 청년 단체인 서북청년회가 제주도로 들어와 괴롭히기 시작했다. 제주도민에 대한 무차별 검거, 재물 약탈과 횡포 등은 이듬해까지 계속 이어졌고, 남로당 제주도당은 무장 봉기를 결정한다. 결국 1948년 5·10총선을 앞둔 4월 3일을 기해 한라산에 봉화가 오르고 무장대가 경찰서와 서북청년회 등을 습격하면서 제주도민과 정부군 사이에 치열한 싸움이 벌어졌다. 이렇게 시작된 4·3은 1954년 9월 21일 한라산 금족 구역이 해제될 때까지 계속되었다. 이로 인해 5·10총선에서는 제주도 선거구 중 3분의 2가 선거를 치르지 못한다. 그 후 다시 선거가 실시되었지만 불참 투쟁으로 투표율은 60%대밖에 되지 않았다. 5·10총선 전국 투표율이 90%대가 넘었던 것에 비하면 굉장히 낮은 비율이었다.

제주도에서 4·3의 불길이 타오르는 동안, 김구는 김일성에게 이용만 당할 뿐이라고 만류하던 사람들의 반대를 뿌리치고 4월 19일 남북 연석회의에 참여하기 위해 38선을 넘었고 김규식도 20일 북행을 했다. 그들은 김두봉, 김일성과 함께 '미소 양군 철수, 내전 방지, 미소양군 철수 후 전조선 정치회의 소집 및 민주주의 임시정부 수립과 입법기관 선거 실시 및 통일적 민주정부 수립, 남한만의 단독선거 반대' 등이 포함된 성명서를 발표하고 5월 5일 서울에 도착해 성과를 표명했다.

그러나 이들의 소감과 달리 남북은 이미 분열의 길로 접어들고 있었다. 중도파와 좌익의 불참에도 5·10 총선거는 진행되었고 북한에서도 정권 수립이 가속화되었던 것이다. 분단 고착화 속에 이를 극복하기 위한 우리 민족 스스로의 노력이었던 김구, 김규식의 남북협상이 실패로 돌아가면서 통일을 외치던 인물들의 입지는 점점 좁아져갔다.

김구 선생

대통령이 된 이승만은 제주 4·3 때 완전히 진압하지 못한 한라산 유격대원을 소탕하기로 한다. 이를 위해 제주경비사령부를 설치하고 10월 18일부터 제주해안을 봉쇄했고, 여수에 있는 군대를 차출하여 제주도 진압 명령을 내렸다. 그런데 강경진압을 위해 파병이 예정되어 있었던 여수 주둔 제14연대 병사들이 10월 19일 제주도 파병 반대를 외치면서 봉기했다. 전남 동부 지역이 순식간에 대한민국 정부에 반대하는 대열에 합류한 여수 순천 10·19사건의 배경이다. 당시 제주도는 전라도에 속해 있어 여수에 나와 있는 군인들 중에는 제주도 출신이 많았기 때문이다. 정부의 강력한 진압작전으로 일주일 만에 반군에 점령된 지역은 탈환되었으나 이때 반군은 지리산과 백운산 등지로 들어가 빨치산 투쟁을 시작한다. 여순사건 중에도 민간인 학살이 일어났다. 진압군으로 내려온 부대 중 일부가 좌익 소탕 작전에서 무고한 시민까지 희생시킨 것이다. 좌익도 경찰과 우익을 학살했지만 군인과 경찰에 의한 희생도 많았다.

국군은 여순사건을 계기로 군 내부에 있는 남로당 프락치를 처단하는 대규모 숙청사업을 벌였다. 관동군 지배하의 만주군 장교로 항일 세력을 토벌했던 박정희는 남로당 프락치로 활동하다가 육사 동기생 등 동료 프락치에 관한 정보를 군 정보 당국에 넘겨주어 살아났다. 여순 사건을 계기로 이승만 정부는 국가보안법 제정을 서둘렀고 이는 12월 1일에 공포되었다.

11월 중순부터 그다음 해 2월 사이 제주도에서의 대규모 유혈 사태는 4·3을 초강경으로 진압하고자 한 이승만의 의도하에 발생했다. 4·3에 발생한 3만 명 정도의 희생 대부분이 1948년 11월 17일 제주도에 계엄령이 선포된 뒤에 일어난 것으로 알려졌다. 군경에 의해 어린이, 부녀자, 노인 등이 다수 포함된 마을 주민들이 도처에서 집단 학살된 것이다. 이승만의 이러한 해결 방법에 한국군의 지휘권을 가진 미군 또한 학살을 방조하거나 묵인했다. 단선 단정을 반대했던 세력에 대한 무차별한 진압이었다.

남한만의 5·10단독선거 이후에도 김구와 김규식 등은 통일 정권의 수립을 가져올 기회가 있을 것이라는 기대를 버리지 않았다. 김구의 한독당과 김규식의 민족자주연맹은 1948년 7월 21일 통일독립촉진회를 결성해, 통일운동 세력의 결집과 민족 문제의 자주적 해결을 위해 노력한다. 이들은 남북에 수립된 두 정부의 정당성을 모두 부인하고, 유엔에 분단국가 수립의 부당성을 항의하는 등 통일민족국가 수립 노선을 고수했다. 그러나 김구는 이로 인해 테러 위협과 감시에 시달리다 1949년 6월 26일 서울 서대문구에 있던 자택 경교장에서 육군 소위 안두희에게 암살당한다. 김구의 암살은 분단 정권 수립 이후에도 통일운동을 지속하며 분단이 전쟁으로 비화하려는 것을 막으려던 통일운동 세력의 구심점이 사라지는 것을 의미했다.

1949년 7월 5일, 김구의 장례식은 역사상 유례가 드물게 50만 명이나 되는 인파가 운집해 오열 속에 국민장으로 치러졌고 각 시도에서도 수만 명이 모여 고인을 애도했다. 그리고 김구 사망 후 1년 만인 1950년 6월 25일 남한과 북한은 분단과 단독정부 수립으로 예견되어 있던 한국전쟁의 소용돌이에 휩쓸린다.

050

반민족 행위조사 특별위원회

그 시작은 눈부셨으나

1948년 10월~1949년 8월

우여곡절 끝에 탄생한 대한민국이 정통성을 가진 신국가로 나아가기 위해서는 반드시 해결해야 할 문제가 있었다. 바로 일제강점기의 민족 반역자인 친일, 부일 협력자 처벌 문제였다. 매국을 했거나 우리 동포를 전장으로 모는 데 앞장선 자들, 독립운동가와 그 가족을 죽이거나 박해했던 자들을 처벌하는 것은 사실 광복이 되자마자 할 일이었다.

그러나 광복 후 민족 반역자는 살아남았다. 1945년 9월 당시 미군이 극동 아시아 사령관 맥아더의 이름을 본따 발표한 남한에 대한 포고령 1호 '덕분'이다. 맥아더 포고령 1조는 군정 실시를 뜻하는 미군의 한반도 직접 통치를, 2조는 친일파 보존을 명령했다.

"제2조 - 정부의 전 공공 및 명예 직원과 사용인 및 공공복지와 공공위생을 포함한 전 공공사업 기관의 유급 혹은 무급 직원 및 사용인과 중요한 사업에 종사하는 기타의 모든 사람은 추후 명령이 있을 때까지 종래의 기능 및 의무 수행을 계속하고, 모든 기록과 재산을 보존 보호해야 한다.”

그 이후로 미군정은 자신들의 통치를 위해 이 문제를 계속 외면했고 그 과정에서 친일파는 신탁통치 파동을 통해 반탁운동에 참여, 반공 애국투사로 신분을 세탁한 후에 화려하게 부활했다. 게다가 친일파 청산은 정부 수립 후에 해도 늦지 않다고 생각하던 사람들도 많았다.

이제 정부가 수립되었으니 이 문제는 더 이상 미룰 수 없었다. 제헌 헌법에 친일파 처벌을 위한 기구 구성이 부칙으로 명시되었고, 1948년 9월 22일 일제강점기 반민족적 행위를 했던 자들을 처벌하기 위한 '반민족 행위 처벌에 관한 특별법'이 만들어졌다. 이 법은 일제의 국권 탈취에 적극 협력한 자는 사형 또는 무기징역, 일제로부터 작위를 받거나 제국의회의 의원이 된 자는 최고 무기징역 최하 5년 이상의 징역, 독립운동가 및 그 가족을 살상하거나 박해한 자는 무기징역 또는 5년 이하의 징역, 직간접으로 일제에 협력한 자는 5년 이하의 징역이나 재산몰수에 처하도록 규정했다. 이에 따라 10월 12일, 반민족 행위조사 특별위원회(반민특위)가 국회의원 10명으로 구성되었고 특별 재판부는 반민족 행위자들을 재판하였다.

반민특위는 1949년 1월 8일 박흥식을 체포하면서 활동을 시작해 최남선, 이광수, 김연수 등 거물 친일파를 잡아들였다. 이후 4개월 동안

3백여 명을 반민족 행위자로 체포하는 이들을 향한 민중들의 성원과 응원은 매우 컸다. 당시 한 신문 사설에서는 반민특위에 대한 기대를 이렇게 표현했다.

"과연 민족 정기는 죽지 않았다. 보라, 눈부신 특위 활동을! 우리는 기대한다. 반민족 행위 처벌은 결코 보복적인 감정이 아니다. 대한민국의 정신을 살리고 사리사욕 때문에 민족을 파는 반역자가 다시는 생겨나지 않도록 하는 교훈적 의의가 크다."

그러나 1월 하순 반민특위는 노덕술 등 현직에 있는 악질 친일 경찰을 체포하면서 위기에 직면하게 된다. 노덕술은 일본 고등계 경찰로, 온 삶을 민족독립운동에 몸 바쳤던 김원봉을 서대문 형무소에서 3일 동안 모질게 고문했던 사람이다. 일제강점기도 아닌 광복 이후에 말이다. 목숨을 걸고 되찾은 나라에서 친일파 고문 형사에게 모진 고초를 겪은 후 대성통곡했던 김원봉은 결국 북으로 넘어가고 만다.

그럼에도 대통령 이승만은 "경찰을 체포하여 동요를 일으키는 것은 치안의 혼란을 조장하고 그것은 공산당을 돕는 일이라는 것, 또한 친일한 자에 대한 숙청은 군정 3년 동안도 못 했고, 이러한 혼란이 계속된다면 공산당과 싸우는 데 지장이 많을 것"이라며 노골적으로 반민특위를 비난하면서 반민법 개정을 주장한다. 사실 이승만 정권은 처음부터 반민특위에 비협조적이었다. 여순사건 등으로 불안하게 출발한 이승만 정권의 수족들인 경찰과 관리들이 친일 행위로 체포되어가는 상황으로 인해 정권의 존립 자체가 흔들린다고 판단했기 때문이다.

국회와 정부의 대결은 친일파의 척결을 주도하던 소장파 의원들을 간첩 혐의로 체포한 국회프락치 사건으로 한층 심해졌다. 국회가 세 의원의 석방 동의안으로 맞서자 친일파들은 '애국지사 잡아들이는 빨갱이는 각성하라, 간첩의 소굴 반민

반민특위 기소자들

특위를 해체하라'는 구호를 외치며 민중대회를 열고 국회를 습격한다. 거기에 6월 6일 중부경찰서장이 경찰을 이끌고 반민특위를 습격하는 사건이 벌어지면서 반민특위는 결정적으로 약화되어갔다. 또한 이승만은 반민특위 산하 특경대를 강제 해산시켰고, 1950년 6월 20일까지로 규정된 공소시효를 1949년 8월 31일까지로 단축시키는 내용을 골자로 한 반민법 개정안을 국회에 제출, 개정안이 7월 6일에 통과되었다. 개정안이 통과되자 반민특위 위원 전원은 항의 차원에서 그 다음 날로 일괄 사퇴한다. 그 후 선임된 반민특위 2기 위원장은 반민법 제정을 반대했던 장본인이었다. 결국 2기 특위는 잔무처리를 한 후 그해 1949년 8월 31일로 문을 닫았고 반민특위의 처벌은 대법원과 대검찰청에 이관되었다. 그러나 그 대부분이 무죄 또는 가벼운 자격정지 형으로 끝나 반민족 행위자 처벌은 실패로 끝나고 만다.

프랑스는 3년 정도 나치 치하에 있었지만 해방 이후 사법 기관에서

유죄 판결을 받은 사람이 15만 8천여 명에 이르렀다고 한다. 이에 비해 출범 당시 반민특위가 파악한 일제강점기 36년간 7천여 명의 반민족행위자에 대해 실제로 취급한 것은 682건(여자 60명 포함)에 불과했다. 그나마 검찰에 송치한 건수는 559건, 석방 84건, 영장 취소 30건, 기소 221건, 그리고 재판을 종결한 건수는 38건이었다. 결국 대한민국 광복 후 가장 필수적으로 해결되어야 했던 민족 반역자, 친일 부일 협력자에 대한 처벌과 역사적 정리 작업은 별 성과 없이 끝난 것이다. 그 결과 상당수 민족 반역자들이 해방된 나라에서도 기득권을 유지하며 정·재계 곳곳에서 부와 권력을 가지고 지금까지 대한민국 역사 왜곡의 실체로 남게 된다.

051 | 농지개혁

소작제, 사라지다
1950~1957년

광복 이후에도 한국인들의 생활은 여전히
힘들었다. 일제의 강점에서 해방되어 자유를 얻은 기쁨은 컸지만 정
부를 세우는 과정에 우여곡절이 많았듯 경제 체제를 세워내는 것에도
많은 시간이 필요했다. 당시 우리나라 1인당 국민소득이 60~70달러에
불과하고, 아프리카까지 포함한 세계에서 가장 가난한 국가 중 하나
였던 근본 원인은 일제강점기에 있다. 일제가 36년 동안 만들어놓았
던 한국 경제 구조는 그들과 그들의 전쟁만을 위한 것이었기에 패망
하자마자 무너질 수밖에 없었다.

한국에서 생활했던 70만 명의 일본인이 도망치듯 빠져나가며 대부
분의 공장이 멈추자 물자는 더욱 부족해져갔다. 광복 즈음 주요 산업
시설의 94%가 일본인 소유였고, 민족 기업은 6%밖에 되지 않았으니

당연한 일이었다. 심지어 북한이 전기 공급마저 중단하면서 밤이 되면 남한 전체는 암흑 천지가 되었다. 게다가 패전 위기에 몰렸던 일본이 태평양전쟁 막판에 화폐를 마구 찍어내 인플레이션도 심각했다. 광복 후 3년 동안 물가는 30배 이상 올랐고, 그런 와중에 인구는 1944년 1,656만 명에서 1946년 1,937만 명으로 280여만 명이 증가했다.

심각한 인플레이션, 급격한 인구 증가, 부족한 생필품, 이런 모든 상황 속에서 남한은 양곡의 절반은 미국의 원조 식량에, 기초생필품도 전적으로 미국 구호물자에 의존할 수밖에 없었다. 국가를 운영할 자금과 제도가 전무했던 한국에서 조세 징수부터 예산 편성 기술까지 모든 국정은 미국의 지시와 감독하에 진행되었고 그에 필요한 자금도 미국의 원조로 충당해야 했다. 1946년 세금으로 걷은 돈은 국가 예산의 5~6%밖에 되지 않았고 미군정 3년간의 무상원조는 무려 5억 2천만 달러에 이른다. 미 군정청은 '물주'가 흔히 그렇듯 한국의 정치 경제 제도를 만드는 데 주도권을 행사했다.

혼란기를 꽤 오랜 기간 거치며 시장경제 체제를 세워간 남한과는 달리 북한은 신속한 체제 구축에 성공한다. 일제강점기 경제 정책은 주로 남한은 농업 위주로, 북한은 공업 위주로 진행되었다. 특히 지하자원이 많은 북한에 발전소나 비료 공장 등 큰 산업 시설이 주로 세워졌다. 거기에 북한은 일제가 패망한 이후에도 9백여 명의 일본인을 강제로 억류하고 공장을 가동시켜 남한에 비해 큰 혼란 없이 비교적 빠르게 경제 체제를 구축해나갈 수 있었다. 제도 개혁 또한 과감하게 추진해 토지 개혁과 산업 시설을 국유화해나갔다. 1946년 소련군 주도로 '무상몰수 무상분배'의 기치 하에 토지개혁을 실시했는데, 이는 북한에 있었던 지주계급의 반발을 불러일으켰지만 소작농에서 해방된 농민들에게는 감격 그 자체였다. 물론 그 기저에는 토지의 소유주가 국가라는 근본 의식이 있었고 심지어 가축도 그 대상이 되었지만 그 의미는 아직 중요한 것이 아니었다. 모든 산업 시설이 국유화된 것도 당연하다. 1947년 말 화폐개혁을 단행하고 1949년 통일을 전제로 한 남한의 토지개혁 계획까지 수립한 북한은 적어도 제2공화국 시기의 남한보다도 훨씬 앞선 경제력을 가지고 있었다.

남한에서도 광복 직후부터 토지개혁의 필요성은 계속적으로 제기되었다. 친일파 문제의 해결과 함께 한국의 가장 시급한 당면 과제로 여겨졌다. 그럼에도 자본주의 경제체제가 수립되어가던 남한에서 토지는 개인 재산권과 관련된 문제였고 그랬기에 토지개혁은 사유재산 제도가 전제가 된 상태에서 진행되어야 했다. 그래서 토지개혁은 계속 미루어져왔다.

하지만 광복 당시 한국 전체 농민 중 84%가 소작농에 농토의 63%가 소작지로 농민들 대부분이 지주의 농사를 대신 짓고 있었다. 이런 상황에서 소작농 문제를 그대로 방치해두면 토지개혁으로 소작농을 없앤 북한 공산 체제를 농민들은 환영할 것이 자명했다. 거기에 당시 일본인 소유 농지였던 귀속농지의 처리 문제가 제기되고 있었고, 광복 이후 월남한 동포나 해외동포의 귀환으로 소작권, 소작료 등을 둘러싸고 많은 분쟁이 일어나고 있었다. 또한 소작농이 소유권을 가져 자작농이 되면 생산력이 높아질 것이고 부족한 식량 문제 해결에도 도움이 될 것이었다. 그 결과 농가의 소득이 확대되면 소비가 촉진될 것이고, 그렇게 되면 공업 생산 발전이 자극될 것이었다. 결국 이런 다양한 이유로 이승만 정권에서는 토지개혁을 서둘러야 했고 이것이 조봉암을 중심으로 1950년 3월 한국에서 농지(토지가 아닌 농지만을 대상으로 실시)개혁이 실시된 배경이다.

많은 논란과 오랜 기간의 조정 끝에 3정보 이상의 농지에 대해 정부가 지주로부터 땅을 사들여 소작농에게 파는 형식의 농지개혁이 시작된다. 3천 평이 1정보니, 3정보면 9천 평 정도가 된다. 정부가 자금이 없었기 때문에 지주는 현금이 아닌 지가증권으로 땅값을 받았고 땅을 산 소작농은 땅값(수확량의 1.5배)을 5년에 나눠 현물로 상환해야 했다.

농지개혁은 시작된 후 얼마 되지 않아 한국전쟁이 발발했기 때문에 1957년에야 마무리가 되었고, 그 추진이 공정하게 집행되지 못한 면도 있다.

농지개혁으로 분배된 면적이 58만 4,638정보인데 이는 1945년 소작지 144만 7천 정보의 40.4%에 불과하다. 소작지 가운데 약 86만 정보가 누락된 것은 농지개혁 이전에 이미 농지가 매각되었음을 보여준다. 농지개혁 실시가 지연되는 동안 이를 꺼렸던 지주들이 사전에 토지를 처분했기 때문일 것이다. 거기에 한국전쟁 중 지주들의 피해 또한 극심했고 전쟁 인플레이션 탓에 지가증권은 휴지 조각이 되어버린다. 그렇기 때문에 농지개혁을 통해 농업자본을 산업자본으로 흡수하고자 했던 정부의 의도는 사실 성공했다고 할 수 없다. 또한 소작농이 땅값을 치러야 했던 한계도 있다.

그럼에도 한국전쟁 전에 농지개혁을 실시하지 않았다면 토지의 무상분배를 선전하는 북한 점령군에 대해 남한의 농민들은 적극적인 지지를 보냈을 것이다. 그러면 전쟁은 북한이 승리하며 조기에 끝났을지도 모른다. 게다가 농지개혁을 통해 왕조 시대의 지주제도가 해체되고 소작제를 없앤 역사적 의의는 대단히 크다고 할 수 있다. 브라질 대통령 룰라는 재임 시절 "브라질 경제의 근본 문제는 한국이 1950년대에 했던 농지개혁을 아직도 못 하고 있기 때문"이라고 말했다고 한다. 이는 한국의 농지개혁을 외부에서 보는 객관적인 평가일 것이다.

토지개혁을 해낸 동북아시아 국가들과 그것을 해내지 못한 브라질 등 중남아메리카 국가의 현재 경제적 모습을 비교한다면 그 의미가 더욱 확실하게 느껴지지 않을까.

052

한국전쟁

한반도, 가장 아픈 상처를 얻다

1950년 6월 25일~1953년 7월 27일

1950년 6월 25일 일요일 새벽, 조선인민군은 선전 포고 없이 38선을 넘어 남침했다. 당일 12시에 포천을, 다음 날 의정부를 점령했고 불과 3일 만인 28일에는 서울을 점령한다. 이처럼 초반에 북한이 파죽지세로 내려올 수 있었던 것은 북한이 남한에 비해 군사력이 우세했던 때문이기도 하지만 한국 정부가 효과적으로 대처하지 못했던 이유도 크다. 당시 이승만 대통령은 최초 전황을 보고받고 긴급명령 제1호를 하달하는 등 필요한 조치를 강구했지만, 상황 파악이 미처 안 돼 계엄령이나 전시 체제로 전환하지 않았다. 심지어 북한군의 공격을 받은 한국군 전방 사단들은 사단장들이 며칠 전 단행된 인사이동으로 자리를 비우고 있어 전황조차 파악하지 못했다. 비록 미국의 즉각적 대응과 참전에 존 무초 주한미국대사를 통한 이승만 대통령의 강력한 요구가 있었다는 것을 감안한다 할지라도, 정부는 이미 1949년부터 북진통일을 주장하고 있었고 5·30선거 기간 동안에도 당시 정황상 북의 침공 가능성을 높게 보았으면서도 충분히 대비하지 못한 것이 사실이다.

전쟁 초기 민심의 동요를 막는 것만을 중요하게 생각해 비상 철수 계획을 수립하지 못한 것도 부적절한 대응이었다. 정부 지도자와 관료들은 우왕좌왕했고 서울 시민을 포함한 피란민은 보따리를 매다 풀다를 반복하며 초조한 시간을 보냈다. 무질서로 일어날 불상사를 최대한 막기 위해 전쟁 발발 당일 시민들에게 군경을 신뢰해 동요하지 말라는 포고문을 발표했지만, 그런 속에서 대통령과 국무위원들, 정부기관과 요원들의 철수는 진행되었다. 그리고 철수과정에서 북한군의 진군을 막는다는 명목으로 28일 새벽 2시 30분 한강 인도교를 폭파시키면서 다수의 사상자를 발생시키고 서울 시민들의 피란도 함께 막았다. 이 때문에 피란을 간 '도강파'와 가지 못한 '잔류파'가 나왔으며, '잔류파'는 그날부터 3개월간 서울을 점령하게 되는 인민군에게 맞닥뜨리게 된다. 이 과정에서 많은 우익 인사들이 체포되거나 인민재판을 받아 희생되었고, 서울 수복 후 도강파가 잔류파를 인민군에 협력한 부역자로 몰면서 한때 좌익에 가담했던 국민보도연맹원들의 전국에 걸친 처형과 맞물려 많은 희생자를 낳았다.

부산으로 피란한 한국정부는 7월 14일, 미군으로부터 지휘권을 인수받은 지 1년여 만에 미 극동군 사령관이자 유엔군 사령관인 맥아더에게 한국 작전권을 양도한다. 이는 유엔군이 사령관의 단일지휘하에 한국 지원을 위한 공동노력을 기울이고 있는 점을 고려한 것이라고 한다. 이에 한국군은 법적으로는 유엔군이 아니지만 실질적으로는 유엔군의 일원처럼 전쟁을 수행했고 이때부터 전쟁은 북한군 대 남한군의 싸움에서 북한군 대 유엔군의 전쟁으로 확대되었다. 미국은 이미 6월 25일 군대 투입을 결정, 26일 유엔 안전보장이사회에서 북의 행위를 침략으로 규정한 뒤 27일부터 한강 북쪽을 폭격하기 시작해 7월 초와 중순경에 제공권과 제해권을 장악했다. 7월 4일 한국군과 미군이 최초로 연합전선을 형성한 이후, 한강 방어선에서부터 8월 낙동강 방어선으로 물러나기까지 '시간을 벌기 위해 공간을 양보'하는 지연전을 수행하는 동안 유엔군은 증원되었다.

9월 15일, 맥아더 사령관이 인천상륙작전에 성공하면서 전세는 역전된다. 9월 28일 서울을 수복한 유엔군과 한국군이 38선에 도착하자 이승만 대통령은 북진명령을 하달하며 통일을 이루어야 한다고 주장, 유엔군도 이에 동의했다. 반면 중국은 유엔군이 북진하면 전쟁에 개입하겠다고 경고했고, 소련은 즉각적인 휴전 및 외국군의 철수를 제안한다. 그럼에도 유엔군과 한국군은 10월 1일 38선을 통과, 10월 20일 평양을 장악하고 청천강을 넘어 압록강을 눈앞에 두었고 동부 전선에서도 청진 지역까지 진출했다.

결국 중국군이 11월 전면적인 개입에 나서자 이제 전쟁은 자본주의 진영과 사회주의 진영이 맞붙은 세계 최초의 전쟁이 되었다. 중국군

한국전쟁 때 끊어진 대동강 철교

에게 패배하면서 11월 30일을 기해 철수가 시작된 서부전선의 미 8군은 평양에서 38선 부근까지 철수했고 동부전선의 미 10군단과 한국군 1군단은 중국군에게 퇴로가 차단되어 흥남 부두에서 부산으로 해상 철수를 해야 했다. 이 과정에서 맥아더는 원자폭탄의 사용을 포함한 화학 무기 사용을 강력하게 주장했다고 한다. 하지만 3차 세계대전으로의 확산을 우려한 영국 등 여러 나라의 반대와 압력으로 그 계획은 실행되지 못했고 트루먼은 확전론자인 맥아더를 해임시키고 리지웨이로 대신했다.

중국군의 남진은 리지웨이 장군이 이끈 유엔군의 반격으로 평택-제천 선에서 저지되었으며 이후 유엔군은 반격을 거듭해 서울을 재탈환(1951.3.15.)하고 3월 하순에는 문산-임진강 선까지 진출한다. 이후 휴전이 될 때까지 2년여 동안 현재의 휴전선 근처에서 전선은 교착되었고 일진일퇴하는 소모전은 계속되었다. 팽팽한 힘의 균형이 유지되는 가운데 38선 부근의 치열한 전투는 피의 능선, 단장의 능선, 백마고지, 저격 능선, 금성 전투 등 수많은 고지 쟁탈전으로 남았다.

4개월에 걸친 휴전 협정 끝에 휴전선의 위치가 결정되자 다음에는 포로송환 문제가 18개월간 휴전을 지연시켰다. 중국군과 북측은 제네바 협정에 따라 자동 송환을 주장했지만 미군측은 인도주의를 내세워 자유의사에 따라 처리하자고 했기 때문이다. 그러다 1953년 1월 미국 아이젠하워 신임대통령이 휴전하도록 압박했고 3월 휴전을 반대하던 스탈린이 사망하자 회담은 급진전된다. 그동안 휴전을 반대해온 이승만 대통령은 6월 17일 반공포로 2만 명을 석방시켜 휴전회담을 저지하고자 했다. 이로 인해 그는 미국과 심각한 정치적 대립을 겪었고 이승만 제거 계획이라는 정치적 위기에 직면하기도 했다. 하지만 결국 1953년 7월 27일 휴전협정은 체결되었고 한국 대표가 **빠진** 채 미군, 중국군, 북측 대표가 이에 서명을 한다. 한국정부는 휴전을 인정할 수 없다고 해 대표를 참석시키지 않았기 때문이다.

한국전쟁은 전쟁 자체만으로도 엄청난 인명피해와 물적 피해를 입힌 우리나라 역사상 가장 아픈 상처라 할 수 있다. 유엔군을 포함한 한국군 119만 명이 전사, 전상 또는 실종되었고, 북측에서는 중국군을 포함한 북한군 약 204만 명의 손실을 입었다. 1952년 3월 15일까지 발생된 전재민의 수가 천만 명을 넘어섰다고 하니 휴전 때까지 이 숫자는 훨씬 늘어났을 것이다. 전체 인구의 절반 이상이 전쟁의 참화를 당했고 가족 구성원 중 최소한 한 명 이상은 전쟁 피해를 입었다. 전장이 전 국토를 오르내렸기 때문에 부산 교두보를 제외한 전 국토가 전쟁터가 되었다. 특히 37선과 38선 사이의 지역에서는 세 차례의 피탈과 탈환이 반복되면서 그 피해가 엄청났다. 남한의 공업시설은 전쟁 직전의 42%가 파괴되었고, 포격의 피해가 컸던 북한은 60% 이상 파괴되었다고 한다.

한국전쟁은 그 피해가 전쟁 자체로 끝나지 않은 데 더 큰 비극이 있다. 전쟁이 종전이 아닌 휴전으로 끝나면서 이후 남북한 모두 냉전 대결과 유지, 분단의 고착에 많은 비용을 들여야 했다. 여기에 더해 전쟁 중 발생한 부역자 문제로 인한 대립, 이산가족 문제, 그리고 보도연맹원 대학살이나 국민방위군 사건과 같은 문제들은 국민들 사이에 씻지 못할 상처들은 남겼고 이 모든 것은 지금까지도 한국 역사가 해결해야 할 큰 짐들이 되었다. 어떤 이유에서든지 전쟁을 통한 문제 해결은 바람직하지 못함을 배운 것이 한국전쟁이 남긴 가장 가치 있는 상처일 것이다.

053

발췌개헌과 사사오입개헌

영구 집권을 향한 첫걸음

1952년 7월~1954년 11월

       1952년 5월 휴전 회담이 지연되면서 휴전선 부근의 전투로 수많은 이들이 죽어가고 있었고, 국민들 또한 전쟁으로 고통을 당하고 있었다. 하지만 그런 중에도, 임시 수도 부산에서는 '부산정치파동'이라고 명명될 권력 쟁탈전이 벌어졌다.

  사실 이승만 대통령은 1952년 2대 대선에서 당선될 수 있는 가능성이 극히 낮았다. 대통령은 국회의원들에 의한 간접 선거로 선출되어야 하는데, 1950년 5·30선거에서 당선된 2대 국회의원들 중 이승만을 지지하는 의원들이 적었던 것이다. 게다가 정부가 행한 한국전쟁에서의 대응은 국회에서 반(反) 이승만 움직임을 더욱 확대시켰다. 이는 전쟁 발발 직후의 피난 문제에 1·4후퇴 과정에서도 발생한 문제 때문이었다.

당시 정부는 장정들이 인민군에 끌려가거나 자원하는 것을 방지하고 빨치산에 가담하는 것을 막기 위해 만 17~40세의 남성들을 소집하고, 국민방위군으로 편성해 정부의 관리하에 후퇴시켰다. 그런데 그 간부들이 부식비와 의복비를 횡령해 국민방위군 장병들 중 9만 명 이상이 겨울에 동사 또는 아사한 일명 '국민방위군 사건'이 일어났던 것이다. 게다가 1951년 2월 거창군 신원면에서 빨치산 토벌작전을 벌이던 군인들이 주민 719명을 집단 학살한 '거창 민간인 학살'까지 일어난다. 그러니 이렇게 전쟁 중 인권 유린을 한 정부에 대한 국회의 반발은 거셀 수밖에 없었다.

재선 당선이 불확실해지자 이승만은 자신의 정치적 기반이 될 정당인 '자유당'을 조직한 뒤 정부통령 직선제를 골자로 한 개헌안을 제출한다. 한국전쟁과 경찰 규모의 확대로 이승만 정권의 대민 통제 능력이 크게 향상되었기 때문에 직선제가 대통령 당선에 훨씬 유리하다고 본 것이다. 물론 이는 1952년 1월 18일에 가 19표, 부 143표라는 엄청난 표차로 부결되었다. 그러자 이승만 대통령은 땃벌떼, 백골단, 민중자결단 등을 통해 부산 거리마다 벽보를 붙이고 시위를 벌이며 국회를 협박하게 했고, 1952년 4월과 5월에 걸쳐 지방자치제 선거를 실시해 승리하면서 자신을 지지하는 민의를 만들어냈다.

그 후 관변단체와 지방의원들을 통해 국회의원 소환운동을 벌이며 국회를 압박했던 이승만 정권이 1952년 5월 25일 계엄령을 선포하면서 이른바 '부산정치파동'이 시작된다. 견인차를 이용해 출근하는 국회의원 통근용 버스를 헌병대 본부로 강제로 끌고 갔고, 내각책임제 개헌안을 추진하던 의원 10여 명을 국제공산당과 공모했다는 혐의로 체포한다(국제공산당 사건). 김성수가 항의하며 부통령에서 사임한 뒤 6월 내내 국회의원들은 도피했고 이승만을 지지하는 관제 민의대는 국회를 포위했다. 이러한 정치파동에 대해 미국 정부는 한국 정치권의 타협을 촉구하며 압박하기도 했다.

6월 21일 개헌안이 제출되었고 경찰들은 은신 중인 의원들을 찾아내 국회로 등원시켰다. 그리고 헌법에 명시된 30일간의 공고기간이 만료되기도 전인 1952년 7월 4일, 경찰과 군이 국회를 포위한 위압적 분위기에서 개헌안이 기립 표결 끝에 통과된다. 이것이 바로 '발췌개헌'으로, 정부 측의 1차에 한해 중임하는 대통령 직선제 개헌안과 야당의원들이 제출한 내각책임제 개헌안을 일부 발췌 절충한 것이다. 대한민국 헌정사상 첫 번째 개헌은 이처럼 의회 민주주의를 유린하는 큰 오점을 남기며 이루어졌고, 이승만은 발췌개헌된 헌법을 통해 총투표수의 74%인 520여만 표를 얻어 2대 대통령에 당선되었다.

1953년, 이승만 대통령은 휴전에 반대하면서 대대적인 군중 동원을 통해 북진통일운동을 벌인다. 6월 반공포로를 일방적으로 석방해 휴전협정 체결을 한 달가량 지연하면서 말이다. 이는 한미상호방위조약을 체결하고 미국으로부터 군사적·경제적 지원을 얻어내는 외교적 수단이 되었다. 이를 통해 이승만은 강대국의 압력에도 굴하지 않고 통일을 추구하는 민족주의적 지도자로 이미지를 구축해 발췌개헌으로 실추되었던 정치적 위상과 입지를 높일 수 있었다. 휴전 반대를 통해 상호방위조약을 얻어낸 과정은 우리나라 독립 역사상 가장 귀중한 진전이라는 칭송을 받았고, 이승만은 국부의 위상을 회복하며 북진통일론은 애국의 자리를 차지하게 되었다.

1954년, 이를 기반으로 이승만과 자유당은 또 한 번 영구 집권을 향한 발걸음을 내딛는다. 5월 20일 하원격인 민의원을 선출했던 3대 총선은 '경찰선거' '곤봉선거'라고 불릴 정도로 폭력이 난무했다. 무소속도 끌어들이면서 압승을 한 자유당은 개헌을 통해 영구집권을 꾀하고 싶어했다. 하지만 총선 후 즉시 개헌안을 내지 못하고 사사오입개헌(1954.11.)까지 반년 동안 기다려야 했던 것은 자유당 내에서도 그에 대한 반발이 만만치 않았기 때문이다. 사사오입개헌은 초대 대통령에 한해 중임 제한을 없애고 국무총리제와 국무원 연대 책임제를 폐지해 대통령 중심제를 강화한 것이다. 일제강점기 독립운동 세력 사이에서 공통적으로 추진되고 임정을 통해 이어져 대한민국 헌법에 담겨진 '사회주의적' 헌법 조항을 자유경제 체제의 내용으로 바꾸어버린 개헌이기도 하다.

1954년 11월 27일 국회에서 표결된 이 개헌안의 가결에는 136표가 필요했지만 아이러니하게도 135표로 부결된다. 하지만 자유당 간부회는 국회의원 정족수 203명의 3분의 2를 계산하면 135.33인데 사사오입하면 135표라면서 가결된 것이라 주장한다. 이에 반발한 야당 의원들은 모두 의사당에서 퇴장하고, 자유당 의원들만 남은 자리에서 자유당 의원 125명 중 123명이 찬성하여, 개헌안을 통과된 것으로 결정하고 이를 정부로 이송하여 결국 개헌안을 공표·발효하였다. 이는 '헌법 개정의 의결은 재적 의원 3분의 2 이상의 찬성으로 한다'는 법 조항을 어긴, 수학이 정치에 이용된 지극히 드문 사례였다.

이승만은 사사오입개헌으로 영구집권 기반을 마련하는 데 성공한다. 이제 1956년 선거에서 대통령으로 당선만 되면 될 일이었다. 하지만 이는 이승만을 반대하는 세력들이 결집하는 직접적인 계기가 되기도 했다. 야당은 물론 여당 내부의 일부 의원들도 경악하면서 탈당했고, 이들을 중심으로 1955년 9월 새로운 보수야당인 민주당이 창당된다. 자유당과 민주당을 중심으로 벌어진 1956년 3대 정부통령 선거에서 1960년 4대 정부통령 선거까지, 한국 정치는 또 격랑에 휩쓸렸고 그를 통해 한층 더 성장하기 시작한다.

054

시발자동차

처음 '시' 일어날 '발'

1955년

한국 자동차 역사는 1903년 고종황제가 미국에서 포드 자동차를 사들이면서 시작되었다. 의전용 어차로 들어온 포드 A형 리무진으로, 대한제국 시대에 처음 자동차가 들어온 셈이다. 이어 총독 데라우치가 1911년 가솔린 자동차를 2대 들여와 그중 한 대를 고종에게 선물했고, 1913년 순종을 위해 캐딜락 리무진을 왕실에서 수입했다. 이 시기 발 빠르게 시대를 앞서나갔던 서울 낙산 부자 이봉래는 일본인 청년 곤도와 장사꾼 오리이와 합자해 20만 원으로 첫 자동차회사를 세우고 포드 T형 승용차 2대를 도입해 서울에서 시간제로 임대 영업을 시작한다. 이것이 우리나라 택시의 시초이자 운송사업의 출발점이다.

그 후 1918년 한국 내 자동차는 212대에 불과했지만 1931년에는

4,331대, 1932년엔 4,800대, 그리고 1935~1940년 사이에는 8천~1만 대까지 증가한다. 이는 1920년대 초반 포드와 제너럴모터스가 일본에 조립공장을 세우면서 한국도 그 영향권 안에 들었기 때문이다. 그래서 이 당시부터 신문에는 자동차 관련 광고나 기사가 심심치 않게 나오게 된다. 1928년 4월 10일 동아일보에는 도쿄에서 출발해 오사카까지 무정차로 주파했다는 포드의 성능 과시 광고가 나오기도 했다. 한편 '자동차를 모는 부랑아' '황금을 뿌리는 야유랑(방탕아)'이라는 표현의 기사가 나오기도 했는데, 이를 통해 자동차를 권력층의 전유물로 여겨 보통 사람들이 부정적으로 인식하는 면도 있음을 알 수 있다.

당시 서울 부자들 사이에서는 자동차 드라이브가 유행이었다고 한다. '전선주 베러 가자'는 한강 철교 변에 늘어선 전신주 사이를 S자형으로 누비자는 말이었고, '오즘고개로 가자'는 정릉을 거쳐 청량리 쪽으로 가자는 은어였다.

태평양전쟁 말기 암울한 시대를 지나 광복을 맞은 한국에 대한자동차공업회가 발족된다. 1950년부터는 13개 자동차부품 품목을 국산 장려품으로 지정해 군납하는 자동차공업 육성 시책도 펼쳐졌다. 또 한국전쟁 중이었던 1951년 6월, 정부는 서울 수복 후 피란민이 귀향하는 것을 돕기 위해 영등포 이남 지역부터 이동 가능한 버스 60대와 트럭을 이용한 운수 영업을 허가해주기도 한다. 이 시기 서울에서 부산 간 국도를 달리는 버스 요금이 3만 4천 환이었다고 하는데, 쌀 한 가마니에 6만 환이었던 당시 물가를 현재와 비교하면 서울-부산 간 비행기

요금의 3배나 되는 비싼 값이라 할 수 있다.

이런 상황 속에서 재생자동차산업이 번창하기 시작했는데, 1950년
대 전후로 폐차된 트럭, 지프차와 미군으로부터 불하받은 차량을 버
스나 트럭으로 개조해 사용하는 것이었다. 전국에 흩어져 있던 운수
업자나 정비업자들이 망치로 드럼통을 펴고 판금작업을 했고, 그 과
정에서 1952년 10월 기아산업(현 기아자동차로, 1944년 설립된 경성정공
이 회사명을 개칭한 것)이 설립된다.

한국의 첫 국산 차는 1955년 서울에서 정비업을 하던 최무성, 최혜
성, 최순성 3형제가 엔진 전문가 김영삼과 함께 만든 차였다. 미군으
로부터 불하받은 지프의 엔진과 변속기, 차축 등을 이용하여 드럼통
을 펴서 만든 첫 지프형 승용차였다. 최초의 출발이라는 뜻으로 '시발
(始發)'이라는 이름을 붙였다. 시발 자동차는 국산화율이 50%나 되어
긍지가 대단했지만, 한 대를 만드는 데 4개월이나 걸렸고 값은 8만 환
으로 수요자가 별로 없다는 문제가 있었다.

그러다 1957년 광복 12주년 기념 산업 박람회에 이 자동차가 출품
되어, 최우수 상품으로 선정된 후에 대통령상을 수상하면서 신문에
크게 보도된다. 그러자 을지로 입구에 있던 천막 공장은 이를 찾는 고
객으로 문전성시를 이루게 되었고, 가격도 일반 서민 3년치 연봉 수준
인 30만 환으로 뛰어오른다. 수상 후 한 달도 채 안 되어 1억 환 이상
의 계약금이 들어와 공장과 시설을 갖추어 양산 체제로 돌입하게 된
다. 특히 이는 '시발택시'라고 불린 영업용 택시로 인기가 높아서 생

산이 수요를 늘 따라가지
못했고, 심지어 투기 붐까
지 일어나 상류층 부녀자
들 사이에선 '시발계'까지
성행해 프리미엄까지 얹어
전매되기도 했다고 한다.
하지만 5·16군사정변으로

시발자동차

정부 보조금이 끝나고 산뜻한 '새나라' 자동차가 쏟아져 나온 뒤 총 3
천여 대의 판매를 끝으로 사라지게 된다(1963).

　재일교포 박노정이 닛산과 기술제휴로 설립한 새나라 자동차는 한
국 자동차공업의 현대화 기수 역할을 담당했다. 1962년 8월 부평(현
한국지엠 공장)에서 준공식을 가지고 '블루버드'를 들여와서 조립해, 외
환사정의 악화로 도입이 금지되는 1963년 5월 문을 닫을 때까지 총
2,722대를 판매했다. 1962년은 하동환 자동차공업(현 쌍용자동차)이 설
립된 해이기도 하다.

　1967년 12월 설립된 현대자동차는 이탈리아의 유명한 차체 디자이너
가 제시한 4도어 모델에 미츠비시의 4기통 1,238cc 새턴 엔진과 4단 수
동변속기를 탑재한 첫 독자 모델을 세상에 선보이게 된다(1975). 이 차
가 바로 1985년까지 명성을 떨치는 '포니'다. 이전에 국내 시장에 있었
던 '블루버드' '코로나' '크라운' '코티나' 등의 자동차들은 외국 모델을
국내에서 조립한 제품이었지만 포니는 우리나라 최초의 국산 고유 모

수출할 포니차

델이었다. 포니의 생산으로 우리나라는 세계에서 열여섯 번째, 아시아에서는 일본에 이어 두 번째로 고유 모델을 생산하는 나라가 되었다. 등록문화재 제553호인 포니는 국산 1호 수출 차이기도 하다. 판매 첫해에 1만 726대가 팔려나갔고, 최초로 수출된 나라는 에콰도르였다고 한다. 세계시장에 현대는 물론이고 한국이라는 브랜드를 알린 첫 번째 모델로, 오늘날 한국이 세계 자동차 생산대국에 오르는 원동력이 된 자동차라고 할 수 있다.

이러한 자동차공업의 발달과 함께 1970년 7월 7일 경부고속도로 개통은 한국 자동차 역사의 전환점을 이룬다. '일일생활권'을 만들어낸 경부고속도로 개통과 함께 비슷한 시기에 자동차공장들이 세워지면서 한국 사회는 자동차 문화 시대로 진입하게 되었고, 자동차 수출도 괄목할 만한 성장을 하면서 명실상부한 자동차산업 강국의 자리에 서게 되는 것이다. 국산 자동차가 만들어진 지 불과 몇십 년 만에 올라선 자리이기에 의미가 더 크다 하겠다.

055 | 인공 조미료의 탄생

밥 상 위 의 총 성 없 는 전 쟁

1956년

1960년 미국에서 제기되었던 'MSG 유해 논란'이 1990년대 초 한국에서 불거진 지 20여 년 만에 MSG가 화학적 합성품이라는 오명에서 벗어나 양지로 나오기 시작했다. 식품첨가물 표기에서 '화학적 합성품'과 '천연 첨가물'의 구분이 없어지면서 식품의 맛 또는 향미를 증진하는 향미증진제로 분류되었기 때문이다. 사실 MSG는 사탕수수에서 얻은 원당 또는 당밀을 주재료로 한 발효 조미료로 인체에 무해하다는 게 학계의 정설이다.

이 논란의 중심에서 가장 타격을 받았던 발효 조미료 '미원'은 1956년에 출시된 이후 주부들의 요리 필수품으로 거의 반세기 동안 한국의 부엌을 지켜왔다. 국내 인공 조미료의 시작은 1955년 대성공업사가 '미소미'라는 이름으로 생산한 것이었지만 미원이 출시되어 대중화되면서 사실상 국산 조미료 1호가 되었다.

하지만 그보다 먼저 우리 식탁을 지배했던 것이 있었다. 바로 일본에서 이케다 기쿠나에가 개발한 '아지노모도'였는데, 일제강점기에 우리나라에 수입된 뒤 우리 밥상은 빠르게 변화되었다. 식생활의 근대화로 표현되었지만 이를 통해 각 지방의 다양성을 간직해왔던 우리 입맛은 표준화되었다. 기생 문예봉이나 무용가 최승희를 모델로 쓴 포스터나 건물 옥상에 네온사인을 달았던 옥외광고, '이왕가에서도 쓴다'는 왕실의 권위를 활용한 광고 등 다양한 방법으로 선전되었던 아지노모도 조미료 하나로, 일본은 한국뿐 아니라 동아시아 지역에 맛의 제국주의를 건설해냈다. '아지노모도를 안 쓰는 집에서는 밥을 못 먹겠고 식당에서 먹겠다'라고 표현한 광고는 당시 대중음식점에서도 아지노모도를 애용했음을 보여준다.

한편 광복 이후 국교 단절로 아지노모도 수입이 안 되자 임대홍 대상그룹 창업주는 감칠맛을 내는 성분인 '글루타민산' 제조 방법을 연구하기 위해 일본으로 건너간다. 그리고 오사카에서 조미료 제조 공정을 습득한 뒤 부산으로 돌아와 1956년 '동아화성공업(대상그룹의 모태)'을 설립하고 사탕수수를 원료로 한 미원을 개발했다. 당시 '미원을 조금씩 넣으면 음식 맛이 달라진다'는 소문이 돌면서 미원이 없는 부엌은 찾아보기 힘들 정도로, 미원은 한국에서 선풍적인 인기를 끌었다. 도매상들이 공장 앞에 줄을 서서 물건을 타 갈 정도였고, 국내뿐만 아니라 해외에서도 꾸준하게 판매됐다. 미원이 인기를 끌자 뱀 가루를 빻아 만든다는 얘기가 떠돌기도 했다. 이처럼 큰 인기를 얻자 수많은 유사 브랜드가 경쟁하며 쏟아져 나왔지만 결과는 실패였다.

당시 삼성(CJ제일제당)에서도 미원과 경쟁할 '미풍'을 선보였다(1963). 삼성은 저가의 쏟아붓기식 물량 공세와 미원을 판매하는 업소에 자사의 다른 상품을 공급하지 않는 등 온갖 마케팅 전략을 다 동원했다. 미풍이 무채 칼을 사은품으로 내걸면 미원은 고급 비치볼 등을 증정하는 등 사은품 경쟁도 만만치 않았다고 한다.

그러다 1970년 2월에 미원은, 제일제당이 미풍 봉지 5장을 모아오는 사람 선착순 1만 명에게 고급 스웨터 한 장씩을 제공한다는 정보를 입수한다. 스웨터 가격은 한 장에 3천 원으로 당시엔 고가였다. 이에 미원에서는 미원 빈 봉지 5장에 선착순 15만 명, 순금 반지 하나씩을 경품으로 내걸게 된다. 이것이 바로 그 유명한 미원, 미풍의 금반지 경품 사건이다. 사행심 조장이라는 정부의 규제로 금반지 경품 판매 캠페인은 중단되고 말았지만 이 사건을 통해 미원의 힘이 어느 정도였는지 가늠할 수 있다.

하지만 결국 미풍은 미원의 짝퉁이라는 오명을 벗지 못하며 참패했고, 제일제당은 미풍을 포기하고 이후 2세대 복합 조미료인 현재의 '다시다'를 출시(1975)했다. 여기에 대상은 '맛나'

인공 조미료 미풍과 미원

를 내놓으면서(1982) 조미료 시장이 양분되며 2세대 전쟁의 시작을 알렸다. 배우 김혜자는 미풍부터 다시다까지 "그래! 이 맛이야" 한마디로 수십 년간 전속모델로 활약하기도 했다. 삼성그룹 창업주 고 이병철 회장은 자서전 『호암자전』(1986)에서 미원을 이렇게 평가했다고 한다.

"세상에서 내 맘대로 안 되는 세 가지가 있는데, 자식 농사와 골프 그리고 미원이다."

아마도 미원과 미풍 간 전쟁이 그만큼 치열했다는 뜻일 것이다.

원래 우리나라는 예로부터 음식에서 '약식동원(藥食同源)' 사상을 귀중히 여겼다. 이는 좋은 식재료나 조미료로 만든 음식은 약이 된다는 뜻이다. 양념은 한자어인 약념(藥念)에서 온 말로, 조미료도 원래 뜻처럼 몸에 이로운 약이 되도록 써야 한다는 생각에서 나온 이름일 것이다. 시간이 흐르면서 양념의 모양과 브랜드는 변할지라도, '약념'의 뜻을 잃어버리지 않길 바라는 마음이 조미료 전쟁을 바라보는 우리의 마음이 아닐까?

056 | 대한방송국 개막

새로운 대중매체 시대, 시작을 선포하라!

1956년

2019년 LG의 'Rollable(말 수 있는)' TV는 외신들이 꼽은 'CES(세계가전전시회) 2019' 최고의 장면에 선정되었다. 1927년 미국에서 TV가 개발된 뒤 92년 만에, 그리고 한국에 들어온 지 65년 만에 TV 외부 디자인이 국내 기업 LG에 의해 획기적으로 바뀐 것이다.

한국에서 텔레비전을 처음 볼 수 있던 날은 1954년 7월 30일이다. 서울 보신각 앞 RCA(Radio Corporation of America 미국 전기방송회사) 한국대리점에서 20인치 수상기를 일반에게 공개했다. 이후 한국 내 TV 보급이 타당하다고 판단한 RCA는 1956년 5월에 황태연과 합작으로 국내 최초 TV 상업 방송국인 대한방송국을 개국하고 방송을 시작한다. 세계에서 15번째, 아시아에서는 일본, 태국, 필리핀에 이은 4번째였다. 이

MBC 라디오방송국 개국(1961)

방송은 서울을 중심으로 반경 16~24km 지역에서 시청이 가능했는데, 하루 2시간씩 격일제로 6개월간의 시험방송을 한 후 11월 주 6회 2시간씩 정규 방송에 들어가면서 시청률이 높아졌고 이에 수상기 수요도 크게 늘게 된다.

그러다 1959년 2월, 화재로 장비가 소실되어 방송이 중단되는 일이 발생했다. 미군방송 AFKN-TV와 미국 공보원의 지원으로 매일 30분씩 임시 방송을 내보냈지만 결국 1961년 10월 15일 방송을 중단하고, 채널 9번을 포함한 모든 권리를 국영 서울텔레비전방송국(KBS 1TV 전신)으로 넘겼다.

대한방송이 최초의 상업 방송국이라는 이름만 남기고 사라진 뒤,

금성사 텔레비전 생산 공장(1960년대)

5·16군사정변 후 정부 차원에서의 국영 서울텔레비전방송국이 개국(1961)되면서 본격적인 텔레비전 시대가 개막되었다. 정권에 대한 홍보 통로가 필요했던 군사정권은 방송을 적극적으로 이용했고, 여기에 민방인 동양방송(1964), MBC(1969), 그리고 1973년 KBS가 국영방송에서 공영방송으로 변화되면서 1976년 첫 방송을 개시하고 상업방송 시대를 맞게 되었다.

한국 방송의 시작은 일제강점기인 1927년 식민지 정책을 강화하기 위해 개국한 경성방송국의 라디오 방송이라 할 수 있다. 주로 창, 민요, 동화 등을 내용으로 하는 한국어와 뉴스 및 경제를 보도하는 일본어 방송이 별도로 편성돼 송출됐다. 광복 당시까지 전국에 17개의 지방방송국이 개설되었던 한국 방송은 개념과 구조 등에서 일본의 영향을 받았다. 그 후 미군정 시대는 방송 근대화의 기초가 마련된 때이기도 하지만 미군정청 공보부 산하에서 방송국이 운영되면서 미국 상업 방송 프로그램 형식이 도입되어 쿼터제(15분 단위 방송)가 실시되는 등 미국의 영향을 받았다. 그러던 중 1947년 9월 3일 방송에서 우리 주권을 찾아 독자적 호출부호를 배정받게 되고, 이날이 바로 현재 '방송의 날'의 기원이 된다.

한편 1953년 무역업체인 '락희산업'이 국내 최초로 연고 치약을 생산한 후 세탁, 화장, 가루비누 등을 연이어 생산하고 이후 국내 최초로 샴푸를 개발(1967)하는 데 성공했다. 치약과 세제, 화장품 분야에서 괄목할 만한 성장을 거듭한 락희산업의 구인회 회장은 자매사인 금성사를 설립해(1958) 각종 전자제품을 생산해내며 사업의 황금기에 접어들게 된다. 1959년 국내 최초로 진공관식 라디오 개발에 성공한 것을 비롯해, 국내 최초 선풍기(1960), 자동 전화기(1961), 냉장고(1965) 생산에 성공한 것이다. 이후 한국 최초의 세탁기(1968), 일명 백조 세탁기를 생산하게 되는 금성사는 일본의 히타치와 기술을 제휴해, 1966년 국내 최초 흑백 TV 수상기를 생산해냈다. 이런 과정에서 금성사는 한국 국민들에게 전자공업의 대명사로 확고한 이미지를 세웠고, 1995년에 LG전자로 명칭을 바꿨다.

1974년에 텔레비전 수상기 생산업체가 13개 사로 늘어나고 연 생산 100만 대를 돌파하면서 TV는 사치품에서 점차 가정의 필수품으로 자리 잡게 된다. 3개 민영방송이 모두 신문과 방송을 겸영하는 이른바 복합 소유가 언론의 경영 양식으로 등장하는 때이기도 하다. 이는 한국 사회가 방송과 언론의 힘을 인식하기 시작했다는 의미이기도 했다. 그랬기 때문에 앞으로 한국사회에서 언론을 둘러싼 독점성, 과다 경쟁성, 그리고 정치권과의 높은 밀착성 같은 문제의 발생은 그리 놀라운 일이 아니었다.

057 | 공장제 빵의 출현

공장제 빵과 그에 대한 이유 있는 도전

1959년

무려 2만 년 전에 탄생해 기원전 2천 년경 이집트에서 발효 과정을 거치며 현재의 모습에 가깝게 되고, 르네상스 시대 이후 유럽인의 삶으로 확산되면서 서양인의 주식이 된 빵이 1884년 우리나라에 최초로 선보였다. 조러통상조약이 체결된 이후 웨베르 공사의 처제인 손탁이 공관 앞에 정동구락부를 개설하고 선보인, 중국식 이름인 '면포'라고 불리던 빵과 '설고'라고 불린 카스텔라였다. 일제강점기 동안에는 밀가루, 설탕, 팥 등 원료 부족으로 빵이 대중화되긴 어려웠지만, 1942년 전국에 일본인 제빵 기술자가 세운 제빵업소가 40여 개나 있었다고 하니 한국 상류층 중에는 빵에 익숙한 사람들이 상당했을 듯하다.

특히 미군의 남한 주둔은 한국에서 빵이 크게 부각되는 계기가 되었다. 이미 빵에 익숙했던 한국 상류층들이 광복 이후 미군에게서 나온 밀가루와 설탕으로 만든 빵에 큰 호응을 보였던 것이다. 그러자 14세 때부터 고향 옹진의 제과점에서 점원으로 일했던 허창성은 이를 기회로 삼아 제과점 '상미당'을 시작했다(1945.10.). 그는 소규모 제분업을 했던 형의 도움과 미군에게서 나오는 설탕, 버터 등을 이용하여 빵과 과자를 만들어 성공해 제과점을 서울 을지로로 옮겼고, 한국전쟁이 끝난 후에는 용산에 빵을 대량으로 생산할 수 있는 공장을 세우기까지 했다(1959). 이것이 한국 최초 공장제 빵의 출현을 알린 '삼립산업 제과 주식회사'의 시작이다.

이후 이곳은 주한 미군에 빵을 군납(1968)하면서 국내 대표적인 양산업체로 자리를 잡았고, 1960년대 이후 이와 같은 양산업체 공장에서 대량 생산된 빵은 한국인의 입맛을 사로잡았다. 군대라는 대량 소비처, 초등학교 급식 빵 제도, 정부의 혼·분식장려정책 등이 결합된 결과였다. 이 시기 크고 작은 양산업체들은 군부대의 납품 담당 장교나 하사관과 혈연, 지연 혹은 학연으로 연결되어 있었고, 그들은 미국에서 싼값으로 밀을 들여와 제분한 밀가루로 빵을 만들어 큰돈을 벌었다.

물론 이 당시 양산업체 빵 말고도 도시 중심가에는 개인이 운영하는 유명한 빵집들도 있었다. 당시 빵집의 간판은 'ㅇㅇ당'이나 'ㅇㅇ사' 같은 일본식 이름이 대부분이었다. 일제강점기 일본인이 운영했던 빵집이 1960~70년대까지 영향을 미친 결과였다. 한국에서 가장 오래된 빵집으로 유명해진 군산 '이성당'의 전신은 1920년 일본인이 세운 '이즈모야'다. 이즈모야 옆에서 판잣집 제과점을 하던 이석우가 광복 이후 적산가옥으로 나온 이즈모야를 구입해 '이성당'이란 상호로 다시 개업한 것이다. 한국전쟁 이후에는 미국의 영향력이 반영되어 독일빵집, 뉴욕빵집 같은 서양식 이름의 개인 빵집도 유행했다. 이 시기 뉴욕제과, 고려당, 태극당 등의 빵, 그리고 고급 호텔에서 운영하는 제과점이나 베이커리에서 만든 빵을 맛보는 경험은 당시 한국인들에게 특별한 날의 추억을 만들어주었다.

상미당

이성당

1980년대 이후 이런 소규모의 지역 빵집 가운데 고려당, 뉴욕제과, 신라명과 등 몇몇 빵집이 기업형 대형화의 길을 걸으면서 프랜차이즈 사업에 본격적으로 뛰어들었고, 그와 함께 60~70년대의 양산업체들도 변화를 꾀하게 된다. '삼립식품'과 '샤니'로 변화를 거치면서 사업을 확장했던 삼립산업제과 주식회사는 특히 창업주의 차남이 샤니를

맡아 찐빵 판매와 함께 '파리크라상'과 '파리바게트'라는 프랜차이즈를
시작하면서 제과업계의 판도를 바꾸어버렸다.

2000년대 이후 이들과 CJ 푸드빌(삼성)의 '뚜레쥬르'로 양분된 프랜
차이즈 업체는 기업화된 지역 빵집은 물론 일명 '골목 빵집'까지 시장
에서 내몰게 된다. '재벌 빵집'이라고 불리며 대형 공장에서 각종 빵을
양산하는 새로운 양산업체가 된 이들이 각종 혜택을 통해 오늘날의
골목 상권까지 장악한다.

21세기 초입에 들어선 현재 한국에는 요리로서의 수제 빵집들이 속
속 등장하면서 공장제 빵 맛에 길들여진 한국인에게 새로운 맛의 세
계를 열어주고 있다. 또한 고급 디저트만을 전문으로 하는 다양한 제
과점들도 번성하고 있다. 이처럼 다양한 형태의 기업들이 함께 상생
의 길을 걸을 수 있으려면 대기업의 사회적 책임 의식과 사회 변화 속
도에 발맞춘 법의 변화, 그리고 좋은 먹거리를 찾는 소비자들의 높은
의식 수준이 함께 어우러져야 할 것이다. 다양한 빵집들이 다시금 살
아나 맛있고 건강한 빵을 모두 맛볼 수 있는 온라인, 오프라인의 골목
골목이 늘어나길 바라는 마음이다.

3·15 부정선거

이승만 정권, 그 붕괴의 시작

1960년

이승만은 독재와 부정부패로 얼룩진 '과오' 때문에 일제강점기 외교독립운동과 대한민국 초대 대통령으로서의 '공로'는 묻힌 채, 양극단적인 평가로 21세기 현재까지도 불행한 말로가 이어지고 있는 대통령이다. 그는 카리스마가 강한 타입의 리더였다. 비록 몰락한 양반 가문 출신이었지만 왕족의 후예(양녕대군 16대 손)라는 자부심과 선민의식이 강했던 인물이다. 광복된 조국을 70세에 다시 밟은 그는 영어에 능통해 미 군정기 정치 중심 세력으로 부상할 수 있었다. 하지만 탁월한 정치 감각과 국제 정세에 대한 안목으로 대통령이 된 그의 선민의식은 필연적으로 장기집권과 독재를 정당화시키는 방향으로 나아갈 수밖에 없었고 그것은 그의 몰락을 초래했다. 그가 대통령직에 있었던 1948년부터 12년 동안 한국에서는 대통령 선거(대선)와 국회의원 선거(총선)가 2년마다 치러졌는데, 이승만은 그 모든 것을 자신의 영구집권을 향한 도구로 삼았다.

1956년, 사사오입개헌으로 통과된 새 헌법에 기초해 대선이 치러졌다. 대통령 후보에 자유당의 이승만, 민주당의 신익희, 진보당의 조봉암이 나선다. 이때 부통령 후보로는 자유당의 이기붕, 민주당의 장면이 출마했다. 이 당시 선거운동은 광복 이후 모든 대선과 총선을 통틀어 가장 히트 친 민주당의 선거 구호로 유명해졌다. 경제 상황 악화까지 겹쳐 고단했던 민심을 그대로 대변한 듯 "못살겠다! 갈아보자!"라는 구호였다. 그러자 자유당은 이에 맞서 "갈아봤자 더 못산다!"라는 구호를 내놓았지만 민주당을 지지하는 바람은 무섭게 불었다. 그러던 중 호남으로 유세하러 가던 열차 안에서 대통령 후보 신익희가 뇌내출혈로 급사한다. 그리고 결국 대통령에 이승만, 부통령에 장면이 선출된다.

하지만 득표율에서 놀라운 일이 벌어진다. 이승만이 약 500만 표였는데, 사망한 신익희가 약 185만 표로 추모 표라고 불릴 만큼 엄청난 수의 득표를 한 것이다. 그런데 문제는 216만 표를 얻은 조봉암이었다. 이 여세로 보면 4년 뒤 대선에서 대통령 당선을 장담할 수 없었던 이승만은 강력한 반공체제로 전환하면서 신국가보안법을 제정(1958), 일명 '진보당 사건'을 일으키게 된다. 진보당은 조봉암이 대선에서 얻은 지지를 기반으로 1956년 11월 공식 창당했지만 계속적으로 테러의 협박에 시달린다. 결국 조봉암은 평화통일론을 용공으로 간주한 자유당과 민주당에 의해 검거되기에 이른다. 대법원은 평화통일론에 대해서는 무죄를 선고했지만 조봉암이 남한 정보기관이 주도하는 대북 교역에 종사했던 양명산의 자금을 받은 것을 문제 삼아 사형을 선고했고, 그는 1959년 7월 사형에 처해진다.

조봉암이 형장의 이슬로 사라지게 된 이유였던 '평화통일'은 지금은 너무나 당연한 말이지만, 오로지 '북진통일'만 옳은 것이라 여겨졌던 그 시기, 정적 제거에 가장 손쉽고 효과적인 최고의 올가미였다. 조봉암의 사형에 대해 언론이 들고 일어서자 언론에 대한 탄압도 시작되었고, 이 때문에 당시 대표적 야당지이자 경제 언론인 경향신문이 폐간(1959)당한다. 53년 뒤 2011년 11월, 조봉암에 대한 대법관 전원일치의 무죄판결은 '사법 살인'을 법원 스스로 인정한 것이었다.

한편 1960년 4대 대통령 선거가 시작된다. 자유당에서는 이승만과 이기붕이, 민주당에서는 조병옥과 장면이 후보로 나선다. 하지만 이승만의 정적이 된 야당 후보 조병옥이 선거를 앞두고 미국에서 치료를 받던 중 사망하면서 이승만은 경쟁자 없이 당선된다. 이제 문제는 이승만의 나이였다. 당시 86세였던 이승만이 4년의 임기를 다 채우지 못하고 서거할 가능성이 있었기 때문에 당연히 권력의 계승자인 부통령에 선거가 집중된 것이다.

이승만 정권과 자유당은 대선 전 이미 이기붕을 당선시키기 위한 대대적인 부정선거 계획을 짜놓은 상태였고, 이 때문에 1960년 초부터 야당 세력은 부정선거 음모를 폭로, 규탄하고 있었다. 따라서 1960년 정부통령 선거는 시행되기 전부터 부정선거에 항의하는 기현상이 나

3·15 정부통령 선거 개표 상황

타났다. 부정선거에 항의하는 학생들의 시위는 1960년 2월 28일 대구에서부터 시작되었다. 일요일이었던 이날 장면 후보의 유세가 있었지만 정부는 학생들이 야당 유세에 참여하지 못하도록 졸업식 예행연습, 토끼사냥, 뜨개질 실습 등 각종 명목으로 학생들을 등교시켰고, 노동자들도 출근시켰다. 이에 분노한 대구 학생들이 시위를 벌였던 것이다.

5월에 시행하던 관행을 깨고 3월 15일에 치러진 정부통령 선거. 사전에 투표용지를 빼돌려 자유당 후보에 기표를 하고, 투표 시작 직전 투표소에 잠입하여 선거함에 40%가량의 이미 기표된 투표용지를 넣은 '4할 사전투표', 사람을 묶어 이기붕을 찍었는지 여부를 조별로 확인하는 '3인조, 9인조 투표' 등 온갖 종류의 부정선거가 자행되었다. 민주당은 이날 오후 4시 30분경 선거가 불법, 무효임을 선언했다. 민주당 마산시 당부는 중앙당보다 먼저 오전에 선거 포기 선언을 하고 당 관계자들을 중심으로 시위를 벌이기 시작했다. 저녁에는 학생과 시민의 시위가 이어져 저지하는 경찰에 돌을 던지며 저항했으며, 경찰은 시위대를 향해 최루탄을 쏘고 실탄까지 발포했다. 그리고 이는, 1960년까지 국민들의 의식과 수준을 철저하게 무시하며 권력을 연장하던 이승만 독재 정권이 국민들에게 버림받고 종말을 맞이하는 신호탄이 되었다.

059

4·19혁명

피의 화요일, 승리를 향하여

1960년

　　　　　　3·15부정선거 당일 마산에서는 이에 항의
하는 시위가 있었다. 시위가 끝나고 한 어머니가 소식이 끊긴 아들을
찾아 전라북도 남원에서 마산까지 와 찾았으나 찾지 못했다. 경찰서 연
못에 시신이 유기되어 있다는 소문이 돌아 연못물을 다 파보기도 했지
만 시신은 나오지 않았다. 그러다 시위 후 28일이 지난 4월 11일 마산
합포만 중앙 부두에 최루탄이 눈에 박힌 채 부패한 17세 김주열 군의
시신이 떠오른다. 당시 부산일보 마산 주재기자였던 허종 기자는 김
주열 군의 사진을 찍어 본사로 보낸다. 부산일보는 다음 날인 1960년
4월 12일 자 1면에 이를 크게 실었고, 이 사진은 전국의 신문, 통신사
와 AP통신을 통해 전 세계에 전파되었다. 이 사진을 본 마산 시민은 물
론 학생들의 분노는 극에 달했고, 이들은 12일 저녁 6시부터 3일간 시

위를 전개한다. 이를 통해 소강상태에 빠졌던 시위는 전국에서 불타 오르기 시작한다.

초기 중고등학생들을 중심으로 벌어졌던 부정선거 항의 시위는 점차 대학가에 파급되었다. 4월 18일에는 고려대 학생들이 대규모 시위를 전개하며 당시 광화문 앞에 있던 국회의사당 건물까지 진출했다. 농성을 벌인 이들은 고대 총장과 교수, 동문 국회의원들이 설득하자 학교로 복귀했는데, 그 과정에서 정치 깡패들이 고대생을 습격해 다수의 학생이 부상을 입었다. 이 사건은 다음 날 신문에 실리게 되고, 많은 대학생들이 이 사진을 접하고 격분해 시위에 합류했다. 이렇게 이들은 이른 아침부터 시위를 위해 교문을 나선 서울의 중고등학생들과 합류해 국회의사당 앞에 도달했고, 다시 경찰 저지선을 돌파하며 경무대(지금의 청와대)를 향하는데, 이때 시민들도 함께 참여한 시위대는 이미 10만 정도로 불어나 있었다. 당시 시위대에는 학생들과 함께 특히 슈샤인 보이라고 불렸던 구두닦이와 신문팔이, 껌팔이 등의 사회 하층의 불우한 소년들과 빈민의 참여도 두드러졌다.

초등학생들까지 나선 시위대에 경찰의 저지선이 무너지고 경무대 바로 앞까지 도달했을 때 경찰은 발포를 했고 사상자가 발생하기 시작했다. 서울 곳곳에서의 시위대와 경찰의 충돌, 부산과 대구, 광주, 대전 등 대도시에서도 발생한 시위와 충돌로 하루 동안 5대 도시에서 100명이 넘는 사망자가 발생한다. '피의 화요일' 4·19혁명의 시작이었다.

"…잊을 수 없는 4월 19일/학교에서 파하는 길에/총알은 날아오고/피는 길을 덮는데/외로이 남은 책가방/무겁기도 하더군요//나는 알아요 우리는 알아요/엄마아빠 아무 말 안 해도/오빠와 언니들이/왜 피를 흘렸는지…" – 수송초등학교 4학년 강명희(1960.4.23.)

4·19혁명 당시 시위대와 경찰이 대치하는 모습

이승만과 자유당은 이와 같은 대규모의 저항과 유혈사태에도 불구하고 계엄령과 민심수습책으로 권력을 잇고자 시도했다. 하지만 4월 25일, 그동안 침묵하고 있던 대학교수들이 서울대학교 교정에서 시국선언문을 발표한다. 대통령을 비롯한 책임자들의 사퇴와 구금된 학생들의 석방을 요구한 교수단은 "학생의 피에 보답하라"는 플래카드를 들고 "이승만은 즉시 물러나라"고 외쳤고 다음 날 서울 시내는 시위대로 가득 찼다. 결국 이날 오전 이승만은 "국민이 원하면 대통령직을

이승만 하야

사임하겠다"는 성명을 발표한 뒤 하야(4.27.) 한다. 그리고 이기붕 일가의 자살(4.28.), 이 승만 내외의 하와이로 의 망명(5.29.)이 그 뒤 를 잇는다.

이승만의 하야에는 부정선거 조사 및 관련 자 처벌을 권고한 미국의 압력 또한 중요하게 작용했다. 미국은 부정 선거로 나타난 강력한 국민적 저항을 이승만의 사퇴로 진정시켜 한국 이 더 급진적인 방향으로 향하는 것을 막으려고 했기 때문이다. 게다 가 당시 한미일 공조체제를 만들기 위해 한일관계를 개선시켜야 했던 미국의 입장에서는 더 이상 이승만과 같은 반일 반공 지도자를 지원 할 이유가 없어졌기 때문이기도 할 것이다.

4·19혁명은 우리 역사에서 엄청난 의미를 가진다. 한국 역사상 처 음으로 국민들이 주체가 되어, 국민의 주권을 존중하고 인정하지 않 은 지도자를 저항을 통해 끌어내린 것이기 때문이다. 물론 1965년 한 국에서 행해진 이승만의 장례 행렬에 1백만의 인파가 몰린 그런 국민 의 마음은 별개로 하고 말이다. 지금도 4월이 되면 각 대학에서 4월 혁명을 기념하는 여러 가지 행사들을 열어 그 정신을 잇고자 하는 이

유다.

한편 4·19혁명으로 이승만 정권이 막을 내리면서 과도기를 이끌 임시정부가 구성된다. 당시 외무장관이었던 허정이 수반이 된 '과도내각'이라고 불리는 정부는 새 정부를 구성하기 위해 개헌을 단행했다. 발췌개헌, 사사오입 개헌 이후 이루어진 3차 개헌(1960.6.15.)으로 한국 역사상 유일하게 대통령제 대신 내각책임제와 양원제를 기반으로 한 제2공화국이 탄생하게 된다.

060

제2공화국

경제 제일주의 내각의 9개월

1960~1961년

역사적인 4·19혁명을 계기로 3차 개헌이 이루어졌고 7·29총선을 통해 압승한 민주당에 의해 제2공화국이 수립되었다. 제2공화국의 윤보선 대통령은 실질적 권한이 없는 상징적 존재였고 내각책임제하에서는 다수당이 국무위원을 구성, 총리였던 장면이 실질적인 국가 수반이었기 때문에 장면 내각이라고 불린다. 의회는 참의원, 민의원이라는 양원제로 구성되었고 지방자치제도 실시되었다. 장면 내각은 4차 개헌(1960.11.23.)을 통해 3·15부정선거 사범들을 처벌하기 위한 소급입법을 만들면서 국정을 시작했다.

장면 내각은 특히 가난을 벗어나기 위한 '경제 제일주의'를 원칙으로 삼았다. 한국전쟁 이후 미국은 한국에게 무상의 경제 원조를 했다. 하지만 미국의 원조 물자 자금은 미국과 한국 정부 차원에서는 무상으로 공여됐어도 이를 받아 사용하는 한국 기업이나 업자들에게는 무상으로 제공되지 않았다. 원조로 도입된 미국 잉여농산물도 같은 방식으로 민간에게 불하되었고 이렇게 해서 형성된 돈은 대충자금이라고 불렸다. 대충자금은 한국 정부의 소유였지만 실질적으로는 미국이 주도하는 원조기관이 그 용도와 사용처를 정했다. 그리고 미국은 대충자금을 경제 발전 대신 한국의 방위 지원, 즉 군사비 지출을 보조하는 성격으로 운영했다.

그러다 1957년을 기점으로 미국은 과도한 군사비와 대외원조로 인한 재정 손실을 줄이기 위해 무상원조 대신 개발차관을 제공하는 방식으로 바꾼다. 그런데 원조의 감소에도 불구하고 원조물자의 군사적 이용은 줄어들지 않았고 이와 같은 상황은 한국 경제에 큰 압박을 줄 수밖에 없었다.

그러자 당시 이승만 정권은 국내 산업 발달을 위해 소비재보다 시설재를 원조해줄 것과 미국의 원조 정책을 '2달러 정책'으로 비판하며 실질적 원조를 해줄 것을 요청한다. 2달러 정책은 '1달러로 일본 시설재를 원조해 상품을 생산하고 그것으로 한국을 원조해 군사비로 충당하면 미국 입장에서는 2달러의 효과를 본다'라는 내용이었다. 미국 주도의 동북아지역 동맹 질서는 일본이 아시아 경제 발전을 선도하는 역할을 하고 한국은 이를 보호하는 군사적 전초기지의 역할을 하는 것이었다. 이에 군사적 목적이 우선시된 미국의 대한 원조는 양적으로 엄청난 규모가 투입되었음에도 불구하고 한국의 산업화에 기여한 바가 적게 된다. 4·19혁명이 성공한 것도 독재나 부정선거에 대한 저항이 가장 큰 원인이었지만 악화일로였던 경제상황도 무시할 수 없는 배경이었다. 이 때문에 현재 남북한의 상황에서는 상상도 할 수 없는 내용의 발언이 제2공화국 재무부 장관 김영선의 입에서 나오기도 했다.

"대한민국의 경제는 이북보다 3~5년 뒤지고 있습니다. … 기간산업들은 대부분 북한에 있는 비참한 현실입니다. 이같이 뒤떨어진 현실을 어떻게 극복할 것인지가 문제입니다. … 우리도 허리띠를 졸라매고 외국 원조와 외자를 효율적으로 이용하면, 북한 괴뢰집단의 경제성장을 따라갈 수 있을 겁니다."
— 재무부 장관 김영선

장면 내각은 경제 건설을 국정의 최우선 목표로 삼고 1962년 1월부터 실행할 것을 목표로 '경제개발 5개년 계획'을 세운다. 박정희 시대를 특징지으면서 군사정권의 경제 지침서 노릇을 했던 바로 그 경제개발 5개년 계획이다. 9개월 단명 정부이다 보니 실천을 할 수 없었지만 그들이 작성한 경제개발 계획이 군인들 손에 넘어가면서 빛을 보게 된 것이다. 경제개발을 위한 자금 마련 때문에 국군을 감축하고 한일관계 정상화를 추진하기도 했지만 모두 목표한 만큼의 성과를 낼 수 없었고, 이후 박정희가 제2공화국의 시도를 이어받게 된다.

장면은 권위주의하고는 거리가 먼 민주형 정치인이었다. 카리스마형이었던 이승만과는 달리 의견을 경청하고 상의해서 결정했다. 지도

미국 원조 식량 입하 환영식 전경(1957)

자의 타입 변화와 정부를 세운 민주화 바람은 경제의 판도 바꾼다. 정부의 독주와 독선 대신 총리를 비롯한 장관, 국회, 재계 대표가 의논해 정책을 결정하기 시작한 것이다. 1961년 3월 24일 한국 최초로 정부와 재계의 연석회의를 열기도 했었던 장면 내각의 장관들은 평소 기업인과 친분이 두터웠고 집권 이후 새 경제 정책을 세울 때부터 이들의 생각을 적극적으로 받아들였다. '보세가공수출' '태백산 종합개발계획' 등은 기업가들이 소개하거나 그들의 아이디어가 출처였다.

한국 기업은 이승만 정부가 원조 자금을 바탕으로 주도한 원조 경제 환경에서 태동했고, 정부와 기업 간의 파트너십은 박정희 대통령 시대에 본격화된다. 장면 내각은 정치적으로는 실험적이었던 단명 정부지만 경제적인 면에서는 정부와 재계의 협업 관계를 조성하기 시작한, 이승만과 박정희를 잇는 징검다리로서 중간 역할을 맡았던 셈이다.

제2공화국은 혁명의 결과로 탄생한 만큼 그동안 억눌려 있었던 각 계각층의 국민적 요구가 일어났던 시기다. 학생들은 학교를 자유롭게 운영할 수 있는 권리인 학원 자율화를 요구했고, 학도호국단 폐지도 주장했다. 교사들은 교원노조 결성을 요구했고 한국전쟁 가족들은 양 민학살 진상 조사를 요구한다. 진보세력인 혁신계는 중립화 통일론을 주장하기도 하면서 남북학생회담을 준비하기도 했다. 그 밖에도 각계 각층에서 다양한 요구들이 쏟아져 나와 이 시기에는 집회와 시위가 자주 일어났다. 그럼에도 당시는 그것을 담보해낼 만한 정치적 역량 과 시간, 인적 자원과 물적 자원이 부족했던 시기였다.

이 시기를 '혼란'이라고 특징 붙인 이들, 한국전쟁 이후 팽창된 육군 에서 탄생해 4·19혁명을 전후한 시기부터 이미 권력을 탐내고 있었던 군인들은 결국 군사정변을 일으키며 이를 자신들의 사명으로 합리화 한다. 그리고 이들은 이후 정권의 정당성을 확보하기 위해 경제 개발 에 전력을 다하게 된다.

4장

앞만 보고
달리는 나라

1961~1987년

061 | 5·16군사정변과 군정

18년간 이어진 독재시대의 개막

1961~1963년

1961년 5월 16일 새벽, 한국군 일부가 한강을 건너 서울로 진입했다. 무방비 상태였던 서울 시내로 진격한 이들은 한강 다리에서의 약간의 총격을 제외하고는 별다른 저지 없이 중앙청과 육군본부, 방송국을 장악했다. 한국군 전체의 5%에도 못 미치는 3천 4백 명의 정변은 그렇게 성공했고, 그 중심에는 육군소장 박정희와 육군사관학교 5기, 8기 졸업생들이 있었다.

박정희는 일제강점기 시절 일본사관학교를 졸업한 일본군 장교 출신이다. 광복 후 현역 대한민국 육군 장교로 남로당 비밀 당원인 것이 적발되어 사형선고를 받았다가 가까스로 면하기도 했다. 그런 인물이 중심이 되어 일으킨 군사정변이었으니 미국을 비롯한 곳에서 사회주의를 지향하는 정변으로 의혹을 받은 것이 당연했다. 북한은 5·16 군사정변에 축전까지 보낼 준비도 했다고 한다.

한국군의 작전권을 장악하고 있던 유엔군 사령관과 주한미국대사관 관계자들은 정변 직후 이를 불법으로 규정하고 헌법에 따라 수립된 민주당 정부를 지지한다는 성명을 발표한 뒤 진압할 의사를 밝혔다. 하지만 당시 장면을 중심으로 한 민주당 내의 신파 세력에 대해 불만을 가졌던 구파의 대표 윤보선 대통령은 정변 진압을 반대한다는 입장을 밝혔고 민주당 정부의 각료들이 모두 사라진 상태였기에 유엔군 사령관은 진압명령을 내릴 수 없었다.

이런 분위기였기 때문에 군부세력이 정변 직후 6개 항목으로 이루어진 혁명공약을 발표할 때 '반공을 국시로' '유엔헌장을 준수하고 미국을 위시한 자유우방과의 유대를 견고히' 할 것을 우선적으로 선포하게 된 것이다. 이들은 또한 '국가 자주경제 재건에 총력을 경주'하고 '국토통일을 위해 공산주의와 대결할 수 있는 실력의 배양에 집중'하는 과업이 성취되면 '참신하고 양심적인 정치인들에게 언제든지 정권을 이양하겠다'라고 선포한다. 정권을 안정시킨 후 자신들은 다시 군대로 돌아가겠다고 한 것이지만 또한 참신하고 양심적인 정치인이 없다면 정권을 이양하지 않겠다는 뜻이기도 했다.

군사정변 세력은 5·16군사정변을 위해 만든 군사혁명위원회를 5월 18일 '국가재건최고회의'로 개칭하였고 그 의장에 박정희가 취임한다. 이는 입법, 사법, 행정의 삼권을 모두 장악한 최고 권력 기관으로 군정에서 매우 중요한 기구가 되었다. 그리고 비정상적으로 권력을 장악한 만큼 정권 유지를 위해선 정보 수집이 필수였기 때문에 이를 위한 기구로 중앙정보부를 설치한 뒤 초대 부장에 김종필을 앉힌다.

1962년 5차 개헌을 통해 다시 대통령제로 환원한 박정희는 일명 '4대 의혹 사건'으로 자금을 마련한 뒤 자신을 지지할 당인 민주공화당(공화당)을 창당(1963.2.)한다. 마치 이승만이 대통령에 재선되기 위해 자유당을 창당한 것과 같았다. 박정희는 별 두 개 소장으로 군사정변을 일으킨 후 어깨 위에 별을 두 개 더 달아 대장이 되었는데, 1963년 8월 군복을 벗고 민간인이 된 다음 날 공화당의 총재가 되었다. 그리고 1963년 10월 우여곡절 끝에 치러진 5대 대선을 통해 군정이 끝나고 민정이 시작된다.

5·16군사정변 당시의 박정희 일행 모습

"정통적 의미의 민주주의 국가에서 군의 혁명이 그 얼마나 불행한 것이며, 또 그 혁명의 악순환이 종국적으로 국가를 쇠망으로 이끌 것"이라고 하면서 "다시는 이 나라에 본인과 같은 불운한 군인이 없도록" 하자며 '민간인 박정희'에게 '군인 박정희'가 정권을 이양했으니 군정을 민정으로 이양하겠다는 군사정변 세력의 약속은 지켜진 셈이었다. 그러나 이는 결국 4·19혁명이 미완으로 끝난 것을 의미했다. 프랑스 혁명이 제1제정의 황제가 되는 나폴레옹의 등장으로 막을 내린 것처럼, 4·19혁명으로 분출되었던 국민들의 수많은 민주화 요구가 수면 밑으로 가라앉을 수밖에 없는 군인 출신들이 중심이 된 3공화국 시대가 열린 것이다. 그리고 이는 한국사의 시대 평가에서 논쟁의 중심을 차지하는 18년의 박정희 대통령 시대의 개막이었다.

062

경제개발 5개년 계획
한국은 소망한다, 검은 연기로 뒤덮인 하늘을
1962년

"황량한 벌판에 기계음이 가득 차고, 이 하늘이 검은 연기로 뒤덮일 때 우리
는 가난에서 벗어날 것입니다."

1962년 2월 울산공업단지 기공식에서 했던 박정희의 연설이다. 당
시 서독이나 영국의 유명 공업지역을 견학하고 돌아온 사람들은 그곳
의 하늘이 대기 오염으로 거무튀튀한 것을 보고 울산의 하늘도 그렇
게 되어야 일류 공업단지가 되는 것으로 생각했다. 푸른 하늘이 국민
에게 주는 행복이 무척이나 소중해진 현재 한국과는 그 기준이 판이
하게 달랐던 가난한 1960년대 한국인의 소망이었다.

박정희는 정권을 잡기 위해 일으킨 군사정변과 18년의 장기집권,
그를 유지한 탄압정치로 많은 이들에게 비난을 받는다. 그럼에도 불

구하고 그가 한국 경제 발전을 이룩한 주역이라는 것은 부정할 수 없기도 하다. 오늘의 한국 경제를 있게 한 경제 치적에 대해 역대 대통령 중 1위로 평가를 받는 이유이다.

박정희가 정권을 잡은 1961년 남한 1인당 소득은 82달러였는데 이는 세계 125개국 중 101번째로, 아프리카의 우간다 같은 나라와 비슷한 수준이었다. 박정희와 군사정권은 정권 연장의 명분을 위해서도 혁명 공약에서 내걸었던 것처럼 당시 한국에서 가장 시급했던 경제 살리기에 전력투구를 해야 했다.

경제개발 5개년 계획은 그 부정적 부분에도 불구하고 한국 경제 발전 과정의 기본 매뉴얼로 경제성장의 밑받침이 되었다. 5·16정변 다음 해인 1962년부터 1차 계획을 시작한 이래 7차에 걸쳐 35년간이나 실시되다가 김영삼 대통령 시대에 폐지되었지만, 박정희와 떼려야 뗄 수 없는 관계로 제3공화국을 대표하는 상징과도 같다. 원래 장면 내각의 경제 관료들이 완성해 발표하기 직전, 정변의 발생으로 사장되었다가 군사정권이 집권 6개월 만에 워싱턴에서 원조와 차관을 요청할 사업계획서를 작성하면서 빛을 보게 된다. 당시 경제를 알지 못했던 군인들에게 경제를 꾸릴 목표와 계획표의 역할을 해준 셈이었다.

1962년부터 시작한 1차 경제개발 5개년 계획의 핵심 내용은 수입 대체 산업 중심의 산업화 전략으로, 성공한다면 외부 자본도 덜 유입되고 달러도 덜 쓰며 내수시장도 키울 수 있는 이상적 정책이었다. 하지만 이는 기술도 없고 외자 유치에도 실패한 박정희 정권이 거의 시작도 못 해보고 접은 계획이 되었다. 특히 돈이 국민들의 장롱 속에 숨어 있을 것이라고 추측해 그를 꺼내 자본을 마련해보려고 했던 화폐 개혁이 처참하게 실패로 돌아간 것은 박정희 경제정책 수립에 큰 계기가 되었다. 그는 1차 경제개발 5개년 계획의 실패를 겪으며 수출지상주의자로 변모하게 된다.

박정희가 수출드라이브를 본격적으로 시작하는 것은 1963년 정식으로 대통령 자리에 앉으면서이다. 수출을 위해서라면 기업들에게 관치금융, 정책금융, 수출금융 등 정부의 전폭적인 지원을 해주었고, 그 결과 1964년 한국은 수출 1억 달러를 기록하게 된다. 와이셔츠 수출로 시작해 세계 시장을 누빈 재벌로 성장한 김우중이 수출로 성공한 대표적인 사례다. 박정희는 경제모델의 윤곽을 잡은 뒤 치밀하고 용의주도하게 준비해 수출 주도형 공업화를 실시했다. 정부가 주도해 정부와 기업의 협업체제를 만들고 외자를 도입했으며 직업 관료의 소신 있는 정책들은 실천할 수 있도록 해주었다.

이 과정에서 미국과 베트남전 특수는 중요한 역할을 담당한다. 한국은 경제개발 계획을 실행하는 과정에서 미국의 영향을 많이 받는다. 미국 몰래 화폐 개혁을 하느라 영국에서 서둘러 찍어내 '조폐공사'를 '조페공사'로 잘못 인쇄하는 망신을 겪은 박정희는 미국을 배제한 경제개발이 성공할 수 없다는 것을 깨닫게 된다. 미국은 자본 조달만이 아닌 계획의 수정과 입안에도 영향을 미쳤다. 1967년 제2차 경제개발 5개년 계획을 세울 때 미국이 파견한 전문가의 도움을 받았는데, 그

CARE(미국대외원조물자발송협회)원조에 의한 국민아동 급식 광경(1963)

들은 한국 내부의 자본보다 외부의 자본을 이용하고 수출을 강조하는 불균형 성장론의 중요성을 강조하던 인물들이었다.

베트남전 참전도 한국의 경제개발 계획의 방향을 정하는 계기가 되었다. 1차 경제개발 5개년 계획에서 수출은 중요했지만 국제수지의 개선을 위해 제시된 것에 불과했다. 하지만 베트남전 참전 이후 수출은, 베트남과 동남아시아로의 수출 증대를 가능케 할 차관을 추가로 대여한다는 '브라운 각서'의 내용에 따라 경제개발 계획의 핵심적인 축으로 자리 잡게 되었다. 이는 '수출입국'이라는 단어를 만들어냈고, 이를 통해 한국 경제를 성장시키기 위해서는 '수출'만이 살길이라는 신화가 창조된다. 또한 베트남전 참전 이후 각종 건설, 구호 등 제반 사업에 한국인 업자들이 참여할 수 있게 되면서 건설 산업 육성이 본격화되어 이후 중동 건설에 참여할 수 있는 기반이 되었다. 특히 이 시기 북한의 현실적 위협을 겪으며 경제 정책 차원을 넘어 방위산업에도 역점을 두기 시작했는데, 소총 생산으로 시작된 군수산업의 진흥은 중화학 공업화 정책으로 연결된다.

결국 1970년 10억 달러 수출을 돌파했고, 중화학 공업 육성을 통해 1977년 100억 달러 수출을 달성하면서 한국의 경제 발전은 세계 속에 빛나기 시작한다. 하지만 이 과정에서 정권과 밀착하며 각종 특혜를 받았던 기업들이 재벌이 되면서 외형적 성장에만 치중한 부실 부패 기업들이 양산되었다. 또한 오직 수출을 위한 저임금 저곡가 정책의 희생양이 되었던 노동자와 농민들의 생활고는 여전했고, 인플레이션과 집값 폭등 등 경제 발전 뒤의 그늘은 상당히 어둡고 추웠다. 한국의 경제성장 뒤 보이지 않는 곳에서 곪아가고 있었던 상처들은 앞으로의 정권들이 해결하고 치유해야 할 큰 시대적 과제가 되었다.

063

한일 국교 정상화

비정상적으로 정상화된 한일관계

1965년

1964년 5월 20일 오후 1시, 서울대에서는 2천여 명의 학생들과 시민들이 모인 가운데 '민족적 민주주의 장례식'이 개최되었다. 한국의 특수한 현실을 강조해 민주주의에 앞서 민족을 내세웠던 '민족적 민주주의'는 5·16군사정변의 주역들이 자랑한 그들의 대표적인 슬로건이었다. 그랬기에 시위대가 실제로 민족적 민주주의의 관을 어깨에 메고 대회장으로 들어와 조사를 낭독하며 장례식을 한 것은 당시 박정희 정부에 대한 학생들의 정면 도전이었고, 이는 1964년 3월 정부가 밝힌 한일 국교 정상화 방침에서 촉발된 것이었다.

박정희 정부는 출범 이후 한일 국교 정상화라는 시급한 문제를 맞닥뜨렸다. 1950년대에도 한일 국교를 정상화하려는 움직임은 있었지만 여러 요인들로 인해 별 진전이 없었다. 1948년 국교 수립 이후 한국의 외교대표부는 일본에 설치되었고, 한국은행의 일본 지부가 설치되기도 했다. 하지만 일본 대표부는 한국에 설치되지 않았고 이승만은 일본에 대한 적대적인 감정을 공개적으로 표출하면서 반공과 함께 정권 유지의 수단으로 이용했다. 일본의 한국에 대한 배상금 문제 또한 국교 정상화의 걸림돌이었다. 한국 정부는 일본이 식민지 시기에 저질렀던 과오에 대해 배상금을 지불할 것을 요구했지만, 일본은 미군정 수립 후 한국에 있던 모든 일본인 재산이 동결되었고 그 재산이 한국 정부로 이양되었다는 점을 들어 오히려 한국으로부터 돈을 받아야 한다고 주장했다.

장면 내각에서 호전되는 듯하다 5·16군사정변을 맞아 중단되었던 한일 국교 정상화 움직임은 박정희 정권에서 적극적으로 추진된다. 1차 경제개발 5개년 계획의 차질이 자금 조달의 실패에서 비롯되었음을 통감했던 박정희는 외자 도입에 적극적이 되었다. 특히 군정 시기에 제철소 건설을 비롯한 일부 계획이 미국의 압력으로 실현되지 못하자 이의 실행을 위한 자본 유입이 더욱 시급해졌다. 또한 소련과 중국, 북한의 공고해진 연합에 맞서기 위해 극동아시아 벨트인 한미일 삼각 동맹을 구축해야 했던 미국도 한일 양국에 대해 협정 체결 압력을 행사하고 있었다.

이에 군정은 민정 이양 전부터 한일 국교 정상화를 위한 본격적인 작업에 들어갔고, 1962년 9월 김종필은 오히라 외무상과 만나 비밀리에 협상을 위한 기본적인 내용들을 합의하게 된다. 이 합의를 통해 군사정부는 독도 문제를 제외한 모든 사항에 대해 일본의 요구를 받아들였다. 대신 일본은 무상으로 3억 달러를 10년간 지불하고, 경제 협력 명목으로 차관 2억 달러를 연리 3.5%, 7년 거치 20년 상환이라는 조건으로 10년간 제공하며, 민간 상업 차관으로 1억 달러 이상을 제공하기로 했다.

1964년 한일 국교 정상화를 위한 움직임은 더욱 분주해졌으나 이는 한국과 일본에서 모두 거센 반대에 부딪힌다. 일본에서는 극우 인사들의 견해만을 수용했다고 비판이 제기되었던 것에, 한국에서는 일본의 사과 없는 굴욕적인 수교에 반대하는 시위가 일어난다. 1964년 3월부터 야당을 중심으로 시작되어 6월 3일 절정에 달했던 한일협정 반대 시위는 일명 6·3항쟁으로 불린다. 학생을 중심으로 한 시위대 1만여 명이 광화문에 진출하며 정권퇴진까지 요구한 6·3항쟁은 출범한지 얼마 되지 않았던 정권에 위협으로 다가왔다. 이에 박정희는 유엔군 사령관과의 협의를 통해 서울시 일원에 비상 계엄령을 선포했고 1,200명의 학생과 시민을 체포하고 384명을 구속시킨다. 서울 시내 야간 통행금지령 및 휴교령 등으로 옥내외의 집회·시위를 금지했고, 언론과 출판, 보도는 계엄사령부의 사전검열을 받게 했다. 8월에는 1차 인민혁명당 사건과 같은 공안 사건을 조작해 그 불씨를 제거하며 진압했다. 그리고 1년 뒤 1965년 6월 22일 한일협정은 조인되었고 8월 14일 민주공화당 의원들만 참석한 가운데 국회에서 비준되었다.

한일회담 본 조인식

한일협정을 보는 시각은 다양하다. 이승만 정권은 수교의 조건으로 20억 달러를 요구했고, 장면 정권은 28억 5천만 달러를 요구했다고 한다. 또 필리핀의 경우는 일본에게서 14억 달러를 받았다. 그에 비해 박정희 정권이 받은 5억 달러는 너무 적은 액수라는 비판인 것이다. 그에 대해 한편으로는 당시 한국 수출 규모가 1~2억 달러, 일본의 외환보유고가 14억 달러 수준이었음을 감안할 때 적은 액수는 아니었다고 보기도 한다.

어떤 명목으로 받았는지의 문제는 비판의 여지를 더욱 많이 가지고 있다. 이 협정을 통해 한국은 일본으로부터 '배상금'이 아닌 '청구권자금' 즉, 한국이 일본에 경제적 원조를 청구한다는 의미의 자금을 받게 된다. 그런데 무엇 때문에 한국이 자금을 청구하는지 조약에 언급하지 않으면서, 이는 일제강점기의 문제에 대해 한국이 일본에게 책임을 더 이상 묻지 않겠다는 의미를 지니게 되었다. 5년 남짓한 점령 기간에 일본에 대한 저항이 한국보다 심하지 않았던 동남아시아 국가에 대해 일본이 '배상금'이나 '독립축하금'의 명목으로 돈을 지불했던 사례와 비교되는 부분이다. 게다가 이 청구권자금에 위안부와 강제 징용자 등 개인 피해자의 보상이 들어 있는가의 문제를 두고 양국 정부가 서로 다른 해석을 내리면서 개인 피해자들은 더욱 힘든 싸움을 하게 되었다. 21세기에도 강제 징용 노동자들의 피해 사실이 계속 밝혀지며 개인의 청구권 문제는 제기되고 있지만, 일본은 1965년 한일협정을 근거로 배상을 거부하고 있다.

물론 이렇게 받은 청구권자금이 한국 경제 발전에 중요한 역할을 한 것은 사실이다. 당시 한국 수준에 무리라고 판단해 어느 국가도 자금을 빌려주려 하지 않았고, 심지어 방해를 하기도 했던 포항제철(포스코) 설립과 경부고속도로 건설은 이 자금이 없었으면 불가능했던 사업이었다. 게다가 한국에 일본 자금이 들어오자 국제 금융시장의 분위기가 달라졌고, 다른 나라로부터 외자를 유치하는 것도 한결 수월해지게 된다. 거기에 한국이 베트남전에 참여하면서 국제 신인도도 개선되었다. 이로써 한국 경제는 비약적인 발전을 이룩할 수 있었던 것이다.

1965년 2월 20일 한일협정이 가조인되었을 때 이동원 외무부 장관은 "과거의 어느 기간에 양 국민에게 불행한 관계가 존재했다"라고 말했는데, 이에 대한 시이나 일본 외상의 답은 "이러한 과거의 관계는 유감이며 깊이 반성하고 있다"였다고 한다.

일본에게 유감이며 그들을 반성하게 한 '과거의 어느 기간' '양 국민에게 불행한 관계'는 무엇을 의미하는 것일까? 일제강점기를 일제강점기라고 말할 수 없을 만큼 절박하고 무지했던 당시 우리들의 상황은 '명분'과 '실리'라는 가치의 선택에 대해 다시금 깊이 생각하게 만든다.

064

베트남전쟁 참전

빛과 그림자 온전히 껴안기

1965~1973년

2019년 박항서 축구 감독의 활약은 한국에 대한 베트남의 선호도를 굉장히 높였고, 여러 부침에도 양국 관계는 가까워졌다. 한국이 베트남에 비자발급을 조건부로 면제하는 조치까지 취하며 관광을 넘어선 다양한 교류 역시 가능해지기도 했다.

사실 베트남과 한국은 많은 공통점을 가지고 있다. 양국은 모두 중국의 영향으로 유교적 전통이 뿌리 깊어 명분이나 체면을 중시하는 경향이 있고, 식민지의 경험과 남북 간 전쟁을 치른 아픈 역사도 비슷하다.

일본이 1950년대 이후 경제적 부흥을 이룩한 데에는 한국전쟁의 역할이 컸다고 한다. 한반도에서 전쟁이 벌어지는 동안 일본이 미국 후방기지의 역할을 하면서 군수물자 지원 등을 통해 많은 이득을 본 것이다. 한국의 경제부흥에서는 베트남전쟁이 그런 역할을 했다.

1963년부터 적극적으로 베트남전쟁에 개입한 미국은 동맹국들에게 참전을 독려했지만 한국, 태국, 필리핀, 호주, 뉴질랜드만이 참전을 결정한다. 그해 말 공식 파병을 요청받은 한국정부는 1965년 2월 2천 명의 후방지원부대 파병을 시작으로 7월, 2만 명 규모의 부대를 파병했다. 1966년에는 '브라운 각서'를 조건으로 2만 명의 추가 파병이 이루어진다. 10년간 총 35만 명에 달하는 한국의 파병 인원은 나머지 동맹국의 총 파병 수를 능가했다.

박정희 정권의 파병 결정에는 한국군과 주한 미군 감축을 막고 한미 동맹의 공고함을 통해 정권 안정을 보장받으려는 의도가 내재되어 있었다. 더욱이 베트남전은 국제법을 위반하며 남침한 '공산세력'과의 싸움이었기 때문에 '자유민주주의 수호'라는 도덕적이고 타당한 명분도 있었다. 그랬기에 박정희는 이미 1961년부터 베트남전 파병 의사를 밝혔고, 미국은 한국전쟁을 치르며 풍부한 전투 경험을 갖게 된 한국군을 아시아의 안보 유지에 참여시킬 수 있다고 계산해 박정희에게 도움을 요청하게 된다. 그리고 무엇보다 베트남전쟁의 특수로 경제개발 계획에 필요한 자본을 얻을 수 있을 것이라는 박정희의 의도가 맞아떨어지면서 결국 성공했다.

당시 베트남(월남) 주둔 한국군 사령관을 지냈던 채명신 장군은 이렇게 말했다.

"……젊은이들이 월남에 가서 고생하고 있으니 국내에 있는 우리도 더 열심히 일하자는 식의 사회 분위기가 고양되어 있었다. …… 우리의 가슴 한구석에는 '용사는 말없이 바다를 건넜다. 자유보다 더 귀한 것, 있으면 말하라'는 군가 가사처럼 우리도 이제 다른 나라의 자유를 지켜줄 만큼 컸구나 하는 자부심이 있었다."

한국군의 베트남전 추가 파병을 조건으로 주한미국대사였던 브라운이 한국 정부에 전달한 14개 항으로 이루어진 '브라운 각서'는 베트남전 특수와 관련되어 한국 국방과 경제에 굉장히 중요한 의미를 가진다. 당시 한국의 국방예산은 미국 원조에 크게 의존해 있어 무기나 화력 면에서 북한에 뒤지고 있었지만 "한국군 육군 17개 사단과 해병대 1개 사단의 장비를 현대화한다"는 브라운 각서의 내용에 의해 한국군은 현대화된다. 한국군의 복장, 무기, 병참 등의 모든 비용을 미국 정부가 부담하면서 무기 체계와 병참 일체가 미국 군대 기준으로 단번에 개선된 것이다. 이는 베트남전에 참전하는 파병 장병뿐 아니라 국내 한국 군대에도 해당되었고, 심지어 추가 파병에 따른 비용을 미국 정부가 부담하면서 한국은 엄청난 규모의 국방 예산을 간접적으로 절약하게 된다. 추가로 군사원조도 제공받으면서 말이다.

또한 '베트남과 동남아시아로의 수출증대를 가능하게 할 차관을 추가로 대여'하고, '경제개발 계획의 목적에 사용하기 위한 신규 차관을 제공한다'는 조항에 따라 한국 경제개발에서 수출이 핵심 축으로 부상하게 된다. 이에 베트남전에 본격적으로 참여하기 시작한 1967년부터 1970년까지의 수출은 매년 40% 이상 초고속 성장을 거듭한다. 게다가 이때 "한국이 탄약 생산을 늘리는 데 필요한 자재를 제공한다"는 조항으로 노동집약적 공업제품 위주의 정책에서 중화학 공업화 정책으로 전환하는 변화가 일어난다. 이에 따라 한국은 1970년대 초부터 소총을 생산할 수 있게 되었고, 군수산업의 진흥은 중화학 공업화 정책으로 변모된다. 또한 "베트남에서 실시되는 각종 건설, 구호 등 제반 사업에 한국인 업자들을 참여시킨다"는 조항 덕분에 건설 산업이 육성되었고 이는 1970년대 오일 쇼크 이후 한국이 중동 국가들의 건설 산업에 뛰어들 수 있는 기반이 되었다. 베트남전 참전이 한국 경제 도약에 밝은 빛이 된 셈이다.

눈에 보이고 즉각적인 효과 또한 커서 항공편으로 해외에 나가는 한국인이 비약적으로 증가하게 된다. 파병 군인은 물론 일자리를 얻은 일반인들이 단체로 공항을 출입하는 일이 빈번해진 것이다. 인력진출이 최대였던 1969년 인력은 1만 5,500명 이상, 기업은 최고 79개가 진출했는데, 한진그룹은 당시 미군 군수물자를 실어 나르는 수송업에서 항공산업까지 확장해 지금의 대한항공이 되었다.

100만 달러의 수출도 놀라웠던 그 시기에 수출 금액의 단위가 달라졌고, 군인과 근로자의 봉급, 기업의 현지사업 이익 등을 합쳐 10억 달러의 현금이 국내로 유입되었다. 군사정변부터 껄끄러웠던 박정희 정부와 미국과의 관계가 개선된 것은 당연하다.

하지만 여타의 역사적 사건들과 마찬가지로 베트남전 참전에도 어두운 그늘이 있다. 파병된 한국군의 전사와 같은 상당한 희생이 따랐고 생환한 장병들도 고엽제 피해로 육체적 고통을 겪거나 전쟁을 치른

맹호부대 파월 제1진 출발 전 장병

자로서 마음에 남은 상처를 가지고 평생을 살아가고 있다. 그들은 전
쟁에 뛰어든 이상 베트남인을 죽일 수밖에 없었는데, 당시 한국군은
정규군 차림이 아닌 민간인으로 위장한 적군뿐만 아니라 아홉 살짜리
꼬마의 호주머니 속에 수류탄이 들어 있고 어린아이를 업은 여성의 옷
속에 권총이 숨겨져 있는 상황들과도 싸워야 했다. 그래서 '베트남 양
민 학살'이라는 어쩔 수 없는 무거운 짐을 지게 된 것이다.

　게다가 전통적으로 명예를 중시해온 한국 사람들에게 '미국의 용병
국가'라는 이미지를 가지게 한 베트남전 참전은 국가의 위신과 관련되
어 불편한 문제가 되었다. 참전비용을 미국이 부담하고 심지어 한국

군의 전투수당도 미국이 지불한다는 브라운 각서의 내용이 공개되었을 때 국제적으로도 많은 논란이 일어났을 정도였기 때문에 더욱 그러했다.

베트남 파병은 이후 남북관계에도 많은 영향을 미친다. 미국이 베트남전에 개입하자 북한은 위기감을 느끼며 한국 파병에 부담을 주기 위해 한반도에서 긴장을 고조시키는 일련의 정책을 실시한다. 박정희 정부 역시 북한에 대해 강경한 입장을 견지하면서 1967년 이후 한반도에서 위기가 고조되었고, 이듬해 연쇄적으로 표출된 위기는 영화 〈실미도〉의 배경이 되기도 했다.

그동안 한국 대통령들이 보인 베트남 전쟁에 대한 미안함의 표현은 양국의 동반자적 관계를 인정하는 자세일 것이다. 제대로 된 역사나 사죄의 태도를 배우지도 갖지도 못하는 일본과는 다른 길을 선택했다는 의미이기도 하다. 또한 그와 동시에 당시 참전의 아픈 경험에 청춘을 바치고 아직도 후유증으로 고통받는 베트남전 참전 용사인 우리들의 아버지와 할아버지를 향해 감사 표현 역시 잘 하고 있는지 생각해 보게 된다. 그들의 희생이 없었다면 지금 우리가 당연히 누리는 모든 환경들이 아예 존재조차 못 했을지도 모르니 말이다.

065

미니스커트와 장발

짧아서 문제? 길어도 문제!

1967년

3공화국 출범 후 4년이 지나고, 6대 대통령 선거에서 공화당의 박정희와 신민당의 윤보선이 맞붙어 박정희가 재선되는 1967년, 한국 여성의 복식사에 역사적인 일이 일어난다.

3월에 디자이너 박윤정이 세종호텔에서 패션쇼를 열었는데, 미국에서 활동하다가 귀국한 가수 윤복희가 당시로서는 드물게 가늘고 곧은 다리를 선보이며 '미니스커트'를 주제로 열렸던 그 패션쇼에 모델로 섰던 것이다. 그 후 그녀는 앨범 재킷에도 미니스커트를 입은 사진을 실었다. 이것이 한국에 미니스커트가 알려진 순간으로 그녀는 한국의 '미니스커트 1호'라는 상징이 되었다.

1966년 영국의 디자이너 메리 퀀트가 발표한 뒤 전 세계에 선풍적인 인기와 유행을 몰고 온 미니스커트는 오늘날까지도 그 인기가 여전하다. 미니스커트가 나온 뒤 '신사의 나라' 영국에서는 미풍양속을 해친다는 항의가 빗발쳤지만 그것도 잠깐, 곧 영국 전역은 물론이고 전 세계가 미니스커트에 열광한다. 퀸트는 미니스커트로 엘리자베스 여왕에게서 훈장을 받기까지 한다.

사실 많은 사람들에게는 미니스커트를 입고 비행기 트랩에서 내려오는 윤복희의 모습이 익숙하지만, 그 장면은 1996년 한 기업의 PR용으로 만든 CF의 일부라고 한다. 그녀가 실제 귀국할 당시인 것처럼 대역을 써 상황을 구성한 일종의 '가짜 다큐멘터리'인 것이다. 그 광고는 "이 땅에 미니스커트 1호가 나타났을 때, 그녀가 입었던 것은 옷이 아니었습니다. 새로운 세계였습니다"라는 광고문구로 그녀의 도전정신을 나타내며 기업정신을 광고했다. 이후 일부 매체와 책에서 '윤복희가 미니스커트를 입고 왔다'는 식의 표현이 나타나기 시작하면서 CF 장면이 '실제'인 것처럼 변화되었다. 사실 윤복희가 입국했던 때는 한겨울이었고, 그녀는 새벽 2시 털 코트에 장화 차림으로 직접 짐을 꺼내며 비행기에서 내렸다고 한다.

후대에 이렇게 웃지 못할 이야기를 만들어내며 한국에 들어온 미니스커트는 이를 입지 않으면 촌뜨기로 취급받을 정도로 여성들 사이에서 대유행했다. 곧 '마이크로 미니스커트'까지 등장했고 '롱부츠'까지 더해지며 그 열풍은 대단했다. 그동안 치렁치렁한 긴치마나 월남치마를 입던 한국 여성들은 미니스커트를 입으며 자유와 해방감을 만끽했다. 한국 사회와 보수적인 남자들이 풍기문란을 이유로 착용을 제재

하기도 하면서, 미니스커트는
정조를 여성의 최고 가치로
여겼던 전통적 인습과 싸워
승리하는 상징이 되어갔다.

이처럼 여성에게 미니스커
트가 했던 역할을 남성에게는
장발이 담당했다. 1960년대
말 경제 위기를 이겨낸다는
명목으로 정부는 정신 훈련과
개조에 중점을 두기 시작했
다. 이를 위해 주민등록을 신

미니스커트 단속 포스터

고하지 않을 경우 처벌 강화를 주 내용으로 하는 주민등록법 개정이
이루어졌고, 1968년 11월 박정희 대통령에게 제1호 주민등록증이 부
여되었다. 정부가 「국민교육헌장」을 발표해 국가주의를 강제한 것도
이해 12월부터다.

한국사 교과서를 국정으로 발행하고 이순신 장군과 이승복 어린이
동상을 곳곳에 세우는 등 각종 통제와 규제가 강화되어가던 1970년대
초반, 당시 전 세계적으로 번지며 인기를 끌던 히피문화가 팝음악과
함께 한국에 들어온다. 그와 함께 장발과 통기타 그리고 일명 '빡바지'
라 불린 청바지와 티셔츠가 한국 젊은이들 사이에서 기성세대에 대한
저항을 표현하는 수단이자 자유의 상징으로 크게 유행하게 된다. 그

러자 정부는 단속을 시작하는데, 심지어 주말을 맞아 기타를 메고 교외로 놀러가는 젊은이들을 '풍기문란'이라는 이유를 들어 청량리역에 기타를 맡겨놓고 가게 할 정도였다.

이때부터 정부는 미니스커트와 장발을 대표적인 퇴폐풍조로 규정하며, 미풍양속을 보호한다는 명분으로 단속하기 시작했다. 1973년에는 경범죄처벌법이 개정되면서 무릎 위 20cm가 저속한 옷차림의 커트라인이 된다. 미니스커트는 단속의 대상이 되어 구류(1~29일 동안 경찰서 유치장 또는 교도소에 구금) 또는 과료(벌금 징수)의 처벌을 받았다. 경찰이 자를 들고 다니며 여성들의 치마길이를 재는 진풍경이 연출되었다. 가위를 든 경찰은 장발도 단속했다. 남녀 성별을 구별할 수 없을 정도의 긴 머리, 옆머리가 귀를 덮거나 뒤 머리카락이 옷깃을 덮는 머리, 파마 또는 여성스러운 단발머리로 적발되면 경찰서로 연행되어 머리를 깎겠다는 각서를 쓰거나 구내 이발관에서 깎은 후 풀려났고, 머리를 깎지 않고 버틸 경우 즉결 재판에 넘겨지기도 했다.

1970년대 TV에 장발인 사람의 출연조차 금지시켰던 한국 정부는 1980년에 가서야 장발 단속이 잘못됐음을 시인하며 내무부장관이 장발 단속을 멈추라고 지시한다. 장발은 전염병이 아닌 이상 개인의 자유와 관련된 문제였고 이를 국가가 간섭하는 것은 개인의 사생활 침해라는 인식이 대두되었기 때문이다. 미니스커트와 관련해 저속한 옷차림을 규정한 조항은 곧 사문화되었지만, 단속 조항 자체는 놀랍게도 올림픽이 열렸던 1988년 12월 31일까지 존속한다.

066

재벌 형성과 삼성전자
성장을 위한 선, 분배를 위한 악
1969년

1945년 8월 15일 패망한 일본인이 도망치듯 떠나며 남기고 간 그들의 재산은 당시 남한 총 자산의 80% 이상에 달했다. 미 군정청은 광복 당시 총 29만 4,167건의 귀속 재산 중 일부는 해체하고 513개 기업체를 포함한 2,258건의 귀속재산을 불하한 뒤 나머지는 대한민국 정부에 이양했다. 그리고 이는 1949년 귀속재산처리법이 제정되면서 불하되기 시작했다. 여기에 연고자 우선권이 적용되었음에도 당시 대부분의 귀속업체는 정치권력과 밀착된 특정인, 혹은 수의계약을 통해 연고가 전혀 없는 사람들의 차지가 된다. 원가에 못 미치는 저렴한 가격에 극심한 인플레이션 상황에서 장기분할 납부가 허용되면서 실시된 불하는 거의 무상에 가까웠고 그 대금도 특혜 융자를 허용했기 때문에, 귀속재산 불하는 한국 재벌 형성의 중요한 물질적 토대가 된 셈이다.

당시 한국의 공업화는 원조로 도입된 원료를 가공해 파는 이른바 삼백산업(면화, 설탕, 밀가루)을 중심으로 진행되었다. 원조물자는 '실수요자 배정 원칙'에 따라 시설을 보유한 업자에게 들어갔는데, 이에 적용된 공정 환율은 실제 시장 환율과 2배 정도나 차이가 났기 때문에 원조물자를 불하받은 기업은 폭리를 보장받은 것과 같았다. 이때 원조물자를 받은 기업가들은 귀속사업체를 불하받았거나 전쟁 후 극심한 물가 인상 속에서 부를 축적한 사람들이었다. 1950년대 활동했던 50대 기업 중 귀속재산을 불하받은 기업은 13개에 달했고 귀속재산으로 부를 축적한 그들은 원조물자를 통해 다시 부를 축적했다. 결국 이들은 1960년대 이후 경제개발 과정에서 형성된 재벌의 모태가 되었다.

1938년 대구에서 자본금 3만 원으로 삼성상회를 세우고 능금과 건어물을 취급해오던 이병철은 서울에 삼성물산공사를 설립(1948)하고 무역업에 뛰어든다. 1947년부터 마카오를 통한 중계 무역, 이어 홍콩과의 무역이 본격화되고 텅스텐, 망간 등을 수출하는 대신 페니실린, 사카린, 시계, 생고무 등을 수입하는 무역이 활기를 띠면서 화신무역의 박흥식을 선두로 많은 기업이 무역업을 시작했다. 삼성상회는 1950년 국내 무역업계 1위로 올라설 만큼 사업이 번창했고, 이후 상호를 삼성물산주식회사로 변경(1951)한다. 이후 모기업인 삼성물산을 기반으로 삼아, 무역업뿐만 아니라 내수 시장을 중심으로 한 다른 업종에도 진출을 꾀해 제일제당(1953), 제일모직(1954)을 세우고 안국화재

(1958, 삼성화재)를 인수한다.

한편 5·16 군사정변 세력은 '부정부패 일소'라는 혁명공약대로 대기업 간부들을 체포했다. 당시 도쿄에 있었던 이병철은 체포를 면했지만 현지에서 "모든 재산을 국가에 헌납한다"는 성명을 발표했다. 그러나 많은 이들의 예상과는 달리 박정희는 귀국하는 이병철을 만나 그의 의견을 경청했고, 부정축재 처벌보다 경제재건에 활용해달라는 건의를 수락해 기업인들을 석방한다. 이들의 부정축재 재산을 경제개발계획을 위한 전략적 산업 분야에 투자한다는 조건으로 준 면죄부는 이후 공업단지 건설의 배경이 된다.

삼성은 동화백화점(1963, 신세계백화점), 동방생명(1963, 삼성생명), 한국비료(1964), 동양방송(1964), 중앙일보(1965), 새한제지(1965, 전주제지) 등 각종 사업에 투자하며 그룹의 면모를 일신했고, 수원의 대규모 부지를 매입해 삼성전자공업(삼성전자)을 건설했다(1969.1.). 당시 금성사(LG전자)와 대한전선(대우그룹에 불하)이 이끌고 있던 가전업계에서 삼성은 후발주자였기 때문에 1970년 흑백 TV와 선풍기를 첫 번째 상품으로 출시하면서도 몇 년간 적자를 면하지 못했다. 그러다 1975년, 세계에서 세 번째로 '이코노 TV'를 출시하면서 전세를 역전시키는 데 성공한다. 당시 TV는 전원을 켜고 20~30초간 예열 후 화면이 나타나는 형태였는데, 이코노 TV는 바로 화면이 뜨는 것으로 미국에서 선풍적인 인기를 끌어 삼성에게 효자 상품이 되었다.

삼성전자가 가전 분야 선두주자인 금성사를 이기고 신흥 강자로 부

삼성상회

상할 즈음인 1983년, 미국과 일본에 이어 세계 세 번째로 64K D램을 개발하면서 반도체 사업에 본격 진출한다. 삼성전자를 글로벌 회사로 만든 건 바로 이 반도체였다.

지금의 삼성전자로 명칭을 변경(1984)한 삼성전자공업은 1990년대에는 반도체 산업 이외에 휴대전화기기, LCD, LED TV 등 첨단 디지털 가전으로 사업 영역을 확대해, 2010년 이후로는 안드로이드 스마트폰 분야에서 확고한 세계 1위 기업 자리를 굳혔고, 반도체에서도 인텔을 꺾고 1위가 된다. 삼성전자가 세계 최대 전자회사로 처음 등극한 2010년에는 매출 153조 원을 돌파하였고, 이후 2017년 12월 말 매출액으로 239조 5,753억 7,600만 원을 기록했다. 이는 같은 해 우리나라 정부예산 400.7조 원의 절반을 훨씬 웃도는 수치라고 하니 한국 경제에서 그들이 차지하는 위치가 어느 정도인지 가늠해볼 수 있을 것이다.

성장과 분배라는 가치 사이의 단골 주제 '재벌' 그리고 그 선두주자 '삼성', 때로는 한국인의 자부심으로 느끼게 하면서도 한편으로는 그 아성에 대한 견제의 필요성을 느끼게 만드는, 한국의 경제발전 모습을 그 역사에 집약적으로 담고 있는 존재인 듯하다.

067

주택복권과 와우아파트 붕괴

내 집 마련, 그 꿈을 위하여
1970년

"준비하시고 쏘세요!"

주택복권을 추첨할 때 아나운서가 외쳤던 구호는 주택복권 추첨의 상징이었다. 아직도 많은 사람들이 기억하고 있는 주택복권 추첨은 번호가 적힌 원형 회전판의 숫자를 화살로 맞춰 당첨 번호를 결정했다. 지금도 버라이어티 쇼에서 일명 '복불복'을 진행하며 사용하기도 한다. 1969년 9월 15일 발행이 시작된 주택복권은 마지막 회차인 1,473회(2006.3.26.)까지 서민들에게 '내 집 마련'의 꿈을 이루는 기회를 주었다.

인구에 비해 국토가 좁은 우리나라는 집이 언제나 부족했다. 광복 이후 일본식 '다다미' 집이 사라지고 온돌이 돌아왔지만 집이 없어 1년에도 몇 번씩 이사하는 사람들이 대다수였다. 북에서의 월남민과 만주나 일본과 같은 해외 동포들의 귀국으로 광복 후 주택사정은 더 어려워졌다. 서울 후암동, 이태원 일대에 판자촌과 천막촌이 들어서면서 '해방촌'이 만들어진 것이 이 즈음이다. 한국전쟁으로 주택 부족은 더욱 심해져 당시 서울의 집 한 채에 평균 8인 정도가 살았다고 한다.

전쟁 후부터 1956년까지 서민들의 선망의 대상이 된 재건주택과 복구주택, 외인주택이 들어섰고, 1960년대 후반까지 소규모 주택인 민영주택도 들어섰다. 이와 함께 1958년 17평 규모의 종암아파트 건설이 시작되며 아파트 시대의 개막을 알렸는데, 이승만 대통령이 준공식에 직접 참석해 전국적으로 화제가 되기도 했다. 대단지 아파트, 거실과 베란다를 도입한 아파트, 시민아파트 등 1970년대 초반까지 아파트는 계속 늘며 주택난 해소에 많은 도움이 되었다. 이 외에도 도심 재개발 사업으로 세운상가 아파트, 낙원상가 아파트, 대왕상가 아파트 같은 복합 건물이 생기기도 했다.

주택복권 판매는 주택은행이 무주택 군경 유가족이나 국가 유공자, 베트남 파병 장병의 주택자금을 마련하려는 취지에서 시작하였다. 복권 한 매를 100원에 판매했는데 1등은 당첨금이 300만 원, 2등이 100만 원이었다. 발매 기간도 2주로 지금의 복권 추첨 주기와 달랐다. 한자 복(福)자 문양 디자인은 지금의 로또나 토토 등 복권을 사는 사람들의 마음처럼 대박이나 인생역전을 누리기 위한 것이 아닌 복권을 사서 남을 도우면 복을 받을 것이라는 메시지를 담고 있었다. 당시 주택복권의 선전 문구가 "집 없는 분 도와주고 복 받으세요"였고, 설날에 현금 대신 복권을 세뱃돈으로 주었다는 기사가 신문에 자주 등장한 것 역시 사행성 조장보다 좋은 일을 하며 복을 기원하는 주택복권의 의미를 보여준다.

1970년 당시 한국인의 내 집 마련에 대한 열망과 주택 보급에 대한 성급한 정책 추진이 낳은 참사가 서울 한복판에서 일어난다. '불도저 시장'이라고 불렸던 김현옥 서울시장을 시장직에서 물러나게 한 사건, 와우아파트 붕괴 사건이다. 와우아파트는 서울시가 마포구 창전동 와우산 일대에 건설한 시민아파트였다. 1969년 6월 착공해 6개월 만인 12월에 준공했는데 준공 4개월 만인 1970년 4월 8일 오전 6시 40분경 아파트 한 동이 무너져 사망 33명, 부상 38명의 인명피해가 일어난 것이다. 거기에 무너진 아파트 잔해가 아파트 아래에 있던 판잣집을 덮쳐 판잣집에서 잠을 자던 1명이 사망했고 2명은 부상을 입는 등 총 사망자 34명, 부상자 40명을 낸 참사였다.

와우아파트는 70도 경사진 산비탈에 위치하고 계곡을 끼고 있음에도 이와는 상관없이 건설되었다. 아파트 뒤쪽만을 암반 위에 얹고 아파트 무게의 3/4을 차지하는 앞쪽에는 기둥 7개만 박아서 기초를 삼았는데, 그나마도 19mm 철근 70개씩이 들어가도록 되어 있는 기둥 하나에 5개 정도씩밖에 쓰지 않았다. 건설 허가를 따내기 위해 쓴 뇌물 때문에 공사자재를 아껴야 했기 때문이다. 콘크리트에도 시멘트를 넣는 시늉만 해 콘크리트라기보다 모래와 자갈 반죽에 가까웠고, 반

와우아파트 붕괴 현장

죽할 때의 물도 불순물이 많은 하수도 물을 썼다. 기둥의 깊이도 2m 밖에 되지 않는, 암반이 아닌 부토 위에 세워진 아파트였다. 그동안 버텼던 것이 신기할 정도였다. 결국 해빙기인 4월 지층이 내려앉으며 일어난 사고는 안전하고 완벽한 공사보다 아파트를 한 채라도 더 늘리겠다는 의욕으로 이미 예견되어 있었던 것이다. 김 시장은 '피와 눈물이 어린 충정으로 사과한다'는 사과문을 동아일보 1970년 4월 9일

자에 광고로 낸 뒤 시장직에서 물러났다. 이후 와우아파트는 철거되었고, 철거 부지는 녹지 공간인 와우공원으로 조성되었다.

　와우아파트 사건 이후 시민아파트 전체에 대한 안전도 검사가 실시되면서 그 허술함이 만천하에 드러난다. 그 결과 1971~1977년에 세워진 시민아파트 중 101동이 철거되었고 철거비용만 447동 건립비용에 거의 맞먹는 50억 700만 원이 소요된다. 하지만 이러한 충격적 사건과 일련의 사태에도 불구하고 한국 건설업계의 부실 공사 관행은 쉽게 고쳐지지 않았다. 그리고 이는 성수대교(1994)와 삼풍백화점 붕괴(1995) 참사로 또 한 번 민낯을 드러내게 된다. 심지어 삼풍백화점 붕괴 후 전 삼풍건설그룹 회장 이준이 조사를 받으면서 떳떳하게 기자를 향해 "이보쇼 기자 양반! 백화점이 무너졌다는 것은 다시 말해서 손님들에게도 피해가 가는 것이지만 우리 회사의 재산도 망가지는 거야!"라고 한 발언은 한국 건설업계의 그늘이 얼마나 어두운지 보여주는 듯했다.

　부실함의 위에 위태하게 세워졌으나 겉은 그럴 듯하고 화려하게 보이는 건물들은 마치 한국 경제개발의 한 단면을 보여주는 것 같아 씁쓸하다. 하지만 그런 아픔들을 겪으며 배우는 것은 한국이 '빨리빨리 많이많이'보다는 '느리지만 다 같이 오래' 가는 것에 의미를 두는 사회로 성숙해가고 있는 과정의 일부이리라 믿고 싶다.

068

새마을운동

새벽종이 울렸네 새 아침이 밝았네

1970년

"새벽종이 울렸네 새아침이 밝았네/ 너도 나도 일어나 새마을을 가꾸세.

초가집도 없애고 마을길도 넓히고 푸른 동산 만들어/ 알뜰살뜰 다듬세.

서로서로 도와서 땀 흘려서 일하고 소득증대 힘써서/ 부자마을 만드세.

우리 모두 굳세게 싸우면서 일하고 일하면서 싸워서/ 새 조국을 만드세.

살기 좋은 내 마을 우리 힘으로 만드세." - 새마을 노래

새마을운동은 박정희에게 매우 특별했다. 자신이 발제해서 시작했을 뿐 아니라, 스스로 새마을 지도자를 자처하면서 새마을 정신을 고취하는 노래 가사를 직접 쓰기도 했다. 그는 자신이 경제 발전만이 아닌 근면, 자조, 협동이라는 범국민적 의식개혁운동의 중심에 있다고 생각했다.

1970년 4월 22일 지방장관회의에서 박정희가 넓은 의미의 농촌재건을 위한 마을 가꾸기 사업을 제창하고 이를 '새마을 가꾸기 운동'으로 부르기 시작한 데서 새마을운동은 시작되었다. 이듬해 정부는 전국 3만 3,267개 리와 동에 시멘트 335포대씩을 균일하게 무상으로 지원하며 각 마을마다 원하는 사업을 하게 했다. 이에 자체 노력과 자금을 투입해 마을의 숙원사업을 해낸 경우에만 시멘트 500포대와 철근 1톤씩을 이후에 더 무상공급하며 자발적 협동 노력을 장려한다. 이 같은 정부 주도의 후원과 마을의 노력으로 농촌의 모습은 많이 변화한다. 정부가 보조한 시멘트와 철근에 농민의 노동력이 더해지면서 마을 길 넓히기, 작은 하천 가꾸기, 지붕 개량, 공동 우물 만들기 사업이 추진되었고,

맥도리 새마을 준공식

초가지붕이 페인트로 예쁘게 단장한 슬레이트 지붕으로 바뀌거나 전화와 텔레비전이 농가에 들어오는 등 소비 수준도 높아졌다.

하지만 그 점이 새마을운동의 한계이기도 했다. 농촌 주민들의 소득과 생활수준을 실질적으로 향상시키기보다 주택 지붕 개량이나 도로 확장 등과 같은 드러나는 성과에 치중했기 때문이다. 게다가 정부는 소득 부진의 원인을 농촌 주민의 의식에서 찾고 그들에게 책임을 전가시키고자 했다. 새마을운동을 추진한 관료들은 농촌이 못사는 이유를 농민의 게으름 때문이라고 간주하면서 새마을운동을 '빈곤'과 '나태한' 생활에 대한 도전으로 정의했다. 하지만 당시 농민들은 한국에서 가장 부지런한 사람들이었을 것이다. 보릿고개를 넘으면서 자식들을 먹이고 교육시켜야 했던 그들은 게으를 수 없었다. 이른 새벽부터 하루 종일 논밭에서 피땀 흘려 일해야 했고, 그래도 빈곤한 삶이 이어졌다.

농민들의 나태한 천성이 아닌 '저곡가정책' 중심의 농업과 농민들의 희생을 기반으로 한 공업 중심 성장 제일주의가 농촌 빈곤의 주원인이었다. 그럼에도 낙후 책임을 농민들 스스로에게 전가시켜 의식개혁 운동을 정당화하고자 한 것이다. 이후 도시로 확대된 공장 새마을운동에서도 마찬가지다. "종업원을 가족처럼, 공장 일을 내 일처럼"이라는 구호에서 알 수 있듯이, 회사를 가족과 같은 공동운명체라고 강조하면서 근로자들에게 협조주의를 강요했고, 또 '에너지 절감, 물자 절약, 원가 절감, 생산성 향상'을 표어로 삼아 노동생산성 향상만을 추진했다.

또한 새마을운동은 1969년의 3선 개헌, 1971년의 대통령선거와 비상사태 선포, 그리고 1972년 유신체제와 같은 독재정권의 형성과정과 함께 진행되면서 변질된다. 운동의 성격이 '잘살기 운동'에서 '정신 운동'으로 바뀌어갔고, 올바른 정신을 강조하는 운동은 농촌만이 아닌 도시를 포함한 학교와 직장, 군대 내무반에까지 확대된다. 결국 자발적 자조운동이 유신정치와 결합, 정권의 정치운동으로 변하면서 순수성이 크게 훼손된 것이다. 외국의 높은 평가에도 불구하고 국내에서 저평가되는 이유다. 게다가 후임 대통령 전두환이 동생 전경환에게 이를 맡기면서 기능적으로나 도덕적으로 그 가치를 잃게 된다.

하지만 정치적 의미가 어떠하든 새마을운동은 박정희의 철저한 조국근대화 정신의 소산인 것만은 사실이다. 그리고 그것은 1970년대 한국의 놀라운 경제발전을 뒷받침해준 정신적인 힘이었다. 세계적으로도 농촌 개발의 좋은 사례로 평가받아 아프리카의 빈곤 지역에서 이 운동을 본 딴 지역 개발 운동이 이루어지고 있으니, 이것이 새마을운동에 대한 객관적인 평가일 것이다.

069 | 포항제철(POSCO)과 경부고속도로

한국 경제의 틀, 새로 짜여지다

1970년

　　　　포항제철과 경부고속도로 건설은 박정희 시대 경제를 대표하는 상징적인 사업으로 손꼽힌다. 박정희 대통령이 국내외 지식인과 전문가들의 맹렬한 반대를 무릅쓰고 추진해 성사시킨 제철사업과 고속도로 건설로 한국 경제의 틀은 완전히 탈바꿈한다.

　박정희는 집권 직후부터 직간접적으로 제철사업을 추진했다. 군사정변 직후인 1962년 '한국종합제철주식회사'를 설립하게 했지만 한국의 제철사업은 불가능하다고 본 미국의 반대로 무산된다. 그러자 1965년 자금확보가 우선이라고 판단해 대한국제제철차관단(KISA)를 설립, 국제적 기업 18개로 구성한 국제차관단을 통해 투자 유치를 벌이려고 계획하지만, 두 번째 시도도 실패한다. 세계은행뿐 아니라 영국, 미국, 서독, 프랑스, 이탈리아 등 차관교섭을 벌인 어느 나라도 동조해주지 않았기 때문이다. 한국은 감당할 능력이 없다는 것이 공통 의견이었고, 인도, 터키, 멕시코, 브라질 등이 100만 톤 규모의 제철사업을 벌였으나 성공하지 못한 것이 선례가 되었다. 서방에서의 제철사업 자금 마련이 불가능해진 박정희에게 남은 선택은 일본이었지만 1968년 일본 또한 "일본에서 철을 국제가격으로 수입해서 쓰는 것이 한국경제를 위해서라도 바람직하다"며 반대한다. 세 번째 시도도 실패한 것이다.

결국 정부는 일본의 청구권자금을 사용해야 했고 농업용수개발이나 농업기계화 등으로 사용처가 제한되었던 용도를 제철소 건설로 변경하기 위해 일본을 설득한다. 그 결과 모두 1억 1,948만 달러의 청구권자금을 포항제철 건설에 동원할 수 있었다. 청구권자금의 24%를 제철소사업에 사용한 셈이다. 박태준은 일본 철강사들을 방문해 건설자금은 물론이고 도면 설계부터 기술까지 도움을 끌어냈고, 수많은 일본인 기술자가 현장 인력이나 기술고문의 형태로 포항제철 건설에 힘을 보태게 된다.

1970년 4월에 착공한 103만 톤 규모의 포항제철 본 공장은 1973년 7월에 준공되었고 포항제철의 고로쇠에 쇳물이 처음 흐르던 날, 현장에서 작업복 차림에 헬멧을 쓰고 만세를 부른 사람들 중에는 당시 일본 후지제철과 야하타제철 사람들도 있었다. 정부는 이후 공장 유지를 위한 사회간접자본 일체를 정부예산을 사용해 건설했으며 포항제철의 이자 부담을 덜어주기 위해 은행대출금을 모두 주식으로 전환시켜 회계상의 이익을 만들어주었다. 은행이 10년 동안 배당금을 한 푼도 받지 못한 것은 당연했고 이렇게 포항제철은 건설되었다.

경부고속도로 건설도 박정희의 결심 없이는 어려운 일이었다. 광복 직후 한국의 도로는 총 2만 4,031km였는데, 그나마 5,263km의 국도 가운데 포장된 도로는 746.4km에 불과했다. 일제의 수탈을 위한 건설이 한국 도로의 시작이었고 한국전쟁을 거치며 그마저도 황폐해졌다. 당시 서울과 부산을 오가는 가장 빠른 방법은 12시간 걸리던 경부선 철도를 이용하는 것이었다. 이런 때에 서울과 부산을 5시간 내로 달릴 수 있는 경부고속도로 건설은 공사의 성공 여부를 떠나 실로 단군 이래 최대의 프로젝트였다.

경부고속도로 건설 구상이 밝혀지자 포항제철 건설 때와 마찬가지로 국내 언론과 국제기구 전문가들의 반대는 극렬했다. 야당 지도자들은 "자가용 부자들의 전용도로 건설을 위해 쌀농사를 둘러엎고, 혈세를 낭비하려 한다"라며 대통령을 비난했고 '정치적 쇼'로 여겼다. 정부 예산이 1,500억 원 규모인 상황에서 전체 예산의 1/3이나 들여 고속도로를 건설한다는 것에 경제개발의 선봉에 서왔던 경제기획원이나 건설부도 반대했다. 국제기구 전문가들은 "설계나 기술적 지원은 몰라도 자금 지원은 할 수 없다"는 입장을 밝히며 고속도로 건설보다 기존 국도를 수리 확장하거나 남북 연결보다 동서 연결을 우선하라고 조언하기도 했다. 그럼에도 박정희는 계속 추진한다. 사실 박정희는 1964년 12월 뤼브케 대통령의 초청으로 서독을 방문해 전후 서독의

포항제철 2호기 화입식 전경

발전상을 보면서 큰 감명을 받았고, 아우토반을 달리면서 경부고속
도로 건설을 결심했다고 한다. 박정희는 그 당시 서독 관계자에게 아
우토반의 건설과 관리방법, 소요 비용과 건설 기간, 동원된 건설 장비
등을 세세히 물으며 구상에 이미 착수하고 있었다.

1967년 11월, 박정희는 정부 예산으로 감당하는 것을 원칙으로 하
고, 일부는 일본 청구권자금을 끌어 쓰게 하며 경부고속도로 건설을

시작했다. "전 부처 예산을 일괄적으로 5%씩 삭감해 고속도로 예산에 보태라"고 하면서 총 소요예산 확정, 노선결정, 심지어 용지매입 문제 등 모든 상황을 체크하고 진두지휘한다. 현대건설 회장 정주영의 회고는 당시 분위기를 짐작하게 한다.

"박정희 대통령은 침실 머리맡에 공사 진척 상황 표를 붙여놓고 매일 전화로 체크하면서 헬리콥터나 자동차로, 경호도 없이 혼자서 공사현장을 돌아보곤 했다. … 대통령은 시도 때도 없이, 한밤중이건 새벽이건 나를 불렀다. 식사도 함께 많이 했고, 막걸리도 많이 마셨다."

16개 업체의 시공사와 3개 건설공병단까지 참여한 마치 군사작전과 같았던 경부고속도로 건설에는 연인원 892만 8천 명과 165만 대의 장비가 투입되었고 77명의 안타까운 희생도 있었다. '한국의 아름다운 길 100선'에 꼽힌 경부고속도로 충북 옥천 구간은 평균 1.6km마다 터널을 뚫거나 다리를 세워야 하는 최대의 난공사 구간이었던 것으로 유명하다. 하루 종일 수백 명이 노력을 해도 불과 30cm밖에 뚫지 못하는 공사에 작업자들이 공사를 포기하고 달아날 정도였다고 한다. 당재터널(지금의 옥천터널) 공사를 끝으로 착공 2년 5개월 만인 1970년 7월 7일, 417km의 경부고속도로가 개통된다.

경부고속도로의 건설 소요비용 총 429억 원은 킬로미터당 1억 정도가 들어간 셈으로, 일본 고속도로 건설에 비하면 1/8 정도에 불과하다. 물론 저비용으로 서둘러 건설하는 바람에 날림 공사가 많아 개통 1년 만에 전 노선에 대한 덧씌우기 공사가 착수되었고 개통 후 10년 간 유지보수비용은 고속도로 건설비용을 넘는 수준이었으니 초고속 건설의 후유증은 사실 만만치 않기도 했다. 야당의 한 국회의원은 "경부고속도로가 누워 있으니 망정이지 서 있었다면 벌써 와우아파트처럼 무너졌을 것"이라고 표현하기도 했다. 또한 그 건설과정에서 절차의 민주성은 무시되었고 건설 이후 고속도로를 따른 영남권'만'의 발전과 부동산 가격 상승이라는 부정적 결과를 가져온 것 또한 간과할 수 없다.

그럼에도 개통 후 10년 뒤 동아일보가 '산업 대동맥 10년'이란 기사에서 "건설 초기 그 타당성 여부를 두고 국내는 물론 외국 기술진들마저 회의를 보여 상당한 논란을 벌였으나 10년이 지난 지금 논란이 있었다는 사실조차 어색할 지경이다"라고 재평가했던 것처럼 경부고속도로는 한국 경제의 대동맥이 되었다. 전국일일생활권이 만들어지고 자동차산업이 발전한 것은 물론이며 그를 기반으로 전국을 구석구석 누비는 고속도로들이 연이어 건설되면서 대한민국 경제는 비약적으로 발전했다. 그렇기에 그로부터 파생된 문제점은 그 건설의 혜택을 누리며 살고 있는 우리 세대들이 잘 감당하고 해결해, 다음 세대에게는 긍정적인 부분만을 물려주었으면 하는 바람이다.

070

여성근로자와 전태일

조 국 의 경 제 건 설 에 청 춘 을 바 치 고

1970년

　　　　　　　　1960년대의 한국은 국가부터 국민까지 모두 가난했던 절대적인 빈곤함으로 고달팠다. 21세기 현재 한국이 존재하는 이면에는 그런 배고픔과 아픔을 달래며 치열한 시기를 살았던 우리 윗세대들의 희생이 있었다. 당시는 남성들도 살기 힘들었던 시대였지만 여성들의 삶은 더 고단했다. 파독(서독파견) 간호사, 버스 안내양, 서울 구로공단의 여성 근로자들은 6,70년대 한국의 가장 밑바닥에서 경제성장을 뒷받침한 주역들이었다.

　1960년대 경제개발을 위한 자금을 끌어오기 위해 박정희 정부는 차관 형태로 돈을 빌리고자 했고 그를 위해 담보를 제공해야 했다. 국가가 너무 가난해 어느 나라도 믿고 돈을 빌려주려 하지 않았기 때문이다. 한국에 최초로 차관을 빌려준 국가는 서독이었는데, 한국은 광

부와 간호사를 서독에 파견하면서 그들의 임금을 담보로 차관을 제공받았다. 1963년 12월부터 파견된 광부는 섭씨 35도를 오르내리는 지하 1,000m 막장 안에서 하루 8시간 이상의 중노동을 했고, 영화 〈국제시장〉을 통해 널리 알려진 파독 간호사는 1977년까지 모두 1만 371명이 파견돼 시신 닦기 등 궂은일로 번 돈을 고국의 빈곤한 가족에게 보낸다. '코리안 에인절(Korean Angel)'이라는 별칭을 얻으면서 말이다. 1964년 12월에는 박정희·육영수 내외가 서독 광산에 방문했는데, 그들을 격려하며 "나라가 가난하여 여러분이 먼 타지에서 고생한다"고 한 연설이 울음바다를 만들 정도로 그렇게 서럽고 힘들던 외화벌이었다.

고속 성장의 이면에 있었던 버스 안내양들의 삶도 아프긴 마찬가지다. 버스 안내양은 버스에서 승객에게 하차지를 안내하고 승객에게서 버스 요금을 징수하거나 버스 출입문을 여닫던 역할을 했다. 1961년 시내버스와 고속버스 등에서 시작해서 1984년 버스에서 하차지 안내 방송이 나오고 승객이 버스 벨을 누르고 내리면서 사라진 직업이다. "오라이! 오라이!(영어 All Right!)" 하며 문을 치던 안내양들은 저임금, 장시간 노동, 성적 차별까지 참아내며 일했다. 하루 19시간씩 일하는 중에는 식사 시간도 따로 없어 20분 휴식 시간에 끼니까지 모두 해결해야 했다. 심지어 차비의 일부를 슬쩍했다는 의심을 받으면 이른바 '삥땅' 검사도 받았고, 입금액이 적으면 불시에 소지품 검사도 당하는 비인간적 대우를 받기도 했다. 이후 1990년대 SBS 〈기쁜 우리 토요일〉의 코너인 '영자의 전성시대'를 통해 "안 계시면 오라이~!"라는 유행

어가 인기를 끌면서 웃음을 주기도 했지만, 그 당시의 기사 제목들을
보면 이들이 얼마나 힘든 삶을 살았는지 알 수 있다.

"안내양의 하루, 버스에 매달린 고투 25시" – 동아일보(1977년 1월 19일 자)
"승차지옥 이대로 좋은가, 고달픈 안내양" – 동아일보(1978년 6월 2일 자)

 1964년 수출산업공업단지 개발조성법이 공포되면서 서울 영등포
구 구로동에 공업단지 공사가 시작된다. 1967년 1단지 완공 이후 이듬
해에는 2단지, 1973년에 3단지가 준공되었고 섬유, 의류, 봉제, 전기
전자, 가발, 잡화 같은 노동집약적 수출 기업들이 대거 입주했다. 자
원도, 기술도, 자본도 없었던 당시 한국 수준에서 택할 수 있었던 수
출 방법은 값싼 상품 생산이었다. 이를 위해서는 임금과 농산물 가격
이 낮아야 했고, 저임금으로 손쉽게 다룰 수 있는 노동력이 필요했다.
그래서 돈도 학벌도 없던 어린 여성들은 실밥과 먼지로 눈도 제대로
뜰 수 없는 작업장에서 하루 12시간 이상씩 일하며 청춘을 바치게 된
다. 당시 서울 인구 200만 명의 5%가 넘는 11만여 명이 구로공단에서
일했는데 근로자의 80%가 여성이었다고 한다. 그들이 만든 가발과 의
류, 잡화 같은 제품은 해외로 수출되었고 이는 1967년 3억 2천만 달러
였던 대한민국 수출액이 10년 만에 100억 달러를 달성하는 데 큰 기여
를 했다.
 1970년 기준 월급 2만 2천 원 중에서 사글세, 식비, 교통비를 빼면

손에 쥐는 돈은 너무 소액이었다. 그것을 모은 돈이 고향 집으로 가 남동생과 오빠의 대학 등록금이 되고 동생들의 끼니가 되었다. 그녀들을 비하하는 '여공'이나 '공순이'라는 표현들도 나왔지만, 이들은 2평 미만의 '벌집'에서 4~5명이 함께 살고 밤엔 야간학교에 다니면서 꿈을 키웠던 우리들의 엄마와 이모였다. "라면으로 보통 때워요"라는 뜻인 '라보때'라는 서글픈 말도 구로공단에서 시작됐다.

1960년대를 지나며 경기는 점차 좋아졌고 경제는 발전했지만, 근로자들의 삶은 저임금과 함께 작업환경을 비롯한 사회복지에서는 외면당하며 더욱 팍팍해져 갔다. 그리고 1970년 11월 13일 서울 평화시장의 재단사로 일하던 전태일의 분신은 이를 돌아보는 큰 계기가 되었다.

17세 때부터 평화시장 피복공장에서 일하던 전태일은 채광, 통풍시설이 없는 비좁은 작업장에서 최저생계비의 20%도 안 되는 저임금으로 하루 15시간 이상 중노동에 시달리는 동료들의 참상을 그냥 넘길 수 없었다. 그는 근로기준법을 연구하고 친목회를 통해 평화시장의 노동조건을 조사했다. 그 후 노동시간 단축, 주휴제 실시, 다락방 철폐, 환풍기 설치, 임금인상, 건강진단 실시 등을 내용으로 하는 요구조건을 노동청에 제출했다. 하지만 근로조건이 개선될 기미가 보이지 않자 "근로기준법을 준수하라, 우리는 기계가 아니다!"라고 절규하며 자신의 몸에 석유를 뿌려 불을 붙였다. 그의 죽음은 많은 사람들을 자각시켜 이후 민주노조가 결성되고 가톨릭농민회가 조직되는 계기가 되었다. 또한 당시 사회운동을 이끌던 대학생들이 민족, 민주화 문제

구로공단의 근로자들

와 함께 민중들의 생존권 문제에 관심을 가지는 계기가 되기도 했다.

현재의 발전 뒤에는 쪼그리고 앉아 하루 종일 공장에서 먼지를 먹으며 청춘을 바쳐 일하며 가족을 먹여 살렸던 엄마들이 있었음을 기억하는 것, 그리고 그들의 희생을 더 이상 볼 수 없어 자신의 목숨을 버리기까지 한 청년 전태일을 기억하는 것, 이제는 그런 일들이 당연하지 않도록 변화된 한국에 감사하면서도 세계 어디에선가 이런 일들이 벌어지고 있음에 개선을 요구하는 운동에 목소리와 행동을 더하는 우리가 되는 것, 이런 일들이 '산업역군'으로 불렸던 그분들에게 진 빚을 갚을 수 있는 방법이 아닐까.

071

7·4남북공동성명

남북한의, 최초의, 평화의, 대화의

1972년

1972년 7월 4일 서울과 평양에서 동시에 남북공동성명이 전격 발표되었다. 통일을 자주적으로 해결하고 평화적 방법으로 실현하며 민족적 대단결을 도모할 것을 3원칙으로 합의한 바탕 위에 상호 중상 비방 및 무력도발의 중지, 다방면에 걸친 교류의 실현, 남북 사이의 제반문제 해결을 위한 남북조절위원회 구성에 합의했다고 밝힌 것이다. 이것은 그야말로 광복 이후 최대의 뉴스로 남과 북은 물론 전 세계를 놀라게 했다. 당시 이를 접한 사람들은 통일이 곧 실현될 것처럼 느꼈고 일부 반공, 보수 세력은 두려움을 느끼기도 했다. 박정희 정권은 그동안 통일 운동 세력을 억압했을 뿐 아니라 통일 논의 자체도 철저하게 금지해왔고, 바로 몇 해 전까지만 해도 한반도에서는 전쟁 직전까지 갈 만큼 긴장이 고조되었기 때문에 더욱 놀라운 일이었다.

많은 사건들이 벌어진 1968년은 그야말로 남북 위기의 해라고 불릴 만했다. 31명의 북한 무장간첩들이 청와대 근처까지 넘어와서 경호대와 교전을 벌였고 한 명을 제외한 모두가 사살되는 일이 있었던

7·4남북공동성명 전문 보도

것이다. 생포된 김신조는 "내래 박정희의 목을 따러 왔수다"라고 해 국민을 경악시켰고 이는 '실미도' 부대가 탄생하는 배경이 된다. 미국의 정보수집함 푸에블로호가 북한 경비정에게 납치된 사건도 벌어진다. 이에 북한에서는 자국의 영해를 침범했음에 사과를 요구했고, 미국은 동해상에 핵 항공모함 엔터프라이즈호까지 배치했으며 박정희 정권은 하늘 길을 열어주었다. 미국은 북한과의 협상을 통해 푸에블로호의 군인들을 데려갔지만 일촉즉발의 위기였다. 거기에 울진삼척 무장공비 침투사건까지 일어난다. 100명이 넘는 간첩들이 몰려와 거점을 마련하려고 한 것이다. 이런 여러 일들로 전쟁 일보 직전까지 간 상황이었다.

그러던 중 1969년 7월 25일 발표된, 아시아 국가들은 국방 문제를 독자적으로 해결하라는 내용의 '괌 독트린' 일명 '닉슨 독트린'은 박정희 정부에 직접적인 충격을 주었다. 이는 1960년대 말 냉전체제 완화

를 보여주는 사건이었고 미국은 박정희 정권이 예상한 대로 주한미군 7사단 2만여 명을 철수, 베트남의 미군도 철수시킨다. 또한 중국의 유엔 가입, 이듬해 닉슨의 중국 방문 등으로 동서 화해의 분위기는 더욱 고조된다.

1970년 8월 15일 광복 25주년 경축사에서 박정희는 남한 측의 요구를 일정 정도 수용할 경우, "인도적 견지와 통일기반 조성에 기여할 수 있는, 인위적 장벽을 단계적으로 제거해나갈 수 있는 방안을 제시할 용의가 있다"고 북한에 제안하며 시류에 편승한다. 실제 실현 가능성은 낮았지만 당시 본격화된 데탕트로 남북관계에서 획기적인 진전이 이루어진 것이다.

그리고 1971년 이산가족을 찾기 위한 남북 간의 적십자 회담 제의와 비밀리에 정부 고위급 인사들이 상호 교환 방문을 하면서 남북관계는 급진전된다. 이후 발표된 7·4남북공동성명은 한국전쟁 이후 줄곧 적대적이었던 남북한이 처음으로 평화적인 대화를 통해 뜻을 모았다는 점에서 의미가 매우 컸다. 또한 남북한이 분단 27년 만에 처음으로 합의한 3대 원칙은 이후 남북한 사이에 이루어지는 모든 접촉과 대화의 기본지침이 되었다.

하지만 이 성명은 결과적으로 남북한 지도자들의 정권 안정을 위한 도구로 이용되면서 그 의미가 퇴색된다. 7·4남북공동성명의 흥분이 채 가시기도 전인 1972년 10월 박정희는 비상계엄령을 선포한다. '현행 헌법이 평화통일과 남북대화를 뒷받침할 수 없기 때문에 통일을 위한 것'이라고 정당화하면서 말이다. 결국 성명 직후 박정희 정부는 10월 유신을 선포하며 영구 집권을 시도했고 북한의 김일성도 사회주의 헌법을 공포한 뒤 주석의 자리에 올라 모든 권력을 독점한다. 이로써 폐쇄적이고 국민의 합의에 기반하지 않은 남북관계의 진전은 정권 유지에 이용될 소지만 있을 뿐 지속적일 수 없다는 교훈을 얻으며 한국은 '겨울공화국' 시대에 들어서게 된다.

072

유신체제

겨울공화국, 한국 민주주의를 얼리다

1972~1979년

박정희 정권은 1960년대 말 북한의 도발을 정권 유지에 이용했다. 1969년 9월 14일 새벽 2시, 국회 제3별관에 몰래 모여 국회의장의 사회로 찬성 122, 반대 0으로 2분 만에 통과시킨 일명 '3선 개헌'은 세 번의 대통령직 연임을 주 내용으로 하는 영구 집권을 향한 첫 걸음이었다. 북한이 도발을 일으키는 상황에서 안보와 경제성장을 지속시키기 위한 강력한 리더십의 필요성을 내세운 박정희는 1971년 7대 대선 후보로 출마했고, 이때 신민당 후보인 김대중이 박정희와 맞붙는다.

1971년 대선 당시 박정희는 김대중에 대해 큰 위협을 느끼진 않았다. 야당에서 페어플레이로 김영삼에 대한 김대중의 역전극이 펼쳐졌지만 1960년대 경제성장, 조직과 돈으로 박정희는 압도적 승리를 예상했다. 하지만 결과는 의외로 박빙의 승리였다. 불안정한 사회 분위기, 1969년의 외환위기와 1970년 와우아파트 붕괴 참사, 부정선거와 3선 개헌을 통한 박정희의 장기집권에 대한 불만 등이 표출된 것이다. 당시 백만의 인파가 모였던 장충단공원 유세장에서 40대 기수론의 선두주자였던 김대중은 이런 연설을 한다.

"만일 이번에 정권 교체를 하지 못한다면 이 나라를 박정희 씨가 영구 집권하는 총통의 시대가 올 겁니다."

그러자 박정희는 '이번이 마지막'이라고 거듭 강조하며 경제 개발의 지속적 추진을 공약으로 내건다. 이렇게 해서 박정희는 간신히 승리하지만 안정적인 집권에 불안을 느끼기 시작한다. 도시에서의 야당에 대한 압도적인 지지율과 대선 직후 치러진 8대 총선에서 야당이 약진했기 때문이다. 이에 박정희 정부와 여당은 1972년 10월 17일「대통령특별선언문」을 발표(이른바 '유신체제' 선포)하며 전국에 비상계엄을 선포하고 국회 해산, 정당 및 정치 활동 중지, 비상국무회의 설치 등의 비상조치 등을 단행했다. 명분은 평화통일 대비와 남북대화였지만 목표는 영구집권이었다. 10일 뒤「조국의 평화통일을 지향하는 헌법개정안」(이른바 유신헌법)을 공고, 11월 21일 국민투표로 확정한 뒤 12월 23일 통일주체국민회의 대통령 선거에 단독 출마, 제8대 대통령에 당선되며 유신체제가 출범한다. '겨울공화국'으로 불리는 4공화국의 시작이다.

유신헌법에는 1인 독재체제를 구축할 수 있는 제도적 장치들이 있었다. 대통령 임기는 6년으로 통일주체국민회의 대의원이 체육관에 모여 선출하는 방식이었다. 선거라는 형식은 있었지만 찬성률은 100%에 육박했다. 대통령에게는 긴급조치권, 국회해산권 등 초헌법적 권한이 부여되었는데, 특히 긴급조치권은 국가의 안녕을 위해 국정 전반에 걸쳐 긴급조치를 선포하고 해제할 수 있는 권리였다. 물론 이는 전적인 대통령의 판단에 맡겨졌고, 이를 통해 국민의 자유와 권리에 무제한의 제약을 가할 수 있었다. 대통령은 국회의원 정수의 3분의 1에 해당하는 국회의원 및 법관을 임명할 수 있어 입법부와 사법부 장악도 당연히 가능했다.

유신체제가 선포된 직후 이에 반대하는 움직임이 대두되자 박정희 정부는 1974년 1월 헌법개정논의를 금지하는 긴급조치 1호와 2호를 선포했고, 1975년 유신철폐운동에 대해 고려대 휴교령 및 군대 투입을 내용으로 하는 긴급조치 7호를 선포했다. 긴급조치 선포는 1975년 5월에 발표된 9호로 절정에 달했다. 유신헌법의 부정, 반대, 왜곡, 비방, 개정 및 폐기의 주장이나 청원, 선동 또는 이를 보도하는 행위를 일체 금지하고 위반자는 영장 없이 체포한다는 내용이었다. 이는 1979년 10월까지 4년 이상 지속되면서 국민의 기본권을 유린하고 연인원 8백 명에 달하는 학생과 지식인을 구속시켰다.

이런 상황에서, 3선 개헌 반대운동으로 시작된 민주화 운동은 박정희의 최대 정적인 김대중 납치사건을 계기로 본격화되기 시작한다. 대선 전후로 테러의 위협을 당했던 김대중은 일본으로 망명했고 미국과 일본 등지에서 유신 반대 운동을 전개하고 있었다. 그런데 그런 그가 1973년 8월 8일 도쿄 호텔에서 납치되었고 오사카 부근 바다에서 배에 실려 8월 11일경 한국 연안에 도착, 8월 13일 밤 10시경 서울 자택 앞에서 풀려나는 일이 발생한 것이다. 그 당시 일본은 침묵했고 정부는 갖가지 조사 결과를 발표했지만 결국 박정희 정부에 의해 이루어진 사건이었음이 후대에 밝혀지게 된다. 이 사건으로 박정희 정권은 외교적으로 큰 타격을 입었고 유신체제의 실체를 적나라하게 드러냈으며 민주화 운동은 본격화되었다.

김대중 납치사건 직후 1973년 10월 서울대 문리대에서 처음으로 반유신 시위가 일어난 이래 종교인, 재야 정치인을 중심으로 저항은 거세어졌고 1974년 학생들의 시위운동은 강도를 더해가기 시작한다. 그러자 국가는 국가보안법과 긴급조치권을 적용해 공산주의와 연계시키며 탄압했다. '민청학련'사건과 '인혁당재건위'사건을 조작한 정부는 특히 인혁당 주요인물들에 대해 1975년 4월 8일 사형선고를 확정한 뒤 불과 18시간 만인 4월 9일 사형을 전격집행, 사법사상 미증유의 일이 벌어져 스위스에 본부를 둔 국제법학자협회에서는 이 집행일을 '사법사상 암흑의 날'로 선포하기도 했다.

언론 자유를 위한 기자들의 활동도 활발해져 정부 강압에 의한 언론의 협조를 거부하고 대학생들의 시위를 보도할 수 있도록 할 것을 주장하기도 했다. 유신정부가 동아일보에 탄압을 집중하며 1974년 12월 16일부터 7개월간 동아일보에 광고를 싣지 못하도록 기업에 압력을 가하자 같은 해 12월 26일 자 동아일보 3면은 백지 상태로 발행되기도 했다. 이에 민주화 투쟁이 범국민적으로 확산되어 시민들이 반지를 팔아 격려 광고를 싣기도 했고 세계적 언론 단체들이 이에 항의하고 탄압 중지를 촉구하기도 했다. 하지만 결국 동아일보 사주가 정부 압력에 굴복해 114명의 기자를 해고함으로써 일단락된다.

1970년대 후반 유신체제에 반대하는 국민들의 운동은 더욱 거세어졌다. 긴급조치 9호로 침묵을 강요당했던 국민들이 서서히 일어나기 시작한다. 유신체제의 몰락은 1978년 총선에서 여당에 대한 야당의 승리를 통해 국민들의 반감을 표출하면서 출발했다. 막바지에 이른 1979년의 겨울공화국, 4월 'YH 여성 노동자 사건'이 그 본격적인 붕괴의 시작이다.

073 | 어린이대공원과 창경궁

놀이터, 한국인과 역사를 공유하다

1973년

"세계 최대의 어린이 공원을 개장케 한 우리의 지혜!" – 경향신문(1973년 5월 5일 자)

1973년 제51회 어린이날에 어린이대공원 개장을 축하하는 광고 문구다. 세계 최대라니 분명 과장이 섞였겠지만 그만큼 기쁨과 설렘이 함께했던 시간이었을 것이다. 기증받은 놀이기구들이 있는 어린이종합유희장, 동·식물원, 야외수영장, 음악당, 식당, 그리고 어린이회관까지 있던 어린이대공원은 당시 서울의 가장 큰 공원이었다. 지금과 같은 다양한 테마 공원도 특별한 여가 시설도 없던 1970년대에 어린 시절을 보낸 현재 어른들에게 어린이대공원은 잊지 못할 추억의 장소였다.

어린이대공원이 위치한 곳은 '능동(陵洞)'이다. 원래 대한제국의 마지막 황제인 순종의 첫 번째 아내로, 황태자비일 때 세상을 떠난 순명 황후 민씨 능터인 유강원이 있었고 능동이라는 이름도 여기서 유래되었다. 1926년 능은 일제에 의해 옮겨졌고 일본에서 골프를 배운 영친왕의 왕실 토지 30만 평 무상 기증으로 일본인 관리와 사업가를 위한 '경성 골프클럽 코스'가 되었다. 이승만 대통령 때 '서울 컨트리클럽'으로 재개장했던 곳에 영부인 육영수 여사의 조언에 따라 어린이대공원이 지어진 것이다. 현재에도 석등·문인석·무인석을 비롯해 호랑이·말 등 동물을 새긴 중요한 왕릉 석조물 20여 기가 남아 있다.

어린이대공원과 함께 1970년대 온 국민의 '워너비 장소'였던 창경궁도 순종과 관련이 있다. 창경궁은 태종이 세종에게 양위한 뒤 거했던 별궁인 수강궁을, 성종 대 '창성하고 경사스럽다'는 뜻인 창경궁으로 바꾸고(1483) 본격적으로 사용한 후 장희빈, 사도세자, 정조 모두와 관련을 맺은 조선의 대표적인 궁궐이었다.

창경원 상춘객

그런데 일제는 순종 즉위 후 1908년부터 18개월가량의 공사로 창경궁을 훼손한다. 황실 전용 위락 시설이라는 명목하에 화려하고 웅장했던 전각을 허물고 문, 기와 등은 해체해 경매에 부친다. 궁원은 일본식으로 변모되었고, 건물의 초석과 댓돌까지 파내진 터에는 동·식물원과 박물관이 세워졌으며 창경궁과 종묘를 잇는 산맥은 도로로 절단되었다. 공사를 끝낸 창경궁 동식물원은 1909년 순종황제와 이토 통감이 먼저 관람했고 이후 일반에게도 공개 후 1911년 창경원으로 격하되고 말았다.

그러나 일본의 의도와는 별개로 궁궐 안에 직접 들어갈 수 있고 신기한 동식물도 함께 볼 수 있다는 매력 때문에 창경원은 일반인들에게 인기였다. 1960~70년대 창경원 구경은 모든 국민의 꿈이 되었고 창경원 '홍학 군무'를 보는 것은 당시 어린이들의 소원이기도 했다. 창경원에 심겨진 2천여 그루의 벚꽃은 서울의 봄 경치로 자리 잡아, 1924년부터 시작된 야간 벚꽃놀이는 한국전쟁 직후(1950~1957) 8년을 제외한 60년간 한국 최대의 봄 축제 마당이 되었다. 하루 동안 미아가 918명, 트럭 500대 분량의 쓰레기를 발생시킨 기록(1972)을 남기기도 했던 창경원 벚꽃놀이의 밤은 3천 5백여 개의 오색등 아래 기타, 꽹과리, 장구를 치는 사람들, 술을 나눠 마시고 일명 '나체팅(나이트 체리블로썸 미팅)'을 하는 젊은이들로 북적였다.

그러던 중 정부는 1980년대에 일재 잔재 청산 작업의 일환으로 '창경궁 복원 계획'을 발표한다. 1983년부터 일반 공개를 중단하고 창경궁으로 환원되면서 동·식물원 시설과 일본식 건물이 철거된 곳에 전각이 복원되었다. 60년간 역사를 만들어냈던 벚꽃 대신 소나무, 느티나무 등이 심겨진 창경궁은 500년 역사를 다시 이어 현재 한국의 아픈 현대사를 간직한 특별한 궁궐이 되었다.

1970~80년대 어린이들의 '최애'였던 어린이대공원은 이후 용인자연 농원(현 에버랜드, 1976), 과천 서울대공원(1984), 서울랜드(1988), 롯데월드 어드벤처(1989) 등 다양한 테마 공원이 개장하면서 방문객 감소를 겪기도 했다. 하지만 무료개방(2006)을 시작으로 재단장 후 녹지 공간, 체험학습이 있는 문화 공간으로서 가족테마공원, 시민공원으로 현재까지 또 다른 사랑을 받고 있다.

제사상 인플레이션 잡기

거품은 빼고 효심은 차리고

1973년

명절이 다가오거나 지나간 뒤에는 꼭 나타나는 현상들이 있다. '명절증후군'으로 대표되는 가정에서의 명절 기피 현상, 2~3일 동안 불필요하게 소비되는 식재료 값(4인 가족 평균 차례상 30만 7천 원), 그리고 엄청나게 배출되는 음식쓰레기이다. 시대가 변해 이런 현상들이 문제로 인식되고, 이를 해결하려는 노력들이 다 방면에서 일어나는 것은 본디 조상들이 원하던 명절의 모습을 찾아가는 과정인 것 같다. 명절 때마다 드리는 차례는 조상숭배의 의미도 있지만 후손들의 친목도모의 장인데 차례로 인해 불편한 일들이 벌어지는 것은 조상들의 의도가 아니기 때문이다.

차례는 조상에게 차 한 잔 올리는 약식 제사이며 성묘는 더욱 간소한 차림의 술과 과일, 어포만 지참하고 밥도 해가지 않는 것이 원래 모습이라고 한다. 정작 조선시대 차례상은 매우 간소하게 차리거나 생략하기도 했는데, 차례 자체가 불교에서 시작된 것이어서 차례상을 제한하자는 주장도 있었다고 한다.

유교에서 더욱 중요시 여긴 것은 각 고인의 기제사로, 유교에서 제사는 일종의 권력자가 누리는 권위이자 권한과 같은 것이었다. 특히 하늘에 제사를 지내는 것은 오직 천자만이 할 수 있었기 때문에 고종이 대한제국을 선포하고 원구단을 설치, 하늘에 제사를 지내게 되었던 것은 중국으로부터 책봉받은 왕조가 아닌 황제의 나라라는 것을 선포하는 상징적인 행위였다. 그래서 제사를 올릴 수 있는 범위도 품계에 따라 달랐다. 고려 말 정몽주에 의해 정해진 제사 범위에 따르면 3품 이상은 증조부모까지 3대, 6품 이상은 조부모까지 2대, 7품 이하는 부모까지였다. 조선은 세조 때 완성된 경국대전에서 제사의 범위가 정해졌는데 3품 이상은 고조부모까지 4대, 6품 이상은 증조부모까지 3대, 7품 이하의 선비는 조부모까지 2대, 일반 양인은 부모까지였기 때문에 제사를 올리며 효도하기 위해서는 출세를 해야 했다. 제수 준비부터 상차림까지 남자들이 담당했고, 그래서 궁중요리사도 대부분 남자들이었다. 요즘도 뼈대 있다고 하는 가문의 종갓집에서는 제사 음식 준비를 남자들이 한다고 한다.

상차림에 대해서는 성리학의 완성자인 주희가 쓴 의례서 『주자가례』를 참고했을 뿐 따로 규정이 없이 집안마다 다 달랐다. 살아생전 부모님께 올리던 밥상이 정답이라고 공자가 이미 답을 내렸기 때문에, 조선 선비들의 상차림 원칙은 형편에 따라 검소하게 정성껏 차리는 것이었다고 한다. 그래서 벼슬의 고하나 학식의 깊이를 떠나 남의 집에서 제사상을 어떻게 차리든 일체 관여하지 못하게 되어 있었다. '남의 집 제사에 감 놔라 배 놔라 한다'는 말도 그만큼 실례라는 뜻에서 온 말이다.

1894년 갑오개혁으로 신분제가 철폐되면서 제사에도 많은 변화가 일어났다. 제사를 지내고 싶어도 그동안 신분과 품계상 제사를 지낼 수 없었던 서민들이 앞 다투어 제사를 지내면서 신분 과시의 도구로 변한 것이다. '홍동백서(붉은 과일은 동편, 흰 과일은 서편)' '조율이시(왼쪽부터 대추, 밤, 배, 감)' '어동육서(생선은 동편, 고기는 서편)' '두동미서(생선 머리는 동쪽, 꼬리는 서쪽)' '좌포우혜(육포는 왼쪽, 식혜는 오른쪽)' 운운하는 식의 상차림도 1960년대에 와서 등장한 출처를 알 수 없는 형식이다. 『주자가례』나 이를 김장생이 해석한 『가례집람』, 16세기 율곡의 『격몽요결』 등에도 육류와 과일 위치에 대한 큰 구분만 있을 뿐, 세세한 과일의 종류와 위치 등의 상차림 형식은 담겨져 있지 않기 때문이다.

각 집안들 사이에서 상차림 개수로 경쟁을 벌일 정도로 제사가 허례허식으로 변질되자, 정부는 1973년 '가정의례준칙'과 '가정의례에관한법률' 및 '시행령'을 제정해 전통적 관혼상제의 가정의례를 국가적으로 강제하고 단속까지 시행했다. 5일장에서 9일장까지 하던 장례를 3일로 줄였고, 상주들도 굴건제복 대신 평소에 입던 검은색 양복, 또는 평상복을 입고 가슴에 상장을 달도록 했다. 제례도 간소화하여 당시 보통 4대조까지 지내던 기제사 및 명절 차례를 2대조까지로 제한하면서 상차림도 평상시 반상 음식을 중심으로 간소하게 차리도록 권유한다. 당시 가정의례준칙의 선포는 조선 말기에 유학자들에게 내려진 단발령에 버금가는 혁명적인 조치로 여겨졌기 때문에 충청, 영호남 할 것 없이 유림의 반대에 부딪혔고, 공화당도 재고의견을 냈지만 박정희는 시행을 추진했다.

오늘날 상다리가 휘어지는 제사상은 1970~1980년대 미디어를 통해 소개되고 확산되면서 표준으로 자리 잡은 것이라고 한다. 4대조까지 제사를 모실 자격이 있던 조선 권문세가 한 문중의 제사상이 모델이었다. '가정의례준칙'은 1999년 건전가정의례준칙이 제정되면서 폐지되었고 이제는 강제사항이 아니다. 하지만 제사상이나 차례상에 들어간 거품은 빼는 대신, 조상에 대해 감사하는 효심의 표현이라는 제사상의 원래 취지를 살리고, 나아가 부모님이 돌아가신 뒤에보다 살아계실 때 더 효도를 할 수 있다면 좋지 않을까 생각해본다.

075 | 혼·분식 장려운동과 통일벼

한국인의 밥상, 그때를 아십니까
1977년

한국인들의 배고픔은 광복 이후에도 해결
되지 못했고 한국전쟁은 한국인들을 굶주림으로 더 몰아넣었다. 전쟁
중에는 미군부대에서 나온 음식 찌꺼기를 모아 끓인 꿀꿀이죽, 전쟁
이 끝난 뒤에는 미국의 원조로 들여온 옥수수죽이나 수제비가 한국인
들의 주식이었다. 당시 동회나 면사무소 앞뜰에는 한미 국기를 배경
으로 악수하는 장면이 그려진 갈색 포대가 쌓여 있곤 했는데, 그렇게
배급받은 밀가루나 옥수수 가루로 죽을 쑤거나 수제비를 뜨고 찐빵도
만들어 먹었다. 그러면서 물로 끼니를 때우던 사람들도 줄어들었지만
1960년대 초까지 한국의 식량난은 극심했다. "진지 잡수셨습니까?"
"밥 먹었니?" 등이 사람들의 안부 인사였을 정도다.

해마다 흉작이 계속되면서 생일이나 제사 때에만 구경할 수 있는 쌀

밥은 더욱 귀해져 '옥밥'이라고 불리기까지 했다. 정부에서는 쌀 소비를 줄이기 위해 1962년 11월부터 혼·분식 장려운동을 전개해 쌀을 팔 때 20% 잡곡을 섞게 했다. 이듬해에는 쌀로 만든 막걸리를 금지하고, 1964년에는 음식점에서 파는 탕류에 들어가는 쌀을 50% 줄이는 대신 잡곡과 국수로 그 자리를 대신하게 했다. 국밥에 국수를 넣는 것이 바로 이때 시작되었다. 거기에 1969년부터 매주 수요일과 토요일은 '무미일(無米日)'로 정해 오전 11시부터 오후 5시까지 쌀로 만든 음식을 팔지 못하도록 규제했고 학교, 관공서, 군대 등에서는 밥 대신 다른 걸 먹게 했다.

혼·분식 장려 운동 포스터

이 시기 쌀의 대체재는 미국이 원조한 밀가루였는데, 이때부터 한국인의 밥상에는 '건강식품'이라는 밀가루 음식들이 올라오기 시작했고, 라면은 그 대표였다. 1963년 일본에서 기술을 도입해 만든 '삼양라면'이 한국 라면 1호였는데, 처음에는 싱겁고 느끼해 외면을 받았다고 한다. 하지만 정부의 혼·분식 장려운동 실시에 개당 10원의 싼 가격으로 인기가 올라가면서 대중 식품이 되어 제2의 주식으로 자리 잡았고, 군인들의 배식에도 끼어들게 된다.

당시 혼·분식 장려 노래는 1960년대 중반부터 1970년대 내내 전국 학교에서 불렸다.

"꼬꼬댁 꼬꼬 먼동이 튼다/ 복남이네 집에서 아침을 먹네/ 옹기종기 모여앉 아 꽁당보리밥/ 꿀보다도 더 맛좋은 꽁당보리밥/ 보리밥 먹은 사람 신체 건 강해."– 혼·분식 장려가 〈꽁당보리밥〉

 학교에서는 점심시간마다 쌀밥에 보리 등의 잡곡이 25퍼센트 이상 섞여 있는지 도시락 검사를 할 정도였다. 적발 시 점수를 깎기도 하고 화장실 청소와 같은 '실형'을 선고하기도 했다.
 1962년 농촌진흥청을 설립한 박정희는 쌀 자급을 목표로 기존의 볍 씨 대신 수확을 많이 거둘 수 있는 새로운 다수확품종 볍씨를 연구 개 발하게 했다. 당시 국내에는 박사학위 소지자가 드물었는데, 박사가 가장 많이 포진된 곳이 농촌진흥청이었다고 한다. 연구개발의 핵심 은 한국인의 입맛에 맞는 일본 쌀을 수확량이 많은 동남아 쌀과 교배 해 신품종을 만들어내는 일이었다. 1960년대 중반부터 시작, 7년간의 연구 끝에 '기적의 볍씨'라고 불린 통일벼가 개발되었고 이는 1972년 부터 일반 농가에 보급된다. 그 공로로 7천여 명의 농업진흥청 직원 이 2개월 치 봉급에 해당하는 특별보너스를 받기도 했다 하니 그만큼 고무적인 일이었던 것이다. 통일벼가 일반 농가에 보급된 1972년, 그 해부터 발행된 50원짜리 동전에는 벼가 새겨졌다. 당시 국제식량농업

기구의 권고에 따른 것이었는데, 일본 벼이삭 27개보다 한 개 더 많은 28개의 이삭을 가진 벼였다. 이후 통일벼는 증산되어 1977년 처음으로 생산 4천만 섬을 돌파했고 이는 식량 자급선을 넘은 것이었다.

다만 통일벼는 한국인의 입맛에 맞지 않는 퍼석퍼석한 맛이었기 때문에 저렴한 가격에도 불구하고 인기가 없었다. 당시 농민들은 통일벼가 아닌 시장에서 더 선호하던 '아키바레(秋晴)'라는 종을 선호했다. 벼에 '아키바레' 같이 일본식 이름이 붙은 것은, 20세기 초반 벼 연구에서는 일본이 선두주자였기 때문이다. 통일벼는 심지어 소도 싫어해 소여물로도 쓸 수 없었고 생육기간이 길어 보리와 이모작이 불가능했으며, 병충해에 무조건 항생제를 사용하면서 점점 약한 품종이 되어 갔다. 1980년에 이상 저온 현상으로 전국적인 흉년이 들었을 때 통일벼는 다른 품종보다 더 큰 피해를 입었다. 결국 통일벼가 없어도 식량 생산에 큰 문제가 없어진 1980년대, 정부는 시장에서 통일벼를 퇴출시키게 된다. 비록 이렇게 사라지긴 하지만 통일벼 탄생으로 식량 자급이 시작되던 1977년, 14년 동안 시행되었던 '무미일'이 사라졌고 그 동안 금지했던 쌀 막걸리 생산도 12월에 다시 허용되는 등 통일벼는 긍정적인 효과를 낸 것이 사실이다. 쌀 막걸리의 등장은 그해 10대 뉴스에 포함될 만큼 한국인에게 중요한 사건이었다.

1970년대 이후 해외 교류가 확대되면서 한국의 음식 수준은 높아지고 종류는 다양해졌다. 또한 공업화가 진행되면서 일하는 여성이 늘어 외식도 증가한다. 1979년에는 소공동에 롯데리아 1호점이 문을 여는

데, 햄버거 1개당 450원의 서구식 인스턴트 음식이 첫 테이프를 끊으며 패스트푸드는 젊은이들에게 엄청난 인기를 끌게 된다. 또한 '86 아시안 게임'과 '88 서울올림픽'은 우리 입맛의 서구화에 결정적인 계기가 되었고 1990년대 후반부터는 동서양의 재료와 조리법을 섞은 퓨전 요리, 웰빙 요리와 같은 다양한 요리와 푸드 스타일리스트라는 직업도 등장하게 된다. 21세기를 지나는 한국에서 푸드 칼럼니스트를 비롯한 새로운 음식 관련 직업들, 그리고 넘쳐나는 각종 '먹방'과 '쿡방'은 그야말로 한국인 밥상의 상전벽해를 느끼게 한다.

076

부마항쟁과 서울의 봄

겨울이 가고 봄은 왔지만

1979~1980년

1978년 12월 박정희는 통일주체국민회의에서 99.99%의 지지를 받고 체육관에서 9대 대통령으로 다시 당선되었다. 하지만 유신체제 2기를 맞는 그의 취임식은 초라하고 쓸쓸해 마치 몰락을 예언하는 듯했다. 그를 지지한 일본의 '친한파'만 방문했을 뿐 미국, 일본, 대만은 축하사절도 보내지 않았다.

이듬해 5월 김영삼이 신민당 총재에 당선되면서 유신체제는 종말을 향해 가기 시작한다. 김영삼은 총재에 당선되자마자 정권에 대해 강도 높은 비판을 가하며 유신헌법의 폐지를 요구하고 통일을 위해 김일성과 만날 수도 있다고 발언한다. 이 시기에 한국을 방문한 카터 미국 대통령은 김영삼과 장시간 회담을 하면서 반(反) 유신운동에 힘을 실어주기도 했다.

그러다 박정희 정권과 김영삼, 신민당과의 대립을 극도로 격화시키는 사건이 발생한다. 바로 'YH 여성노동자 사건'이다. YH 무역은 가발을 만드는 회사로, 당시 이 회사에서는 어린 여성 노동자들이 턱없이 낮은 임금을 받으면서도 열심히 일하고 있었다. 그런데 갑자기 회사가 문을 닫아버렸다. 노동자들은 회사 정상화 방안을 제시하며 일하게 해달라고 했지만 사측은 들어주지 않았다. 이들은 신민당에 도움을 요청했고 이들의 투쟁을 지지해주는 야당의 당사에서 농성을 시작했다. 1979년 8월 9일 박정희 정권은 야당인 신민당사에 경찰을 투입시켰다. 심야에 난입한 경찰이 농성 중인 노동자들을 폭력으로 강제 연행하는 과정에서 노동자 김경숙이 추락사했고 신민당 의원들과 기자들도 중경상을 입었다. 김영삼과 신민당은 이에 강력하게 항의하고, '미국은 한국 정부에 민주화 조치를 취하도록 압력을 가하라'는 내용의 기자회견을 뉴욕타임스와 가진다. 여당에서는 국가 기강을 문란하게 하는 발언을 했다는 이유를 들며 김영삼의 국회의원 자격을 박탈했다.

이를 계기로 신민당 의원이 전원 사퇴하면서 그동안 유신체제에서 억눌려 있던 학생과 시민들의 저항이 대규모의 항쟁으로 일어났다. 김영삼의 의원직 박탈이 촉매 역할을 하며 시민들의 적극 참여를 이끌어낸 것이다. 10월 16일 부산대 학생들을 중심으로 시작된 시위에 시민들이 합세해 야간에는 시민들이 시위를 주도하다시피 했는데, 이것이 부마항쟁의 시작이다. 정부는 18일 0시를 기해 부산에 계엄령을 선포했고 10월 20일 마산과 창원 일대에 위수령(육군 부대가 계속적으로 일정한 지역에 주둔하여 그 지역의 경비, 질서 유지, 군대의 규율 감시와 군에 딸린 건축물과 시설물 따위를 보호하도록 규정한 대통령령)을 발동해 진압하고자 했다.

당시 많은 시민과 학생들이 YH 여성노동자 사건에 영향을 받아 항쟁에 나선 것이 사실이지만 그 기저에는 경제 상황 악화가 깔려 있었다. 1979년에 발생한 2차 오일쇼크, 부가가치세 도입에 따른 조세 저항, 중화학공업 가동률의 저하, 그리고 이들로 인해 심화된 물가 인플레이션과 부동산 투기 등 경제성장의 부작용이 곳곳에서 나타나며 그로 인해 누적된 불만이 폭발한 것이다.

한편 부마항쟁 현장을 다녀온 중앙정보부장 김재규는 근본적인 대책을 강구할 것을 건의했지만 받아들여지지 않았다. 10월 26일 박정희와 그의 오른팔인 차지철, 김재규 등은 궁정동에 모여 술을 마시면서 문제 해결에 관해 이야기를 나누었다. 김재규는 이 사태의 심각성을 이야기하며 김영삼을 원위치시킬 것을 건의했다. 이에 차지철은 "신민당이건 학생들이건 탱크로 깔아뭉개겠다"라고 했고, 김재규는 미리 준비했던 권총을 꺼내 차지철과 박정희를 쏘았다. 총성과 함께 유신체제는 종언을 고하며 18년간 이어져왔던 박정희 정권은 그 막을 내렸다.

박정희가 죽자 국무총리 최규하가 그 뒤를 이어 공백 상태인 대통령 자리에 오른다. 특별담화를 통해 대통령의 잔여 임기를 채우지 않고

고 박정희 대통령 국장 행렬 (1979)

빠른 시일 내에 헌법을 개정해 새 정부를 구성하겠다고 약속한 최규하는 긴급조치 9호와 야당 지도자 김대중의 가택연금을 해제한다. 계엄령은 지속되고 있었지만 '겨울공화국'이 가고 '서울의 봄'을 맞는 새로운 헌법과 민주 정부를 구성할 민주화에 대한 기대는 높아졌다.

하지만 장기간 지속된 군사독재정권하에서 박정희의 신임을 받으며 성장한 군 장교 집단은 권력 장악을 꾀하고 있었다. 김재규를 체포한 보안사령관 전두환은 합동수사본부의 책임자가 되어 실세로 부각되었고, 군 병력을 불법적으로 동원해 당시 육군참모총장이자 계엄사령관이었던 정승화를 10·26 사건과 관련 있다는 죄목으로 연행하는 하극상 사건을 연출한다. 반대파 장성까지 제압한 12·12쿠데타(1979.12.12.)였다. 이렇게 군부를 장악한 전두환 등 신군부는 이후 상당 기간 권력의 전면에 나서지 않으며 윤보선과 김대중 등 687명을 복권시킨다(1980.2.29.). 이는 당시 민주화의 기대를 담은 '서울의 봄'에 호응하는 것 같았다. 하지만 실제로는 전두환과 노태우 등 육사 11기생을 중심으로 한 '하나회' 장교집단이 국가 권력 전체를 장악하기 위한 계획을 세우며 때를 기다리던 중이었다.

그 시기 다른 한편에서는 민주화 운동 세력이 중심이 되어 '서울의 봄'을 주도하고자 했다. 김영삼은 신민당에 복귀하며 당을 정비한 반면, 김대중은 재야세력을 규합하면서 독자 정치 행보를 보였고, 박정희의 견제를 받아왔던 여권인사 김종필은 자신을 중심으로 공화당을 재편했다. 이른바 '3김' 정치의 막이 오르기 시작한 것이었지만 민주화 운동 세력을 하나로 모아내지는 못하고 있었다. 유신체제하에서 기본권조차도 보장받지 못했던 노동자들의 요구, 민주화 운동의 중요한 역할을 담당했던 학생들의 자유를 향한 움직임들이 4월의 사북사태와 학원 민주화 요구, 전방 군부대 병역교육 거부 등을 통해 일어났지만, 민주화 일정의 명확한 공표는 계속 늦어졌다. 그리고 결국 외신보도 등을 통해 전두환 등의 신군부 세력이 권력을 장악하고자 하는 소식이 알려지면서 5월부터 이에 반대하는 운동이 일어난다.

1980년 5월 13일 학생들은 비상계엄령 폐지와 조속한 민주화 이행을 촉구하는 시위를 벌였고 이는 곧 전국으로 확대된다. 5월 15일, 서울역 광장에는 10만여 명의 시위대가 모여 격렬한 시위를 벌였으나, 전국총학생회장단은 사태가 심상치 않음을 파악하고 다음 날 시위 중단을 결의한다. 당일 계엄군은 소극적이었지만 신군부 세력은 이미 서울 근교 부대 및 공수부대원들에게 이른바 '충정작전'이라는 명목으로 시위 진압훈련을 시킨 뒤 대도시 근교로 이동시켜 놓았던 것이다.

5월 17일 오전, 신군부 지휘관들은 계엄의 전국 확대, 비상기구 설치, 국회 해산을 결의했고 김종필, 김대중, 문익환 등 민주화 인사를 대대적으로 검거하기에 이른다. 공수부대원들은 대학 캠퍼스를 장악했고 학생운동의 지도부 또한 검거했다. 5월 18일 0시, 비상계엄은 확대되었으며 정치 활동의 정지, 언론·출판·방송 등의 사전 검열, 각 대학 휴교령이 선포되었다. '서울의 봄'을 끝낸 5·17 군부 쿠데타였다. 이로 인해 서울을 비롯한 다른 지역에서는 대규모 저항을 이어갈 수 없었지만 민주화를 향한 불길은 빛고을 광주로 이어졌다.

077

5·18광주 민주화 운동

빛고을 광주, 민주주의의 빛이 되어

1980년

1980년 5월은 오랜 겨울공화국 뒤에 찾아
온 서울의 봄을 끝내버린, 현대 한국 역사에 있어 잊을 수 없는 달이
다. 전두환과 신군부 세력은 1980년 5월 18일 비상 계엄령을 제주도를
포함한 전국으로 확대했고, 그 이전부터 저항을 분쇄하기 위해 각종
조치를 취해놓고 있었다. 그런 와중에 광주에서는 신군부 세력의 권
력 장악 기도에 저항하는 대학생들의 항쟁이 일어난다.

5월 18일 전남대 정문 앞에서 학생 2백여 명과 학교를 점령한 군인
사이에서 충돌이 벌어졌다. 학생들은 "비상계엄 해제하라" "김대중을
석방하라" "휴교령을 철회하라" 등의 구호를 외치며 광주 시내로 진
출했다. 그때만 해도 시민의 본격적인 참여가 없었기 때문에 경찰력
만으로도 충분히 진압할 수 있는 상황이었다. 하지만 오후 4시 특전사

공수부대원들이 광주에 투입되어 시위를 진압했으며 이는 상황을 심각하게 변화시켰다. 최정예부대인 공수부대원들이 민간인을 무차별 폭행하며 진압한 것이다. 이들은 곤봉과 소총 개머리판으로 시민을 구타하거나, 직접 시위에 참여하지 않은 일반 시민일지라도 반항하면 그 자리에서 폭행하는 등 광주 시민들의 대규모 저항을 촉발시켰다.

19일 오전, 금남로 일대에서 시민과 학생 5천여 명이 각목으로 무장하고 공수부대원과 싸웠고 공수부대원들의 진압은 더욱 잔인해졌다. 오후 2시경에는 군중이 2만 명으로 늘었고 분노한 시민들은 저항했다. 그리고 4시 30분경 날아온 총알에 고교생이 쓰러졌다.

5월 20일 광주 거리는 시민, 학생들과 공수부대의 접전으로 처절했고, 그동안의 현장들을 목격했던 택시 기사를 비롯한 버스, 트럭 운전사들은 차량을 앞세워 공수부대의 방비선을 뚫었다. 시민의 저항으로 대부분 공수부대원이 외곽으로 밀려난 21일, 도청에 고립된 일부 공수부대원들이 시민들을 향해 일제 사격을 가하며 금남로는 피로 물들었다. 이에 시민들은 나주와 목포를 비롯한 각지의 무기고를 습격해 무장했고 오후 5시경 공수부대원들이 광주에서 철수하면서 시민군이 도청을 접수하고 도시를 장악해 광주는 해방구가 되었다.

시민군은 자치적으로 치안을 유지하며 사태 수습을 위해 노력했다. 공동체를 형성해 부족한 물자의 매점매석을 방지했고 은행 등 금융기관의 약탈 또한 일어나지 않았다. 하지만 22일, 23일 수습위원회를 통해 시위대가 무기를 반납하며 평화적으로 사태를 해결하고자 했던 시민들의 노력은 받아들여지지 않았고, 계엄사령부는 심지어 학생 시위를 배후 조종했다는 '김대중 내란음모 사건'의 중간 수사 결과를 발표했다. 그리고 5월 23일 한미연합군사령관의 진압 동의로 20사단을 주력으로 하는 계엄군이 25일 광주를 완전히 봉쇄한 뒤 27일 도청을 장악, 시민군을 진압함으로써 사태는 종결된다. 당시 도청 사수대는 2백 명도 안 되었고 시내에도 저항 세력이 많지 않았기 때문에 경찰력만으로도 충분히 해결할 수 있는 상황이었다. 그럼에도 신군부는 항쟁 세력에 대한 본보기로서 초강경 진압으로 광주문제를 해결한 것이다.

5·18 광주 민주화 운동

5·18광주 민주화 운동은 전두환과 신군부 세력의 정권 장악에 항쟁한 시민의 저항이었지만 계엄군의 무자비한 탄압으로 사실은 통제되고 왜곡된다. 고립된 광주는 그 후로도 오랫동안 '광주사태'라는 명칭을 안은 채 김대중의 내란 음모에 가담한 '폭도'의 도시로 간주되었다. 당시 계엄사령부에 의해 통제당하고 있던 국내 언론사는 초기 3일간은 보도조차 하지 못했고, 21일부터는 광주에서 일어난 항쟁을 '폭동'으로 규정해, 광주가 무법천지가 되었다는 내용으로 보도했다.

하지만 후에 '푸른 눈의 목격자'로 불리게 되는, 당시 북부독일방송 도쿄지국 소속 기자 위르겐 힌츠페터가 광주 현장을 취재한 영상이 독일 방송을 통해 방영되면서 세계에 광주의 실상이 알려지게 된다. 그는 광주에 잠입한 뒤 위험을 무릅쓰고 현장을 취재하였고, 광주의 참상을 카메라에 담은 후 필름을 과자 통에 숨겨 독일 본사로 보낸다. 이 영상은 독일 방송의 저녁 뉴스 프로그램을 통해 방송되었고, 이후 다큐멘터리로 제작되어 방송된 자료를 독일 유학 중이던 천주교 신부들이 국내로 들여와 당시 광주의 참상을 고발하게 된다.

한국에서는 현재까지도 광주 민주화 운동을 탄압한 군사정권의 정당성을 주장하거나 그들의 무자비한 탄압을 은폐하고 매장하려는 진영과, 목숨을 걸고 민주화를 외쳤던 광주를 대학살에 저항한 민중의 항쟁으로 간주하고 부채 의식을 지니며 기억하는 진영의 대결이 계속되고 있다.

5·18광주 민주화 운동은 이후 1980년대 민주화 운동에 큰 영향을

미쳤다. 5월이 되면 대학가는 광주를 기억하며 거리로 나서 민주화 운동의 불길을 살린다. 또한 20사단의 광주 출동을 승인해 학살을 제지하려고 하지 않은 미국에게도 책임이 있음이 밝혀지면서 그동안의 한미 관계 등에 대한 문제제기가 일어나게 되었다. 이로 인해 민주화 운동 세력 사이에서는 1970년대까지 금기시되었던 반미 자주화 운동이 촉발되기도 했다.

그 후 결국 광주 민주화 운동 진압을 지휘하며 정권을 잡았던 자들은 십 년도 채 지나지 않은 1988과 1989년, 비록 오랜 시간 동안 계속될 싸움의 시작이긴 했지만 '5공 비리 청문회'라는 이름으로 역사의 심판대 앞에 서기 시작했다. 그리고 TV로 그 모습을 지켜보던 국민은 청문회 내내 날카롭고 조리 있는 질문으로 이들을 압박한 노무현이라는 인물에 집중하게 된다.

078

언론통폐합

땡전뉴스, 뚜뚜전뉴스의 탄생

1980년 11월

　　2011년 12월 1일, 유료 플랫폼으로 방송하는 종합편성채널인 TV조선, JTBC, MBN, 채널A가 개국했다. 지상파와 달리 케이블방송, 위성, IPTV 등 유료방송 서비스에 가입한 가구만 시청할 수 있는 이 채널들은 중간광고가 허용된 채널로, 대체로 대기업이 소유주가 되어 운영한다. 이들은 시험방송도 제대로 하지 않은 채 방송사고가 날 것을 감수하면서도 12월 1일에 서둘러 개국을 했는데, 거기에는 이유가 있었다. 1980년 언론통폐합 당시 사라진 동양방송(TBC)의 후신임을 내세운 JTBC가 1980년 11월 30일 TBC의 마지막 방송에 이은 12월 1일을 개국날짜로 잡았고, 이에 타 방송국도 경쟁적으로 같은 날짜에 개국하게 된 것이다.

　1980년 5월의 광주를 밟으며 정권을 잡은 신군부 세력은 언론의 힘을 알고 있었다. 광주 민주화 운동에 대한 보도 또한 철저히 은폐, 조작하면서 진압에 성공할 수 있었기 때문에 신군부가 정권을 잡은 뒤 언론사에 손을 댄 것은 어쩌면 당연한 수순이었는지도 모른다. 한국 최초로 컬러 TV 방송이 시작된 1980년. 그해 11월 12일 언론사 대표들은 자필로 언론통폐합 각서를 써야 했다. 그리고 14일 한국방송협회·신문협회 등은 '건전 언론 육성과 창달에 관한 결의문'을 발표한 뒤 다음 날 언론통폐합 내용을 발표하게 된다. '언론기관의 난립으로 언론기업이 부실화되고 비위의 온상이 되면서 건전한 언론풍토를 저해하고 있다'는 것이 언론통폐합의 이유였다.

이 결과 전국의 언론기관 중 신문사 11개(중앙지 1, 경제지 2, 지방지 8), 방송사 27개(중앙 3, 지방 3, MBC계열 21), 통신사 6개 등 44개 언론매체가 통폐합되었다. 그 외에도 정기간행물 172종의 등록이 취소되었고 천여 명의 언론인이 강제 해직되었다. 모든 통신은 연합통신으로 통합되었고 언론사는 연합통신의 기사를 받아써야 했으며 한 경영주가 두 개 이상의 매체를 가질 수 없게 되었다. 지역에는 한 도에 하나의 신문사만 인정되었고 KBS가 MBC 본사의 주식 70%를 소유하게 되는 등 전국 방송사의 통합이 추진되었다. TBC가 KBS로 흡수되면서 국내 최초의 심야방송으로 젊은 층을 대상으로 한 〈밤을 잊은 그대에게〉, 운전기사에게 교통정보 등을 제공하며 최고의 인기를 누린 〈가로수를 누비며〉와 같은 TBC의 대표적인 라디오 프로그램과 〈장수무대〉〈전설의 고향〉 등과 같은 당시 인기 프로그램들이 KBS에서 방송

TV 〈장수무대〉 녹화 촬영 광경

되었다. CBS는 보도와 광고 기능을 금지당하면서 기독교 선교를 위한 복음방송만 허용되었다.

전두환 정권은 이에 더해 언론을 통제하기 위한 '보도지침'이라는 통제 가이드라인을 각 언론사에 내려 보낸다. 문화공보부를 통해 매일 은밀하게 각 언론사에 시달된 보도지침은 뉴스의 비중이나 가치에 관계없이 사건의 보도 여부는 물론 보도 방향과 내용 및 형식까지 결정, '가(可), 불가(不可), 절대불가'라는 지시를 내린 것이다. 신문에 대해서는 기사 주제와 내용, 그것을 어느 면 어느 위치에 몇 단으로 싣고 제목도 어떻게 표현해야 하는지와 사진의 사용 여부, 당국의 분석자료를 처리하는 방법 등 세부사항까지 구체적으로 지시했다. 방송의 경우 심지어 9시 뉴스 큐시트를 정무수석실과 홍보조정실로 보내 뉴스의 크기와 배열을 사전 심의받는 형식으로 시행되었다.

이에 따라 5공화국 시대를 상징하는 '땡전' '뚜뚜전' 뉴스라는 은어가 나타나기도 했다. 9시 뉴스 시작의 몇 초를 남기고 시곗바늘이 '뚜뚜' 울리다 9시를 알리는 종이 '땡' 하고 치면, 아나운서가 "전두환 대통령 각하께서는 오늘……"이라고 시작되는 대통령의 그날 동정에 관한 소식을 전했기 때문이다. 언론을 장악한 독재정권이 그를 이용하고 독재정권의 시녀가 된 언론이 정권의 나팔 역할을 하는 것을 보여주는 대표적인 장면이었다.

세월이 흐르면서 독재정권은 무너졌고 새로운 언론사가 생겼으며 민주화의 물결을 타고 수많은 방송사도 우후죽순처럼 태어났지만 여전히 방송의 공정성, 선정성, 무책임 등을 우려하는 목소리는 사라지지 않고 있다.

방송, 신문을 포함한 모든 언론은 국가와 민족의 이익을 개인의 이익보다 우선시해야 하는 것이 그 본분이다. '기레기'로 표현되는 언론인에 대한 오명은 어쩌면 그들에게 기대하는 국민들 마음의 반영일지도 모른다. SNS 등 다양한 통로를 통해 여론 형성이 가능한 시기가 도래했지만, 여전히 언론이 가지는 힘은 거대하다. 그렇기에 진정한 국민의 뜻을 대변하는 기관으로서의 그들의 바른 역할과 책임은 아직도 유효하며, 우리 국민은 그러한 언론인의 모습에 무척 목말라하고 있다.

079

야간통행금지 해제

열려라! 24시간

1982년

　　　　　　　　21세기를 지나는 한국은 밤에도 여전히 환
하다. 24시간 운영되는 편의점과 커피전문점, 패스트푸드점 그리고
찜질방, PC방들과 기타 유흥업소들이 낮과 같이 움직이고 있기 때문
이다. 하지만 이처럼 국민들이 밤낮 구별 없이 활동할 수 있게 된 지
는 40년도 채 되지 않았다.

　광복 후 미 사령관 존 하지는 남한에 진주한 직후인 1945년 9월 8일,
「군정포고 1호」로 서울·인천에서 밤 8시부터 아침 5시까지의 통행금
지령을 발포했다. 이것이 이후 「야간통행금지령」으로 확대되어 '미국
육군이 점령한 조선지역 내 인민'에게 밤 10시부터 새벽 4시까지 야간
통행금지가 포고된다(9.29.). 이 군정법령이 대한민국 건국 후에도 계
승되었고, 치안 상황에 따라 시작 시간이 밤 11시로 미뤄지거나 8시로

당겨지기도 하면서 지켜져 온 것이다. 1954년 4월 1일 야간통행금지 위반자가 「경범죄처벌법」에 의해 '전시·천재지변 기타 사회에 위험이 발생할 우려가 있는 때 내무부장관이 정하는 야간 통행 제한에 위반한 자'로 규정되면서 구류 또는 과료에 처해지게 되었다.

자정부터 새벽 4시까지의 야간에 통행금지가 실시되었던 당시, 밤 11시에서 자정까지는 귀가 때문에 대중교통이 북새통을 이루었고 밤 12시 사이렌이 울린 이후에도 통행하는 사람은 경찰서에서 대기하다가 통행금지가 풀리면 집에 돌아갈 수 있었다. 학원도 야간 통금에 맞춰 교습시간을 정했고 야간통행금지 시간 때문에 한국의 김포국제공항, 김해국제공항에 착륙하지 못한 국제선 비행기는 일본이나 홍콩, 타이완, 하와이, 알래스카로 회항하는 경우가 많았다. 각 가정에서 조상에게 제사 지내는 시간도 변경되었다. 석가탄신일, 크리스마스, 12월 31일, 신정에는 예외적으로 해제하기도 했지만, 한국은 휴전선을 사이에 둔 준전시 상태에 있다는 국민들의 암묵적인 동의와 양해로 야간통행금지는 36년 4개월 동안이나 존속될 수 있었다.

하지만 점차적으로 야간통행금지가 국민의 기본권을 제한한다는 문제가 제기되면서 폐지가 수차례 논의된다. 마침 전두환 정권은 '3S 정책'을 시행하려 하던 데다, 1981년 '88 올림픽' 유치 도시를 결정하는 과정에서 야간통행금지 때문에 일본의 나고야에게 밀릴 뻔하면서, 올림픽을 치르기 위한 안정된 치안과 안보 상태를 대외적으로 알려야 했다. 이에 민정당을 중심으로 통금 폐지를 검토했고 국회에서 만장일치로 결정하게 된다. 1982년 1월 5일, 드디어 경기·강원도 휴전선 접선지역과 해안선을 낀 면·부들을 제외한, 전국의 야간통행금지가 해제되었고 1988년 1월 1일에는 나머지 지역에서도 해제된다.

야간통행금지 제도는 사용할 에너지도 충분치 못했던 한국에서 일상적으로는 사회의 공공질서를 유지하고 질서를 확립하는 역할을 했지만, 그 기본은 국가가 국민들의 시간과 공간을 제한하는 기능을 한 것이었다. 야간통행금지 제도의 시행 아래 일반 시민들은 일상의 자유를 박탈당한 셈이 되었고, 국가가 강제한 시간 규율이 한국 사람들의 일상생활에서 '빨리빨리' 문화, 택시 합승, 새치기, 조급증, 속전속결주의 등에 영향을 미쳤다고 보기도 한다.

야간통행금지 폐지로 전두환 정부는 국민의 기본권을 보장하면서 대외적으로도 국가 안보와 치안 확보에 대한 자신감을 나타낼 수 있게 되었다. 현실적으로는 24시간 조업 등이 가능해지면서 경제 활동이 활성화되었고 이른 시간에 진행하는 농수산물의 경매도 가능하게 되었다. 하지만 그에 따라 에너지 사용량이 증가했고, 유흥업소의 영업시간이 연장되면서 향락적인 사회 환경이 조성되기도 했다. 또한 유흥비 마련을 위한 청소년 범죄가 발생해 사회문제로 나타나기도 했다. 국가의 강제가 아닌 국민의 자발적이고 수준 높은 절제들이 필요해진 시기가 도래했다는 의미다.

다른 국가들은 국가비상사태에나 혹은 미성년자의 안전을 위해 일시적이고 보호적인 성격의 야간통행금지를 실시해오고 있다. 이에 비해 36년 4개월간 한국 사회에서 시행된 야간통행금지 제도는 그 집행 기간이나 시행 방법이 한국의 일제강점기, 군정, 군사독재기를 거치는 역사적 맥락과 연결된 독특한 현상이었다. 현재 야간통행금지는 적군 침투 지역이나 공격을 받은 지역에서 사건이 해결되거나 상황이 안정될 때까지 일반인에 대해 한시적으로 실시되면서 그 본래의 기능을 수행하고 있다.

080

프로야구 개막

한국인 최애 스포츠의 탄생

1982년

전두환은 광주 민주화 운동을 진압한 뒤, 1980년 8월 27일 통일주체국민회의에서 2,525표 중 2,524표로 '체육관 대통령'이 되었다. 그리고 10월 22일 국민투표로 확정된 개헌안이 27일 공포되면서 5천 명 이상으로 구성된 선거인단에 의해 이듬해 다시 12대 대통령으로 선출되었다. 임기 7년으로 중임이 금지된 대통령에게는 비상조치권과 국회해산권이 주어졌으며 사법부 및 헌법위원회도 실질적으로 통제할 수 있었다. 기본권도 제약된 변형된 유신헌법이 제정되면서 제5공화국은 그렇게 출범했다.

1980년 9월 전두환 정권은 대학입시 본고사 폐지와 과외 금지, 졸업정원제를 발표한다. 교육 정상화 방안이라고 했지만 특히 졸업정원제는 학생들의 시위 참가를 막으려는 의도가 컸다. 11월 언론기관의 통폐합도 함께 이루어지면서 언론계, 문화계, 대학가는 크게 위축되었다. 보안사령부, 국가안전기획부, 경찰 등이 감시망과 억압적 분위기를 조성했고 전국 대부분의 대학에는 사복경찰이 상주하며 학생들을 철저히 감시했다. 학생들을 강제로 징병하거나 삼청교육대 등을 만들어 인권을 유린하기도 했다.

유혈 사태로 권력을 장악한 뒤 이와 같이 강력한 탄압정책을 펼쳐야 했던 전두환 정권은 다른 한편으로 대중 소비, 유흥 문화를 장려하면서 사람들을 탈정치화시켜 권력을 유지하고자 한, 일명 '3S정책'을 적극적으로 추진했다. 대표적으로 1981년 5월 여의도광장에서 열린 '국풍 81' 행사는 한국신문협회가 주최하고 방송국이 참여해 가요제 등의 각종 문화 행사를 연 '축제'였다. 광주 민주화 운동 이후 한국에서의 5월은 광주의 비극을 떠올릴 수밖에 없는 시기였기 때문에, 이를 퇴색시키려는 정부의 의도가 다분히 깔려 있었던 행사였다.

본격적인 프로스포츠 시대의 개막을 알린 1982년 한국프로야구(KBO) 출범도 사실 이와 같은 맥락에서 이루어졌다. 이전에도 프로야구 출범 시도는 있었다. 1976년 2월 한국프로야구 준비위원회가 결성되고 8명의 준비위원으로 본격적인 사업에 착수했지만 대한야구협회와 정부 측의 반대에 부딪혀 좌절되었다. 그러다 1981년 5월 문화방송(MBC)에서 창사 20주년 기념사업으로 프로야구팀을 창설할 계획을 세우면서 같은 해 12월 한국프로야구위원회 창립총회를 열게 된다. 이때는 정부도 프로야구의 탄생을 서둘러야 할 입장이었기 때문에 순조로운 출발이 이루어져, 서울을 본거지로 하는 MBC 청룡(감독 백인천), 부산과 경상남도 지역의 롯데 자이언츠(감독 박영길), 대구와 경상북도 지역의 삼성 라이온즈(감독 서영무), 광주와 전라도 지역의 해태 타이거즈(감독 김동엽), 대전과 충청도 지역의 OB 베어스(감독 김영덕), 인천과 경기·강원도 지역의 삼미 슈퍼스타즈(감독 박현식) 등 6개 팀으로 출범하게 된다.

1982년 3월 27일, 동대문야구장에서 전두환 대통령의 시구와 함께 MBC 청룡과 삼성 라이온즈의 개막전으로 한국프로야구가 시작되었다. 개막전 당시 삼성 라이온즈의 이만수는 좌측 담장을 넘기는 홈런을 쳐내며 KBO 역사상 제1호 홈런을 쳐낸 선수로 기록된다. 프로야구 원년인 1982년에는 특히 한국 야구 역사상 불멸의 기록들이 남겨졌는데, 프로야구 원조 에이스인 박철순의 22연승이 그 처음이다. 박철순은 OB 베어스를 이끌어 전기리그에만 18승, 후기리그에도 6승을 올리며 다승왕을 차지하여, 팀을 원년의 우승팀으로 만드는 데 절대적으로 기여한 선수다. 패가 없는 '22연승'이라는 기록이라는 점이 더 놀랍다.

두 번째는 백인천 감독 겸 선수의 0.412타율이다. 한국 프로야구는 2022년 현재까지 딱 한 명의 4할 타자를 배출했는데, 그가 바로 백인천이다. 1982년 세계야구선수권대회 때문에 최동원, 김시진, 장효조 등을 비롯한 국가대표들이 리그에 참가하지 못한 상태에서 마땅한 적수가 없었던 백인천 선수는 그해, 한국 프로야구 역사에서 유일한 4할을 달성한 것이다.

프로야구 개막식 당시 각 팀 선수 모습

　그리고 또 하나는 삼미 슈퍼스타즈의 0.188 최저 승률. 삼미 슈퍼스
타즈는 역대 최저 승률, 역대 최소 승리 등 수많은 나쁜 기록을 보유
한 팀이다. 물론 이들이 플레이를 대충 했던 것은 아니지만 시즌 도중
에 감독이 경질되고, 감독 대행이 투수를 혹사하면서 전기리그에 팀
전력을 크게 손상시켰다. 시즌 성적 15승 65패라는 처참한 기록에 압
도적인 꼴등으로 삼미는 첫 시즌을 마감했고 결국 사라지게 된다. 하
지만 이후 『삼미 슈퍼스타즈의 마지막 팬클럽』이라는 소설이 나오기
도 할 만큼 야구팬들의 뇌리에는 깊이 각인되어 우리 마음속에 살아
있는 팀이 되었다.

　원년에는 시행착오들이 많았다. 정부가 프로야구 창설을 결정하고,
1개월여 만에 구단을 창단하고 또 얼마 후에 개막전을 치른 것은 기적

이었다. 그런 상황 속에서도 뛰어난 활약을 보여주고 열심히 플레이를 해준 원년 선수들에게 야구 팬들은 그저 감사한 마음만 가질 뿐 어떻게 아쉬움을 느낄 수 있겠는가.

그 출발 배경이 어찌 되었든 프로야구 구장을 다녀간 관중 수가 누적 1억 명을 훌쩍 넘은 21세기 한국 프로야구는, 명실공히 대한민국 국민들에게 가장 큰 기쁨과 웃음을 주는 스포츠로 자리매김했다.

081

해외여행 자유화, 교복 자율화

시야의 확대, 시각의 다양화

1983년

1983년은 해외여행 자유화의 원년으로 기록된 해다. 예전에 유행했던 유명 CM송의 한 구절처럼 "바람 부는 대로 발길 닿는 대로 우리 함께" 어디든 어느 국가로든 떠날 수 있는 21세기 현재로서는 상상할 수도 없는 상황이지만 1980년대 초반까지 한국에서 순수 관광 목적의 여권은 발급조차 어려웠다. 기업체의 출장이나 유학, 해외취업 등의 특별한 목적이 있어야만 했고 출국 전에는 반공교육도 받아야 했다. 하지만 1983년 여권법 시행령이 개정됨에 따라 50세 이상 장년층은 1년간 200만 원을 예치한 뒤 재산, 학력, 납세 이력을 확인받으면 단수여권을 발급받을 수 있게 되었다. 일본 5박 6일 상품이 55만 5,800원, 미국 및 일본 17박 18일 상품이 206만 원으로, 대기업 대졸 신입사원 월급이 20만 원 내외였던 데 비해 상당히 고가였다. 당시 해외여행을 '효도관광'과 동의어로 이해했던 이유다.

이 시기에는 웃지 못할 일들도 많았다. 부산 주부교실 회원들이 일본을 다녀오면서 '코끼리 밥통'을 무더기로 가지고 들어오는 모습이 현지 신문에 실려 망신을 당하기도 했고, 하와이에서 양복을 입고 다니는 한국 관광객들이 화제가 되기도 했다고 한다.

이후 여권 신청요건과 관광허가 연령이 지속적으로 완화되면서 서울올림픽 개최 이듬해인 1989년 관광 목적의 출국 허용 연령 기준이 전면 폐지되었고 3년 복수 여권 발급도 가능해졌다. '해외 도피 우려' 때문에 일가족에게 나오지 않았던 관광여권도 발급되었고, 여권 발급에 필수였던 '공산권 주민 접촉 시 유의사항' 같은 내용의 '소양교육'도 1992년에 폐지된다. 각종 제한들이 사라지면서 해외출국자 수는 급격하게 증가한다. 1988년의 72만 명보다 67.3% 늘어난 121만 명이 1989년 한 해 동안 해외로 나갔고 대학생들의 방학 중 배낭여행도 이때부터 시작되었다.

해외여행 완전 자유화가 실시된 지 30년을 맞는 2019년에는 한 해 동안 2천 9백여만 명이 해외로 출국했다 하니 그동안 한국 사회의 변화상을 짐작해볼 수 있다.

대학교 89학번으로 해외여행의 자유를 맞본 첫 세대, 이들은 1983년 중학교에 입학한 교복 자율화의 첫 세대이기도 하다. 한국의 교복은 이화학당 여학생들의 다홍색 치마저고리에서 시작되었다. 배재학당 남학생들의 당복에 이은 짧은 머리에 한복 바지저고리와 검정 두루마기로 통일된 형태의 남학생 교복을 지나, 1920년대 서구식 교복이 등장하기 시작해 남학생은 군복 형태의 검은색 교복과 삭발머리에 둥근 교모, 여학생은 단발머리에 흰색 칼라가 있는 세일러복 착용으로 획일화되었다. 광복 이후에도 비슷한 스타일의 교복이 유지되었고 1969년 실시된 중학교 평준화 정책과 함께 교복 스타일도 중고등학교 모두 획일화된다. 일본식 교복이 학생들을 억압하는 강제적인 규율의 상징이자 일제강점기의 잔재라는 비판이 제기되면서 교복과 두발 스타일은 1980년대에 전환기를 맞는다.

1982년 1월 4일, 정부는 '자라나는 청소년들의 색감과 미에 대한 감각을 억제해서는 안 된다'고 실시 이유를 밝히며 중고생 두발은 새 학기부터 교복은 이듬해부터 자율화한다고 발표했다. 교복 자율화 실시 이후 학생들은 주어진 자율과 자유에 기뻐했지만 그에 대한 부작용도 만만치 않았다. 각 학교에서 학생 사이의 위화감을 조성할 우려가 있다는 이유로 지나치게 화려하거나 비싼 옷, 신발 등을 착용하지 못하도록 한 것은 그 부작용에 대한 통제의 일부였다. 결국 자율화 이후 얼마 되지 않아 가계 부담 증가, 교외 생활 지도 곤란, 위화감 조성 등의 부작용이 부각되면서 교복 자율화에 대한 보완 조치가 발표(1985)되었고, 이듬해 2학기부터는 교복과 자유복을 모두 허용하는 방침으로 바뀌어, 실용적인 디자인의 새로운 교복을 다시 채택하는 학교가 증가하기 시작했다.

결국 1990년대 이후 대부분의 학교에서 교복을 선택하게 되자, 대

대한국민항공사(KNA) 서울—홍콩 간 국제노선
탑승 수속 (1957)

기업이 교복시장에 진출했고 이로 인해 교복 가격대가 급등하면서 가계 부담이 가중되는 부작용이 발생하기도 했다. 그에 대해 현재는 교복의 무료화, 편안한 옷의 교복화 등 여러 가지 의견이 제시되면서 가계 부담을 줄임과 동시에 중고등학생들이 교복을 통해 억압과 통제당하는 것이 아닌 편안하고 보호받을 수 있게 하는 다양한 대안이 제기되고 있다.

교복의 자율화도, 해외여행의 자유화도 군사 정권의 유화 정책과 함께 실시된 정치적 목적이 그 배경이었고 시행 이후에 여러 가지 부작용들도 있었다. 그럼에도 이를 통해 국민들의 시야는 이전과 비교할 수 없을 만큼 넓어지고 시각은 다양화되었으며 유연해지는 결과를 낳았다. 그렇기에 이러한 자유를 맛보며 자라난 청년들이 사회에서 일익을 담당하게 되었던 1990년대 한국 대중 사회의 모습은 그 이전 세대보다 더 다채롭고 자유로우며 풍요로워졌다.

082

이산가족 찾기

누가 이 사람을 모르시나요

1983년

"눈보라가 휘날리는 바람 찬 흥남 부두에/ 목을 놓아 불러 봤다 찾아를 봤
다/ 금순아 어디로 가고 길을 잃고 헤매었더냐/ 피눈물을 흘리면서 일사 이
후 나 홀로 왔다"

"일가친척 없는 몸이 지금은 무엇을 하나/ 이 내 몸은 국제 시장 장사치기다/
금순아 보고 싶구나 고향 꿈도 그리워진다/ 영도 다리 난간 위에 초생달만
외로이 떴다"

"철의 장막 모진 설움 받고서 살아를 간들/ 천지간에 너와 난데 변함 있으랴/
금순아 굳세어 다오 북진 통일 그날이 오면/ 손을 잡고 웃어 보자 얼싸안고
춤도 춰 보자"

– 〈굳세어라 금순아〉

〈굳세어라 금순아〉는 한국전쟁 때 흥남 철수 작전을 통해 부산으로 넘어온 피란민의 애환을 그린 대중가요다. 이산가족의 아픔을 그린 대표적인 곡으로 한국전쟁 중 오리엔트레코드에서 발매해 최고의 히트를 기록한 곡 중 하나다.

한국전쟁은 그 전장이 대패질하듯 순식간에 밀고 밀리고 했기 때문에 국민들의 고통은 몇 배로 컸다. 중국군이 공격할 때 유엔군은 북의 주민들을 남으로 피란시켰고, 정부는 중부지방 주민들을 대규모로 피란시켰다. 이 때문에 남북 이산가족과 남남 이산가족이 많이 생겼는데, 남남 이산가족 중에는 고아가 많았다. 전사자의 아내와 상이군인도 거리를 헤맸다. 특히 중국군의 개입으로 다시 피난길에 올랐던 1·4후퇴는 전쟁 발발 직후의 피난에 비할 바가 아니었다. 영하 27도의 혹한 속에서 훨씬 먼 길을 떠나야 했던 1·4후퇴는 흥남철수작전으로 상징된다. 흥남철수작전은 1950년 12월 15일부터 열흘간 한반도 동부전선의 미군과 한국군을 흥남 항에서 피란민과 함께 선박 편으로 부산까지 철수시킨 작전이었다. 이를 통해 유엔군은 10만 명의 병력과 17,500대의 차량, 35만 톤의 장비와 물자를 옮겼을 뿐 아니라 10만여 명에 이르는 피란민도 철수시켰다. 피란민의 철수가 허가되자 흥남 부두는 피란민으로 가득 찼고 이산가족이 발생하며 그 고통이 노래가 되어 남은 것이다.

한국전쟁 후 30여 년이 지난 1980년대는 남과 북이 통일과 관련된 제안을 어느 때보다 많이 했지만 대부분 자신들의 권력 유지를 위한 것들이었고 세계사적으로 신냉전시기를 반영하는 대립 또한 여전했다. 소련군에 의한 대한항공 여객기 격추사건(1983.9.), 북에 의한 미얀마 아웅산 묘소 폭파사건(1983.10.) 등이 발생하면서 1980년대 초반 한미일 반공 군사동맹은 더욱 강화되기에 이른다. 이에 레이건 대통령은 주한미군 감축 및 철군 계획의 백지화를 분명히 선언하며 한국에 전술핵무기를 배치하고 한미 양국군의 팀 스피리트 훈련을 강화한다. 1982년 제공호 같은 국산 전투기 개발에 성공한 남한에서는 1986년 북한에 대해 평화의 댐 건설이나 김일성 사망설 유포 현상이 발생하기도 한다.

그런 와중에 1984년 9월 한국이 북의 수해 구호물자를 받아들임으로써 남북관계는 호전의 기미를 보였고, 1985년 역사적인 남북 이산가족 상봉이 이루어져 9월 20일 각각 151명씩 서울과 평양의 교환 방문이 진행되었다. 그리고 남북 이산가족 상봉이 성사되기 이전 한국에서는 방송을 통해 남남 이산가족의 상봉이 이루어졌다. 1983년 6월 30일, KBS 이산가족 찾기 생방송이 시작된 것이었다. 당시 방송 7일째 8천 4백 명의 참여는 얼마나 많은 한국 국민이 이산가족 찾기를 열망했는지 보여주는 지표다. 7월 1일 이산가족 찾기 추진본부가 차려졌고, 이날 8시간 45분 동안, 그리고 다음 날 14시간 동안 생방송이 진행된다. 11월 14일까지 138일 동안 453시간 45분을 방영한 세계에서 가장 긴 '이산가족 찾기 특별 생방송'이었다. 당시 여의도 KBS 건물 담에는 이산가족을 찾는 벽보 수만 장이 붙어 있었고, 10만여 명이 신청해 5만 3,536명이 출연, 1만 189명이 상봉했다. 전 국민의 53.9%가 시청할 정도로 열렬한 반응이었다. 이들의 헤어진 과정을 들으며 또 상봉 장면을 보며 전 국민은 눈물을 흘렸다.

1985년에 처음 이산가족 상봉이 진행되고 2018년까지 스물 한 차례가 성사되었다. 하지만 여전히 수많은 사람들이 헤어진 가족을 그리워하며 살고 있다. 전쟁 중 이산의 아픔을 경험하고 가족을 그리워하는 분들의 마음에서 한국전쟁은 아직도 계속인지 모른다.

이산가족을 찾는 벽보가 붙은 KBS 앞

083

3저 호황

3마리의 토끼를 다 잡다
1986년

전두환 정권이 출발했을 때 한국의 경제
사정은 앞이 캄캄했다. 1960년대 중반 이후 수출 중심의 공업화를 통
해 괄목할 만한 경제성장을 이루었던 한국은, 1970년대 베트남전 특
수와 중동 해외 건설을 통해 국제 수지 흑자를 기록하기도 했다. 달러
가 한꺼번에 국내에 들어와 부동산 투기 현상이 발생했고, 부동산 열
기 속에서 1970년대 후반 '복부인'이라는 신조어가 등장하기도 했다.
하지만 제2차 오일쇼크가 터지면서 국제 유가 폭등, 해외 경기가 불
황에 빠졌고 국내 경제는 과도한 중화학공업 투자에 따른 부실화 등
으로 심각한 문제에 직면했다. 그런 와중에 병충해로 인한 대흉작에
박정희가 암살당한 다음 해인 1980년 경제성장률은 −1.9%, 국제수지
적자는 50억 달러, 소비자 물가 상승률은 28.7%, 도매물가 상승률은

무려 42.3%나 되었다.

이런 가운데 정권을 잡은 전두환은 모든 경제적 에너지를 물가 안정에 집중시켰다. 물가가 안정되어야 국민의 생활도 나아지고 수출 경쟁력이 회복돼 경제가 활력을 찾게 된다고 생각했기 때문이다. 다른 대통령보다 경제 공부에 열심이었던 인물로 알려져 있는 전두환은, 이에 집권 초기부터 강력하게 은행 돈줄을 조였고 정부 예산을 동결했으며 기업들에게는 임금 억제를 강요했다. 이를 위해서 노조는 강력한 탄압을 받아야 했고 쌀값은 억제되어야 했으며 온 국민은 임금이 오르고 물가가 더 오르는 악순환을 끊어야 한다는 경제교육을 받아야 했다. 인플레이션을 잡기 위한 긴축정책을 국민들이 가장 싫어하는 것을 알고 있었음에도 물가 상승률을 한 자리로 낮추겠다는 것이 전두환 정권의 목표였다. '한 자리 수 물가'에 언론도 경제학자들도 코웃음을 쳤다. 하지만 정부는 1981년 소비자 물가 기준으로 13.8%, 그 이듬해에는 2.4%, 1983년에는 −0.8%로까지 떨어뜨리며 목표를 초과 달성했다.

집권 중반에 해당하는 1984년부터 전두환 정부의 물가안정 정책은 결과물을 내기 시작한다. 당시는 물가가 안정되었을 뿐 아니라 경기와 수출도 회복 기미를 보였고 이에 따라 국제수지도 호전되어가고 있었다. 거기에 1985년 G5 정상회담을 계기로 국제 금리와 달러, 국제 유가 3가지가 함께 떨어지는 이른바 '3저 시대'가 열리면서 한국 경제는 빠른 속도로 호전되었다. 원유 값이 이전 해보다 절반으로 떨어져

이에 의존하는 한국 경제에 호재가 되었고, 국제 금리도 낮아져 외채의 금리 부담이 줄면서 자본 조달이 쉬워졌으며, 미국 달러화에 비해 한국의 원화가 상대적으로 적게 올라 한국 기업의 수출 경쟁력은 크게 높아졌다.

이러한 흐름을 읽은 전두환 정부는 종래의 물가 안정 일변도의 긴축 정책에서 성장 쪽으로 정책을 선회했고, 이에 과잉 투자로 그동안 고민거리가 되었던 중화학 공업의 공장가동률이 올라가면서 경제성장률을 이끄는 선두주자가 된다. 1985년 9월부터 국제수지가 장기간 흑자로 이어지면서, 1986년부터 3년간 연평균 경제성장률은 12%, 경상수지 흑자 규모는 무려 286억 달러에 달했다. 국제수지에서 흑자가 난 돈으로 외채를 갚자, 1985년 467억 달러에 달했던 총 외채가 1989년에는 300억 달러 아래로 떨어진다.

이와 같은 분위기에서 그동안의 수입 억제 정책을 풀어야 한다는 주장이 제기되기 시작했다. 물론 당시 수입 개방을 찬성하면 친미나 친일 세력으로 매도당하기 쉬웠지만, 국제수지가 흑자로 돌아서 싫어도 수입 증대 정책을 펴야 하는 시대가 되면서 그러한 주장은 힘을 얻게 되었다. 수입규제 대상을 줄이고 관세율도 대폭 내리며 개방정책이 추진되었다. 하지만 수입을 죄악시하는 사회 인식은 쉽사리 달라지지 않았다. 특히 양담배처럼 국민감정에 민감한 품목은 수입 규모와 관계없이 '개방 절대 불가' 품목이었다.

전두환은 대통령 중에 가장 운이 좋았던 사람이었을지도 모른다.

3저 현상 덕분에 불가능하게 여겨졌던 물가안정, 경제성장, 국제수지 흑자라는 3가지 결과를 한꺼번에 이뤄낸 전두환 정권 시기, 한국은 그야말로 단군 이래 최대의 호황을 누린 셈이었다. 물론 이와 같은 정책 뒤에서 농민과 노동자들의 시름은 깊어갔으며 긴축정책으로 인한 사회간접자본 투자가 축소되면서 이후 생산성에 있어 고비용이 초래되는 등 앞으로의 정권에 부담이 될 큰 문제점들은 존재했다. 하지만 한국 경제는 1981년부터 성장 기조로 돌아섰고, 1985년까지 완만하게 성장률을 회복했다. 한국의 1인당 GNP는 3천 달러를 넘어섰고, 경제성장이 지속되면서 대중소비 문화, 유흥 문화도 성행했다. 컬러 TV 방송으로 상품 광고가 비약적으로 발전해 그러한 현상에는 가속도가 붙었고, 해외여행 자유화에 포니 등 중저가 승용차 보급이 본격적으로 이루어지면서 자가용 보유 시대가 도래하게 되었다.

정권 말기 6월 민주항쟁 등으로 몰락의 과정에 놓였으면서도 경제정책에서만은 전혀 위축이 없었던 전두환, 그는 다음 정권에서도 자신이 구축해놓은 경제정책들만은 그대로 계승될 것으로 믿었을 것이다.

084 | 아시안게임과 올림픽

대한민국, 세계에 알려지다

1986년 · 1988년

아시안게임(아시아경기대회)은 아시아인들의 축제 한마당이다. 1951년 인도 뉴델리에서 제1회 아시안게임이 시작된 이래 2014년에는 인천에서 제17회 아시안게임이 열렸다. 1986년 제10회 서울, 2002년 제14회 부산에 이은 한국에서 세 번째로 개최된 대회였다. 1986년 서울 아시안게임을 준비하며 전두환 정부는 국가적으로 총력을 기울였고, 이에 9월 20일부터 10월 5일까지 열렸던 86 아시안게임은 대회의 준비와 운영에서 약간 미흡했다는 지적을 받기도 했지만 대체로 성공적이라는 평가를 받았다.

27개국 4,389명이 참가한 대회에서 한국은 금메달 93개, 은메달 55개, 동메달 76개로 중국에 이어 2위에 올랐다. 아시안게임 사상 처음으로 일본을 누르며 아시아의 스포츠 강국으로 떠오른 것이다. 당시 육상의 임춘애, 탁구의 현정화, 유남규, 안재형 그리고 수영의 최윤희 등 스포츠 영웅들은 국민들의 마음에 감동을 주었다. 한국은 1970년 6회 아시안게임을 유치했다가 준비 미흡으로 반납했던 아픈 과거가 있었기 때문에 아시안게임의 성공적 개최 의미는 남달랐다. 특히 "한국 국민은 아시안게임과 88 올림픽에서 성공을 거둘 자격이 있는 국민들이다(타임스, 1986.9.20.)"라고 외국 언론이 보도하기도 한 것처럼 88올림픽 개최를 준비하고 있던 상황에서 그 의미는 더욱 컸다. 한국은 아시안게임의 성공적인 개최를 통해 아시안게임 반납의 불명예를 씻어냈으며, 한국의 발전상을 널리 알렸을 뿐만 아니라 그와 함께 88서울올림픽에 대한 기대감을 높일 수 있었다.

88서울올림픽은 1988년 9월 17일부터 10월 2일까지 열린 24회 올림픽대회다. 1981년 9월 30일 독일 바덴바덴에서 올림픽 개최지가 결정되었을 때, 대회의 최종 후보지는 한국의 서울과 일본의 나고야였다. IOC 투표 결과 52 대 27로 서울이 개최권을 획득하게 되었고, 이는 9월 18일 현대 정주영을 위원장으로 하는 대한민국대표 추진위원회가 바덴바덴에 파견, 적극적인 활동을 전개한 결과이기도 했다.

사실 한국은 일본과 비교했을 때 전쟁을 겪은 지 30년이 채 되지 않는 분단국가라는 현실적 상황 면에서 개최에 특히 불리했다. 하지만 이런 불리함은 결국 개최 의의로 변화되었다. 당시 동서 세력의 대치 현상을 분단으로 보여주고 있는 한국에서, 그동안 이념으로 인해 동서진영 중 한 진영은 불참해왔던 반쪽 올림픽이 아닌 이념을 넘어 동서진영이 모두 참가하는 첫 올림픽이 열리게 된 것이다. 그리고 그때까지 멕시코를 제외한 올림픽 개최 국가는 모두 선진국이었기에, 한국이 개발도상국으로서 개최한 의미도 남달랐다.

제24회 서울올림픽 개회식

'화합·전진'의 기치 아래 전 세계 161개국, 약 13,600명이 참가하며 기존 올림픽 중 최대 규모로 진행된 서울올림픽은 경기가 개최된 16일간 뿐만 아니라 이전, 이후의 모든 일정에서 성공적이었다. 한국은 레슬링, 복싱, 유도, 양궁, 탁구, 여자 핸드볼 등에서 금메달 12개를 획득하였고, 더불어 은메달 16개, 동메달 11개를 따 소련, 동독, 미국에 이어 종합 4위를 차지한다. 올림픽을 통해 한국은 스포츠뿐 아니라 고유문화, 우수한 경기 운영 역량 등을 전 세계에 알릴 수 있었다.

9월 25일 민족의 대명절인 추석에 유도에서 금메달을 딴 김재엽은 한복을 입고 시상식에 올랐고, 9월 30일에 세계 최강 중국의 자오즈민-첸징에 맞선 한국의 양영자-현정화는 탁구 여자복식에서 올림픽 첫 금메달의 주인공이 되었다. 두 사람은 이날 엄청난 호흡으로 중국을 2:1로 물리쳐 당시 '환상의 복식조'라는 유행어를 탄생시키기도 했다. 한국 남자 탁구 복식 동메달리스트인 안재형과 여자 탁구 단식 동메달, 복식 은메달리스트인 중국의 자오즈민은 서울올림픽을 계기로 국제 커플로 발전해 놀라움을 안겨주기도 했다. 이들은 이듬해 스웨덴에서 결혼식을 올렸는데 당시 한국과 중국이 미수교 상태였기 때문에 더 의미가 있었다.

　한국이 3저 호황 시대를 거치며 6월 항쟁으로 민주화를 이룩하고, 때맞춰 86아시안게임과 88서울올림픽을 개최하기까지의 드라마틱한 과정은 '한강의 기적'이라는 이름으로 전 세계의 화젯거리가 되었다. 특히 한국의 치밀한 올림픽 개최 준비와 대회 진행, 한강을 중심으로 한 서울의 발전상, 아름다운 가을의 정취와 정 많은 한국 사람들의 모습이 텔레비전 중계를 통해 소개되면서 한국의 이미지는 상상할 수 없을 만큼 크게 향상되었다. 그 이후 한국에서는 해외여행의 전면 자유화가 실시(1989)되고 민간도 5,000달러까지 외화 보유가 가능해지는 등 88서울올림픽의 성공적인 개최는 대한민국이 세계화라는 거대한 흐름에 편승하는 결정적 계기였다.

085

6월 민주항쟁

호헌철폐! 독재타도!
1987년 6월

　　　　　　1987년 1월 14일 서울대 언어학과 학생 박
종철이 치안본부 남영동 대공분실에 연행되어 수배 중인 선배의 소재
를 추궁받는다. 그 과정에서 박종철은 사망했고 강민창 치안본부장은
"책상을 '탁' 하고 치니 '억' 하고 죽었다"라고 발표했다. 시체를 부검
한 의사가 박종철이 물고문에 의해 숨진 사실을 발표하자 경찰은 관
련자 2명을 구속하며 사건을 마무리 짓고자 했다. 하지만 천주교 정의
구현 전국사제단이 이를 축소 조작하려는 경찰들의 음모를 추가로 폭
로하면서, 그동안 국가 공안기관이 민주화 운동을 탄압하는 과정 중
광범위하게 고문을 자행한 것이 드러났다. 이에 따라 분노한 학생과
시민들이 개최한, 진상 규명과 관련자 처벌을 촉구하는 추모집회와
시위는 한국 민주화의 새로운 역사를 쓰는 6월 민주항쟁으로 이어지

게 된다.

1987년 4월 13일 전두환은 야당과 개헌안에 대한 합의가 이루어지지 않았기 때문에 현행 헌법을 고수할 것이며 모든 개헌 논의를 중단하겠다고 선언한다. 타협의 여지조차도 완전히 봉쇄하는 '4·13호헌조치'였다. 1980년대 민주화 운동에서 제기한 가장 큰 정치적 쟁점은 대통령 선거였다. 대통령선거인단에 의해 선출되는 대통령 선거 방식은 실질적으로 여당 후보의 집권을 보장하는 제도였고, 이에 야당과 민주화 운동 세력은 헌법을 개정해 유신체제 이후 중단된 대통령 직선제를 부활시킬 것을 요구해왔다. 대학교수, 종교인, 변호사, 영화인, 교사 등 각계각층에서 4·13호헌조치에 반대하는 성명서를 발표하며 직선제 개헌운동은 탄력을 받았고 야당과 민주화 운동 세력은 연대를 이루어낸다.

그러던 중 연세대 학생 이한열이 1987년 6월 9일 교문 앞에서 시위를 벌이다 최루탄 파편에 맞아 의식 불명 상태에 빠지는 사건이 발생한다. 이런 와중에도 여당인 민정당은 6월 10일 기존 헌법하에서 간접선거로 대통령을 선출하기 위해 전당대회를 열고 노태우를 차기 대통령 후보로 추대한다. 이날 서울을 비롯한 전국 22개 도시에서 '박종철 고문살인 조장, 은폐 규탄 및 호헌철폐' 시민대회가 개최되어 총 24만 명의 학생과 시민들이 집회 및 시위를 벌였다. 거리에서는 지나가는 차량들의 동조하는 경적 소리와 시민들의 박수 소리, "호헌철폐, 독재타도"의 구호가 울려 퍼졌다. 경찰은 전국에서 220명을 구속하며 집회와 시위를 진압하고자 했고, 이러한 탄압에 맞서 서울 집회에 참여했던 학생과 시민 600여 명은 명동성당으로 들어가 농성을 시작한다. 명동성당은 봉쇄되었지만 시민들은 도시락을 넣어주고 봉쇄하고 있는 전투경찰들 가슴에 꽃을 달아주기도 했으며, 학생들은 기말고사 기간이었음에도 연일 가두로 진출하여 시위를 벌였다. '넥타이 부대'라고 불렸던 사무직 노동자들이 거리 시위에 참여했고, 건물의 사무실에서는 동조의 표시로 두루마리 휴지를 풀어 던졌다. 민주화 운동 세력은 일반 시민의 참여를 유도하기 위해 퇴근 시간 무렵부터 시위를 시작하기도 했다.

6월 10일에 전국적으로 시작된 시위는 계속 확산되었으며, 특히 19일 부산 지역의 시위 규모는 정부로 하여금 군 투입을 고려하게 할 정도였다. 하지만 내부의 반발이 있었고 특히 미국은 광주 민주화 운동 때와 달리 군 투입에 명확히 반대 의사를 표시하며 정치 지도자들 간의 타협을 촉구했다. 이에 6월 24일 전두환과 야당 당수 김영삼은 회담을 벌였고 25일에 김대중의 가택연금이 해제된다.

결국 1987년 6월 29일, 전국적으로 시위가 계속되는 가운데 민정당 대표위원이자 차기 대통령 후보로 추대된 노태우는 '6·29선언'을 발표하게 된다. 대통령 직선제 개헌과 김대중 사면 복권 등 민주화 조치를 약속한 것이다. 급진적인 민주화 운동 세력은 이를 기회로 전반적인 사회 개혁까지 추진하고자 했지만, 정치적 목적을 달성한 야당에게는 더 이상의 시위를 이어갈 이유가 없어졌고 이로 인해 추진력을 잃은 민주항쟁은 끝나게 된다.

　6월 민주항쟁의 결과, 헌법은 대통령 직선제와 5년 단임제를 골자로 하는 내용으로 개정된다. 학생과 시민들의 목숨을 건 항쟁으로 정권이 바뀔 수 있는 결정적인 기회가 찾아온 것이었지만 대통령 선거 국면에서 야당 세력은 분열되었다. 김영삼, 김대중 두 야당 지도자는 후보 단일화 논의에서 합의점을 찾지 못했고 1987년 10월 김대중은 대통령 출마 의사를 공식화하면서 통일민주당을 탈당해 평화민주당을 창당한다. 결국 13대 대통령 선거 결과, 여당 후보 노태우는 전체 투표수 중 36.6%를 득표하며 28%의 김영삼, 27.1%의 김대중, 8.1%의 김종필을 누르고 대통령에 당선된다. 비록 정권 교체 실패로 귀결된

6월 민주 항쟁

항쟁이었지만 이후 노태우 정권 출범 2개월 후에 치른 총선으로 빚어진 여소야대 국회는, 한국의 민주화가 혁명이 아닌 점진적인 방법으로 방향을 전환하며 한 걸음 더 전진하고 있음을 보여주었다.

5장

대한민국,
세계 속에 우뚝 서다

1988~2021년

086

북방정책

북북 북대문을 열어라!

1989년

21세기를 지나는 한국에서 중국 관광객이나 베트남 노동자, 몽골의 학생들을 보는 것은 자연스러운 일이다. 마찬가지로 한국 기업이 중국에 공장을 건설하고 학생들이 동유럽으로 배낭여행을 가는 것도 당연한 모습이다. 하지만 1980년대까지만 해도 한국은 공산권 국가와 외교관계가 수립되어 있지 않았고 상품 교역이나 기업 간 사업도 금지되어 있었다. 당연히 여행도 갈 수 없었다.

88 올림픽이 서울에서 개최된 이듬해인 1989년 11월, 동서독 분단의 상징이자 냉전체제의 상징이었던 베를린 장벽이 붕괴되고 탈냉전 분위기가 확산된다. 공산 정권들은 몰락해갔고 자본주의 시장 경제를 도입하기 시작했다. 이에 맞춰 한국도 이들과의 정치, 경제적 교류의 물꼬를 트기 시작한다. 공산권 대부분이 한국보다 위도상 북쪽에

위치해 있기 때문에 이들과의 외교 관계를 구축하고 교류하는 정책을 '북방정책'이라고 부른다. 노태우는 북방정책의 선봉에 서서 이를 적극적으로 추진했고 괄목할 만한 성과를 냈다. 1989년 2월 헝가리와 정식 국교를 수립한 것을 시작으로, 재임 기간에 수교한 공산권 국가가 폴란드, 체코, 루마니아 등 동구권 국가를 비롯해 몽골, 베트남 등 무려 37개국이나 되었으니 시대적 흐름을 놓치지 않고 정책을 과감하게 추진한 결과라고 할 수 있다.

사실 당시 정부 안에서도 북방정책을 둘러싸고 찬반이 엇갈렸다고 한다. 외무부(지금의 외교부)는 북방정책에 적극적이었지만 경제부처들은 소극적이었다. 공산국가들이 대부분 수교를 대가로 경제협력이라는 막대한 뒷돈을 요구했기 때문이다. 이런 분위기 속에서도 노태우는 돈이 들더라도 공산권 국가와 수교해야 한다는 입장을 고수했고 결국 성사되곤 했다.

초기의 수교는 정상적 외교 채널을 통해서가 아니라 비밀리에 이뤄졌지만 소련(러시아와 우크라이나 등 15개 연방국가)과의 수교로 북방정책은 본격화된다. 소련과의 수교 과정에서도 반대 의견이 많았다. 소련의 개혁을 이끌었던 고르바초프 대통령이 한국의 수교 희망에 대해 노골적으로 돈을 요구했기 때문이다. 처음 소련에서 요구한 금액은 50억 달러였지만 정부가 협상해 30억 달러로 낮추었다. 공짜로 주는 것이 아닌 현금과 상품을 섞은 경제협력 형태의 차관으로 소련 붕괴까지 14억 7천만 달러가량의 차관이 실제로 제공되었다.

한소회담 시 악수하는 노태우 대통령과 고르바초프 대통령

1990년 10월 1일 역사적인 한·소 수교가 맺어졌고 1991년 소련이 해체된 이후 한국은 러시아와 국교를 재개하게 된다. 40년 전 한국전쟁을 배후에서 조종했던 소련의 국기가 이제는 차관을 줄 수 있는 국가로 변신한 한국의 수도 한복판에서 날리게 된 것이다. 30억 달러 차관의 조건에 대해 수교를 돈으로 주고 산 굴욕 외교라는 비판도 제기되었지만 이후 결과적으로 보았을 때 '실'보다 '득'이 되는 선택이었다. 소련과의 수교가 많은 변화를 불러일으켰기 때문이다. 특히 북한에 즉시 영향을 미쳤는데, 역사적으로 무조건 북한의 편이었던 소련이 남한과 정식으로 국교를 수립한 것은 1991년 남북한의 유엔 동시 가입이 성공할 수 있는 배경이 되었다. 1992년 8월 중국과의 수교가 속도를 낼 수 있었던 것도 소련과의 수교 영향이 컸다. 북한과 형제 국가인

중국과의 협상에는 유독 어려움이 많았는데, 만약 중국과의 수교가 몇 년 더 늦어졌다면 한국이 중국 시장에 진출하는 시기는 훨씬 늦어졌을 것이다. 오늘날 중국 시장이 한국 경제에서 차지하는 비중을 고려할 때 노태우 시대의 북방정책이 가지는 경제적 의미는 매우 크다. 중국과의 경우처럼 공산권 국가들과의 수교 역시 한국 경제의 활로를 개척하는 데 중요한 역할을 하게 될 예정이었다.

하지만 이로 인해 오랫동안 우호 관계를 유지해왔던 중화민국과의 외교 관계는 단절되었다. 또한 북방정책은 남한의 외교적인 역량을 확대하는 데는 크게 기여했지만 한반도의 평화와 통일 환경을 조성하는 데에는 실패했다. 북한은 남한과 달리 서방 국가와의 외교관계에서 진전을 보이지 못했기 때문이다. 그런 와중에 과거 공산주의 동맹국들이 남한과 수교를 맺으며 관계가 소원해짐에 따라 북한은 국제적으로 더욱 고립되어갔다. 이는 주기적으로 북한이 한반도를 위기 상황으로 몰고 가는 배경이 되었다.

087

신도시 건설

집을 짓는 속사정

1989년

이승만과 박정희 정권 시대의 한국 경제
에서 수출은 선이었고 수입은 악이었다. 그들은 수출을 통해 한국 경
제를 세우고자 했고 수입은 최대한 억제하고자 했으며 이는 1980년대
중반까지 계속되어왔다. 하지만 3저 호황 속에 한국의 무역수지가 흑
자로 돌아선 1986년부터 미국 정부는 본격적으로 한국에 수입 개방
압력을 가하기 시작했다. 이는 농수산물, 지적 재산권, 통신 시장, 금
융시장 개방 등으로 이어졌고, 관세율도 인하되면서 1990년부터 한
국 경제는 다시 적자로 돌아서게 된다. 이 무렵 세계 경제는 개방화,
국제화의 분위기였기 때문에 수입 개방은 불가피했다. 하지만 이것
이 한국 경제 내부의 질적인 재편 없이 급작스럽게 진행되면서 문제
가 된 것이다. 대기업은 3저 호황기에 창출된 부를 경영 합리화나 기

술 개발에 투자하기보다 규모 확장에 집중했고, 심지어 단기적 이익을 얻기 위해 이 당시 극성이던 부동산 투기에 편승하기도 했다.

원래 부동산 투기 바람은 경기가 좋아질 때마다 겪었던 한국 경제의 고질병이었다. 좁은 땅에 인구가 많은 현실에서 집값이나 땅값은 정도의 차이일 뿐 오르는 것이 당연했다. 그렇기에 시중에 돈이 많이 풀리면 그 돈들이 부동산 투기 바람을 일으키곤 했다. 1970년대 후반 중동 건설 붐으로 달러가 쏟아져 들어온 이후 강남 개발을 통한 아파트 특혜 분양, 투기 현상과 아파트 투기를 둘러싼 일명 '복부인'의 출현이 그 대표적인 예였다.

부동산 투기는 물가 상승과 생산 비용의 상승을 가중시키기 때문에 서민 생활을 파탄시킬 수 있었고 그 결과 빈부격차가 확대되는 심각한 문제점이 초래될 수 있었다. 그랬기 때문에 노태우 정권은 1990년 5월 부동산 종합대책을 발표해 재벌들의 부동산 매입을 1년간 중지시키면서 비업무용 부동산을 강제 매각하도록 했다. 또한 부동산 투기를 막기 위해 토지 공개념 도입을 골자로 하는 법안을 시행하고자 했지만 결국 흐지부지되었고 금융실명제 실시 논의도 재벌과 정치권의 반대로 무산되었다.

노태우 시대 부동산 투기는 두 가지 이유에서 폭발이 예고되어 있었다. 3저 호황 속에 한국의 경제성장률은 1986년부터 3년 연속 연평균 11~12%를 기록했다. 소득이 높아지고 돈이 풀린 것이다. 그럼에도 전두환 시대 물가 안정에 집착한 나머지 오랫동안 긴축정책을 실시하는 과정에서 주택 공급은 소홀했다. 그 사이 한국인들은 높아진 소득 수준에 맞춰 집 규모를 늘리고 싶은 욕구가 강해졌던 데 비해 그에 맞는 아파트 공급은 턱없이 부족했다. 당시 중대형 아파트 값이 하늘 높은 줄 모르고 치솟았던 이유였다.

결국 공급이 부족한 상태에서 수요가 폭발적으로 늘면서 투기의 불길이 번져간다. 정부는 여러 차례 공급을 늘리는 정책을 폈지만 오히려 아파트 값은 더 오른다. 사람들이 아파트 값 상승을 예측, 집을 사두는 것을 재산 증식 수단으로 간주하는 일명 '가수요 현상'이 발생했기 때문이다. 전국 땅값 상승률은 1980년에서 1987년 사이 연평균 10.5%였지만 노태우 정권 출범 첫해인 1988년에는 27%, 89년에는 32%, 90년에는 20.6%로 가파른 상승 곡선을 그렸다. 1988년과 1991년 사이에 아파트 값은 2.6배나 뛰었다. 일례로 1989년 1월에 3천 3백만 원 하던 과천 주공아파트(16평) 가격은 석 달 뒤인 4월에 5천만 원으로 뛰어 43%의 상승을 기록하기도 했다. 당시 1억 원으로 40평 아파트를 살 수 있었던 사람이 3년 뒤에는 15평도 살 수 없게 된 셈이었다.

이런 배경에서 나온 정책이 '신도시 건설'이다. 1989년 4월 초 청와대에서 관계자들이 모여 아파트 가격 상승에 대한 대책을 논의했고 그 결과로 4월 27일 '분당, 일산 신도시 건설계획'이 전격 발표되었다. 이에 대해 각계에서 찬반양론이 들끓고 원주민들의 반대도 격렬했지만 신도시 건설은 숨 가쁘게 진행되어갔다. 신도시 건설을 위한 기초 조사 작업이 착수되었고, 개발계획을 비롯해 인구, 교통, 환경영향평가 등 각종 용역사업이 시작되었으며 신도시의 터가 결정되었다. 1989년 10월. 신도시 개발 기본구상(안)이 청와대에 보고되었고, 12월 12일에는 개발계획(안)에 대한 공청회가 열렸다. 결국 신도시 건설계획이 발표된 지 1년이 채 못 되는 1990년 3월 31일, 개발계획에 대한 건설부의 최종 승인이 난다.

이후 허허벌판이던 서울 근교의 분당을 비롯해 일산, 산본, 평촌 등지에 대규모 아파트 단지가 들어서기 시작한다. 과거에 울산, 창원, 구미 등 공장을 유치하는 산업단지 조성을 위한 신도시가 건설되기는 했지만 주거단지로서의 신도시 건설은 이때가 처음이었다. 이를 통해 부족한 중대형 아파트의 공급이 늘어났고, 그중에는 '천당 밑에 분당'이라는 별칭 등과 함께 성공한 신도시로 주목받는 도시들도 나타났다. 노태우 정권은 임기 중 목표했던 200만 호 건설 목표를 1년 정도 앞당겨 달성하며, 비록 미봉책이었음에도 극심했던 부동산 투기를 어느 정도 수습할 수 있었다.

088

3당 합당

보수 대연합? 보수 대야합?

1990년

1990년 1월 22일, 노태우 대통령과 김영삼 민주당 총재, 김종필 공화당 총재는 청와대에서 긴급 회담을 갖고 3당을 주축으로 합당, 신당 창당을 선언한다. 당명은 민주자유당(민자당). 이는 13대 총선 이후 여권을 중심으로 꾸준히 제기된 '보수 대연합'을 천명한 것이었는데 정치권과 사회 전체에는 이로 인해 큰 파문이 일었다. 이념이나 정책에서 공조를 하고자 한 것이 아닌 정치적 이해관계에 따른, 그것도 밀실에서 이루어진 '야합'이라는 평가가 내려지면서 그동안 민주화를 열망해 이루어낸 국민들은 매우 실망한다.

유신체제 이후부터 전두환 정권에 이르기까지 국회의원 선거제는 한 선거구에서 두 명의 의원을 선출하는 대선거구제였다. 조직력과 자금력이 월등한 여당 후보가 최소한 2등은 할 수 있었기 때문에, 이는 여당의 과반수 의석을 보장해주는 의미가 있었다. 하지만 6월 민주항쟁 이후 치러진 13대 총선에서 소선구제가 부활한다. 민정당은 대선 때와 비슷한 34% 득표율 획득에 그쳤고 과반수 의석 확보에 실패한다. 대한민국 의정 역사상 처음으로 여소야대 국회가 만들어진 배경이었다.

이런 상황에서 88 올림픽이 끝난 후 5공 비리 청문회가 열린다. 여소야대 국회는 전두환 정권 때 자행된 비자금 조성 문제, 5·18광주 민주화 운동, 언론 통폐합에 대한 진상 규명을 시도한다. 정권의 비리가 폭로되는 장면이 TV로 생중계되었고 전두환 전 대통령은 백담사에서 은둔을 시작했다. 이처럼 정국의 주도권이 야당으로 넘어가는 상황이 이어지자 노태우 정권은 이를 뒤집을 수 있는 방법을 찾았고 그것이 이른바 3당 합당으로 표현된 보수진영의 대연합이었다. 3당 합당 선언 후 민주자유당이 새로운 여당으로 등장하면서 여소야대 국면은 역전되었다.

3당 합당 시 김영삼, 노태우, 김종필의 모습

1971년 대선 당시 40대 기수 김영삼의 행동은 참신했다. 당시 박정희와 맞붙었던 야당의 대통령 후보자로 김대중이 선출되었는데 그 드라마틱한 과정에서 김영삼의 대처가 돋보였던 것이다. 모두 야당 대통령 후보로 김영삼을 예상하고 있었고 본인도 그렇게 생각해 대통령 후보자 수락 연설도 준비한 상태였다. 하지만 1차 투표에서 김영삼, 김대중, 이철승 세 후보 중 김영삼이 1등을 했음에도 과반을 넘지 못해 결선투표가 치러졌는데 뚜껑을 연 결과는 예상 밖으로 김대중이었다. 이철승을 지지했던 사람들이 김대중으로 옮겨갔기 때문이었다. 김영삼은 굉장히 황당해했지만 결국 승복했고, 박정희를 떨어뜨리기 위해 전국 곳곳을 다니며 김대중 당선 운동을 하겠다는 연설을 남긴다. 김영삼과 김대중이라는 한국 현대 정치사의 거목들이 탄생하고 있었다.

그 이후에도 김영삼은 군사독재정권에 맞서 목숨을 걸고 민주주의를 지켜냈던 대표적인 투사로 자리매김했지만, 결국 그는 3당 합당으로 자신을 탄압했던 군부의 잔재들과 의기투합한 셈이 되었다. 그랬기 때문에 많은 사람들은 규탄대회를 열었고 여기에는 경찰의 강경진압이 뒤따랐다. 김영삼을 통해 정치에 입문했던 노무현은 이 사건으로 김영삼과 결별하게 된다. 김대중의 '평화민주당'을 뺀 뒤 모두 하나가 된 상황에서 김영삼과 김대중이 상징적으로 대립하는 구도가 결성되었고 경상도와 전라도의 지역감정은 더욱 심해졌다. 지역주의 정치구도를 극복하는 것이 아니라 오히려 호남 소외를 심화시켜 영호남 갈등을 부추겼기 때문이다.

그동안 정치권에서의 '민주와 반민주의 구도'를 '진보와 보수의 구도'로 바꾸고 지역 구도를 고착화시킨 3당 합당의 결과 탄생한 민자당은, 1992년 3월 14일 총선 득표율이 48.5%에 그치면서 무소속을 영입하고서야 간신히 과반수를 넘길 수 있었다. 반면 김대중이 이끈 전통 야당 민주당은 31.6%로 선전했고 현대그룹 정주영이 이끄는 국민당이 창당된 지 2개월밖에 안 되었음에도 10.5%를 득표하며 제3당의 위치를 차지했다. 3당 합당을 향한 민심이 그대로 반영된 장면이었다.

그해 김영삼은 여당의 대통령 후보로, 기득권 세력의 지지와 지역감정을 등에 업고 경쟁 상대인 김대중 후보를 7퍼센트 차로 누른 뒤 마침내 14대 대통령에 당선되었다. 비록 야합을 통해 대통령이 되는 불명예를 안았지만, 김영삼은 '문민정부'라는 이름을 정부의 별칭으로 정해 이전 군사정권과 선을 분명하게 그으면서 국민들의 기대에 부응하려고 했고 그 결과 높은 지지율과 함께 임기를 시작하게 되었다.

089 | 금융실명제

검은 돈, 베일을 벗겨라!

1993년

　　　　　　김영삼은 자신의 정부를 '문민정부'라고 명
명했다. 새 정부가 별칭을 스스로 작명한 것은 처음이었는데, 자신의
정부를 이전의 군인 출신 정부와 구별하고 민주화 운동에 앞장섰던
자신이 대통령이 되면서 민주 정부가 세워졌음을 강조한 것이다. 그
래서 전두환과 노태우 두 전직 대통령들을 비자금 수사를 통해 구속
하고, 군 내부의 막강한 권력집단인 하나회를 해체시킨다. 또 1961년
부터 실시되어왔던 일명 '박정희 표' 경제개발 5개년 계획을 폐기하고
대신 '신경제 5개년 계획'을 세워 추진한다. 3당 합당을 통해 대통령이
된 김영삼은 그래서 더더욱 과거와 선을 그으면서 개혁을 추진해나갔
는지도 모른다.

　김영삼 개혁의 중심은 '부정부패 개혁'에 있었다. 국회의원들을 포

함한 고위공무원의 재산등록을 의무화한 것이 이때부터라고 할 수 있다. 이 시기 실시된 금융실명제도 경제 정책이라기보다 부패 척결 차원에서 내린 조치에 가까웠다. 실명제 실시로 그동안 고질적인 부패 고리였던 정치자금의 움직임이 드러나게 되었고, 이를 통해 정치판이 가장 큰 타격을 입었던 이유였다.

원래 금융실명제의 제안은 야당이나 시민 단체가 아닌 전두환에게서 나온 것이다. 광주 민주화 운동을 진압하고 각종 공안 정국을 만들며 집권한 지 얼마 안 된 1982년, 이철희·장영자 어음사기 사건 같은 대형 금융 스캔들이 터진다. 대통령의 친인척이 연루된 이 사건으로 '정의사회 구현'을 내세웠던 정권의 체면이 말이 아니게 되었고, 실추된 민심을 수습하기 위한 초강수의 개혁 조치가 필요했다. 이에 정부는 같은 해 7월 실명 자산 소득에 대한 종합과세제도 실시를 내용으로 하는 7·3 조치를 발표하고, 12월 금융실명거래에 관한 법률도 제정한다.

사실 한국 경제는 그동안 급격하게 성장하면서 파생된 문제점이 많았다. 특히 경제 개발을 위해서는 차관 도입뿐 아니라 국내 자금 동원도 극대화되어야 했고 그 과정에서 가명이나 무기명으로 금융 거래하는 등의 잘못된 관행이 묵인되어왔다. 그리고 그로 인해 일명 '지하경제'가 번창했다. 세금이 부과되지 못하는 '검은 돈'으로 조세 부담의 형평성은 깨졌고, 그로 인해 부의 축적과 재산의 형성 과정에 대한 국민들의 불신은 계속 쌓여갔다. 게다가 그런 돈들이 불법 정치자금이

나 부동산 투기, 뇌물 등 비리와 부정부패의 온상이 되는 등 비실명 금융거래로 발생되는 폐해가 컸기 때문에 한국 경제가 성숙해지기 위해서는 금융거래의 정상화가 절실히 필요했다.

그런 이유에서 정부의 기세에 눌린 언론도, 재계도 처음에는 반발할 수 없었다. 금융실명제 목적이 가명, 차명, 무기명 예금을 금지시켜 검은 돈을 뿌리 뽑고 세금을 제대로 징수하자는 것이었기 때문에 명분상으로도 반대하기 어려웠던 것이다. 하지만 시간이 지나면서 정치권, 특히 여당인 민정당 내부에서 정치자금 없이 정권 유지가 불가능하다는 이유로 반기를 들기 시작했고, 실명제를 감당할 수 없는 전산시스템의 한계와 자금 흐름의 위축으로 경제가 타격을 입는다는 경제적 부작용을 들며 국회 입법과정에서도 반대의견이 득세한다. 결국 전두환은 포기한다.

노태우에 의해서도 금융실명제는 다시 시도된다. 대선공약이기도 했기 때문에 1991년 1월부터 실시하겠다는 시기까지 못 박는다. 하지만 3당 합당으로 여소야대 시기가 끝나고 1989년 하반기부터 경제성장률의 둔화, 증시의 침체, 국제수지 악화 등 경제위기론이 대두되면서 금융실명제 실시는 소모적인 논의를 거듭한 뒤 다시 유보된다. 부동산 투기 억제나 경제 회생 노력이 더 시급하다는 것이 유보의 명분이었지만 실제로는 추진해야 했던 노태우의 소신 부족에 기인한 것이었다.

이처럼 앞의 두 정권에서 실시되지 못했던 금융실명제가 드디어 김영삼 정권에서 이루어진다. 집권 5개월 만에, '깜짝 쇼'라고 불릴 만큼 비밀리에 준비되어 1993년 8월 12일 20시를 기해 대통령 긴급명령으로 전격 실시된 것이다. 이에 따라 개인은 은행·증권·보험 등 모든 금융기관과 금융거래를 할 때 실명 사용이 의무화되었고, 금융기관에서는 국가나 지방자치단체장이 발행한 증명서 등을 통해 본인 여부를 확인해야 했다.

김영삼은 금융실명제 실시 과정에서 토론도 생략했고 국회의 입법 과정이나 공청회도 건너뛰었다. 경제적으로나 정치적으로 반대할 기회조차 주지 않았던 것이다. 나아가 1995년 부동산실명제까지 실시해 토지도 다른 사람의 이름으로 숨기지 못하게 한다. 이후 금융 외환 위기가 발생하자 전국경제인연합회(전경련) 등은 그 원인이 금융실명제에 있다고 주장하면서 제도의 폐지를 강력하게 주장하기도 했다. 하지만 국제통화기금(IMF) 구제 금융 측은 자금지원 협상을 진행하는 과정에서 금융실명제 유지를 강조했다.

이처럼 많은 반발과 반대, 그리고 제도 자체에 내재되어 있는 한계에도 불구하고 금융 및 부동산실명제와 주민등록번호 제도, 컴퓨터의 급속한 발전은 정부 관료, 국회의원을 포함한 전 국민의 재산 상태가 확인 가능한 시대를 열게 되었다.

090

대학수학능력시험

최고를 위해? 행복을 위해!

1994년

2019년 초 한 드라마가 한국 사회를 뜨겁게 달궜다. 대한민국의 한 가정이라도 살리고 싶었다는 작가의 고백으로 더욱 화제가 되었던 드라마, 〈SKY 캐슬〉이다. 그동안 재벌 2세와 3세, 황태자를 넘어 도깨비와 게임 주인공까지 수많은 남주인공과 여주인공의 사랑에 열광해온 시청자들은, 이번에는 부모의 자식에 대한 비뚤어지고 어긋난 사랑과 집착에 빠졌다. 최고만을 향하는 부모와 그 자녀들의 이야기가 현실에서 실제로 벌어지고 있음이 믿어졌기에 한국의 학부모와 학생들의 감정이입은 더 쉬웠고 그 파급력은 더 컸다.

매년 대학입학시험이 치러지는 날의 한국은 그야말로 전쟁터를 방불케 한다. 12년 동안 이어진 학생과 학부모의 모든 노력의 결과가 결정될 그날은 영어 듣기 평가가 치러지는 시간에는 비행기 이착륙이 금지되기까지 할 정도로 수능생의, 수능생에 의한, 수능생을 위한 날이다.

한국이 다른 국가에 비해 유독 입시 경쟁이 치열한 사회가 된 근본적인 배경은 일제강점기에 있다. 이전까지 신분제도가 뿌리 깊었던 한국은 일제강점기에 신분 차별의 해체를 경험하게 된다. 대부분의 양반을 포함한 한국인들은 정치권력에서 배제되었고 그런 상황에서 양반의 권위는 약화되어갔다. 거기에 광복이라는 거대한 경험과 농지개혁, 한국전쟁은 사회적 평등을 가져왔다. 하지만 이는 사회적 권위가 사라지고 문화 수준도 낮은 상태에서 진행되었기 때문에 일명 '하향평준화'된 셈이었다. 그럼에도, 또 그랬기 때문에 부와 권력을 향해 모든 사람은 똑같이 뛰어야 했고, 그러다 보니 수단과 방법을 가리지 않는 치열한 경쟁이 시작되었던 것이다. 신분 상승의 가장 확실한 수단이 '교육'임을 자각하면서 한국 내에서 교육열은 무섭게 확산되었다.

광복 후 교육 기회가 확대되자 교육 인구는 놀라울 정도로 늘어났고 문맹률은 급격하게 낮아진다. 한국전쟁을 지나면서도 한국인의 교육 열기는 계속되어 증가하는 학생 수에 비해 교육 시설은 부족했다. 국민학교(초등학교)의 경우 한 반에 70, 80명 또는 100명이 넘게 수업을 받거나 2부제, 3부제 수업을 하기도 했다. 초등학교에서도 일류 학교가 탄생하는 등 부작용도 있었지만 이와 같은 교육열을 통해 탄생한 대규모의 한글세대는 한국 경제의 비약적인 발전을 뒷받침한 밑거름이 되었다.

대학교도 마찬가지였다. 광복 이후 교육열의 폭발로 1960년까지 대학생 수는 무려 13배 이상 증가했고, 그 과정에서 대학 신입생 선발권을 놓고 정부와 대학의 줄다리기가 계속되었다. 1945년부터 1953년까지는 대학별로 자율적으로 시험을 진행하다가 '국가연합고사'가 처음 실시(1954)되었는데, 책상이 없어 의자에 앉아 무릎 위에 시험지를 놓거나 운동장이나 교실 밖 계단에 줄을 지어 앉아 시험을 봐야 했다. 입시생에게 이중 부담이라는 이 제도가 중단된 뒤 1955년부터 다시 본고사를 보기도 하면서 대학별로 자율적으로 평가했지만 부정입학 문제가 불거지면 국가고사가 부활되기도 했다.

1962년에는 '대학입학 자격고사'가 도입되었다가 정원 미달 사태가 벌어지고, 대학의 자율성 침해 논란이 일자 다시 대학별 단독고사로 바뀌기도 한다(1964). 소 한 마리를 팔아야 대학을 졸업시킨다 해서 대학을 상아탑이 아닌 '우골탑'으로 부르기 시작하고, '치맛바람'이라는 말이 본격적으로 등장한 시기이기도 하다. 1969학년도 입시부터는 예비고사 커트라인을 통과한 수험생에게만 본고사를 치를 자격을 주는, 이전 제도에 비해 꽤 오랫동안 실시될 '예비고사제'가 도입되었고 이때부터 답안지를 사람이 아닌 기계가 채점하기 시작한다. 1970년대에 대학입시의 체계가 예비고사와 본고사로 세워지고 자리도 잡히지만, 그에 따라 과외가 성행하고 입시 위주의 학교 교육 진행과 재수생 증가 등의 문제점이 나타나기도 했다.

1981학년도 입시제도는 역사상 가장 황당한 경우였다. 전두환 정부

대학 입시 광경(1954)

는 1980년 여름방학 기간, 본고사 폐지와 기존 예비고사의 이름을 바꾼 '학력고사' 성적으로만 선발하는 것을 내용으로 하는 대입전형을 발표한다. 또한 대학도 입학정원제가 아닌 졸업정원제로 바꾼다. 교육 정상화를 위한 방안이라고 했지만 그 기저에는 학생 간 성적 경쟁을 유도해 당시 정권에 저항하던 대학의 민주화 운동 세력을 약화시키기 위한 의도가 있었다. 대입을 채 6개월도 남기지 않은 시점. 지금은 상상할 수조차 없는 입시제도 변경이 가능했던 시절이었다.

　예비고사는 보통 중상위권 학생들이 거의 합격하는 시험이라 따로 공부하는 학생이 거의 없었고 본고사 입시 준비에 전념하던 중에 학력고사가 모든 걸 결정하는 상황이 되자 기현상이 벌어진다. 1981학년도 입시에서 명문대의 거의 모든 학과가 미달되는 사태를 겪은 것이다. 바뀐 제도에서 안전한 합격을 확신할 수 없어 다들 하향지원했기 때문이었다. 반대로 340점 만점 시험에서 배짱이 두둑한 100점대 학생들 중 5명이나 명문대 법대에 합격하기도 했다. 이 때문에 당시 입학했던 학력고사 세대를 본고사 세대가 대우해주지 않아 81, 82학번 신입생들이 인정투쟁을 하는 경우까지 생겼다. 원서 마감 직전까지 치열하게 펼쳤던 눈치작전에 따라 합격이 좌우되는 사례들도 많았던 그때 그 시절의 입시였다.

이후 학력고사가 암기 위주의 경쟁 교육을 유발한다는 여론 때문에 도입된 제도가 지금의 '대학수학능력시험(수능)'이다. 미국의 대입시험(SAT)을 참고해 1994학년도 입시부터 도입되어 2022년 현재까지도 계속되고 있으니 수명이 가장 긴 입시제도인 셈이다. 오랜 기간 시행되면서 수시와 정시, 수능과 학교생활기록부 및 논술, 추천서, 적성, 심층면접 등 각종 전형방법이 생기고 사라지고 있다. 그와 함께 이를 준비하는 사교육이 학력고사 때보다 더욱 양산되면서 계층 간을 이어주던 교육이라는 사다리는 끊어져 이제 더 이상 한국의 개천에서는 용이 날 수 없다는 비판이 나오기도 한다. 드라마 〈SKY 캐슬〉은 최고의 시청률과 유행어 양산을 통해 이러한 한국 입시 현실을 여과 없이 보여주며 대학 입시에 대한 한국인의 치열한 관심과 문제의식을 다시 한 번 증명했다.

교육부가 발표한 자료에 따르면 1945년부터 현재까지 대학입시제도는 16차례나 바뀌었다고 한다. '교육 백년지대계(百年之大計)'라는 말이 무색하게 4~5년에 한 번 꼴로 바뀌며 그야말로 한 치 앞도 내다보지 못하고 왔던 것이다. 세상에서 만들어지는 것은 그 어떤 것일지라도 만들어놓고 그 후에 비용만 감내한다면 보수하며 유지할 수 있지만, 사람은 한번 키워내고 나면 보수가 거의 불가능하고 잘못된 것들은 계속 대물림된다. 대학 입학을 위해서가 아닌 행복한 삶을 위한 교육의 본질은 과연 한국에서는 불가능한 것인가 묻고 싶다. 늦었다고 생각한 그 순간이 남아 있는 시간 중 가장 빠르고 이른 시간이라는 것을 생각하며 지금이 시작이어도 괜찮다는 희망을 가져본다.

091

역사 바로 세우기

직진 정부의 역사의식 세우기

1995~1997년

"치욕의 역사를 다음 세대들이 느낄 수 있도록 역사의 산 교육장으로 활용하라."

"민족정기를 말살시키기 위해 근정전 앞에 세운 것이니 하루 빨리 철거하라."

광복 50주년을 맞은 1995년 8월 15일, 구 조선총독부 건물의 철거가 시작되었다. 높이 4.5m, 무게 11.4톤의 첨탑이 해체되며 아래쪽으로 옮겨지자, 이를 지켜보던 5만 명의 시민들은 감격의 탄성을 질렀고, 중계방송의 시청률은 28.5%를 기록했다. 일제는 1926년 식민통치의 위엄을 과시하기 위해 조선 국왕 즉위식이나 대례가 거행되었던 경복궁 근정전 바로 앞에 조선총독부 건물을 세웠다. 이는 우리 민족에 대한 일제 36년간 강점과 수탈의 상징이었다.

일제가 항복문서에 서명한 뒤, 20여 년간 총독부 건물 앞에 걸려있던 일장기는 내려지고 일본인들은 떠났지만 총독부 청사는 살아남았다. '중앙청'으로 바뀐 이 건물은 1948년 제헌국회가 열리면서 한국 역사가 펼쳐지는 새로운 장이 되었고 1986년부터는 '국립중앙박물관'으로 사용되고 있었다. 하지만 이후 일본인들이 그곳을 조상의 우수성을 느끼는 역사적 장소로 기념해 1년에 30만 명 이상 방문하고 있다는 사실이 알려지면서 구 총독부 건물을 이전하거나 해체해야 한다는 의견이 나오게 된다. 물론 여기에 맞서는 반대 의견도 만만치 않았다. 비록 일제강점기 때의 건물이지만 당시 아시아를 대표하는 중후하고 아름다운 건축물로 평가를 받기도 한 이 건물을 보존해 역사의 산 교육장으로 활용하자는 주장이 대표적이었다. 하지만 김영삼 정부는 광복 50주년을 기념해, '경복궁 되살리기 운동' 및 문민정부의 '역사 바로 세우기' 작업의 연장선상에서 결국 철거를 결정한다.

1993년 문민정부가 출범함으로써 32년(1961~1992)간의 군사정권이 종식되고, 군인이 아닌 국민이 뽑은 민간인 대통령이 탄생했다. 물론 1987년 6월 민주항쟁의 결과로 대통령 직선제 개헌이 이루어지지만 그 직선제의 영광은 아이러니하게도 군부 출신인 노태우에게 돌아갔다. 그래서 당시 우스갯소리처럼 나오던 노태우 정권의 별명은 5.5공화국이었다. 그런 상황에서 민간인 대통령 정부가 탄생하자 문민정부에 거는 국민의 기대도 컸다. 대통령이 취임 초기 지지율 90%에, 1993년 사회인 인기투표에서 연예인들을 제치고 1위에 오를 정도로 국민

'광복 50년, 통일로 미래로' 행사

들이 정부에 거는 기대는 상상 이상이었다. 그리고 당시 한국 사회에서 새롭게 주목받던 X세대는 기존 세대와 달리 이념을 강조하는 분위기에서 벗어나 자유로운 사고와 개성을 중시했기 때문에 사회 분위기상 개혁 요구도 터져 나오기 시작했다. 이런 조건들이 배경이 되어 문민정부는 대대적인 과거사 청산에 나섰으며, 이를 '역사 바로 세우기'라고 이름 붙이게 된다.

일제강점기의 잔재 청산은 광복 50주년을 맞은 1995년 2월 '쇠말뚝 뽑기 사업'으로부터 광화문 한복판의 구 조선총독부 건물 철거에까지 이른다. 철거 소식이 전해지자 일본 정부는 건물을 통째로 옮겨가겠다는 의사를 표명했지만 김영삼 정부는 이를 받아들이지 않았다. 일제 잔재 청산이라는 상징적인 의미를 위해 한순간에 폭파하자는 의견도 있었다. 하지만 지하의 유물과 주변 문화재의 피해를 고려해 압쇄기와 줄톱 등을 이용한 기계식 공법으로 1여 년간에 걸쳐 철거되었다. 그 결과 식민통치의 상징이었던 조선총독부는 첨탑 철거를 시작으로

1996년 11월 영원히 자취를 감추게 되었고, 첨탑 등 일부 잔해는 중앙 박물관과 천안 독립기념관 등에 나뉘어 보관되고 있다. 물론 그 안에 보관되어 있던 박물관 소장품의 거처도 제대로 마련하지 않은 상태에서 정치적 여론몰이에 따라 철거가 이루어진 것은 아쉬운 부분이지만, 경복궁 재건이나 서울의 경관을 위해서는 언젠가는 풀었어야 할 과제였다.

역사 바로 세우기의 또 다른 업적은 1979년 12·12군사반란과 1980년 5·17 쿠데타를 일으킨 전두환, 노태우 두 전직 대통령을 구속해 사형까지 선고(1996.8.26.)한 것이었다. 이후 두 전직 대통령은 대법원에서 무기징역과 추징금을 선고받는 등 감형이 되고, 외환위기가 한창이던 1997년 12월 22일에 김영삼 대통령이 15대 대선 김대중 당선자와 합의하여 국민 대화합을 명분으로 한 특별사면으로 풀려나긴 한다. 하지만 헌정사에 전례가 없던 전직 대통령의 구속과 심판은 당시 정권에 대한 국민의 정서가 어떤지 보여주는 상징적인 의미를 지니고 있었다. 겉으로 드러나는 건물이나 인물들의 위치와 의미를 바로잡는 것은 한국인에게 흐르고 있는 역사의식을 바로 세우는 것의 시작이며 상징이 될 수 있다는 것을 의미하기에, 그 정치적 의도와 별개로 이는 한국 역사의 중요한 한 장면이 되었다.

092 | IMF 외환위기

빛지고, 닥치고, 경제개혁

1997년

"금고 열쇠를 받아보니 천 원짜리 한 장 없고, 빚 문서만 산더미처럼 쌓여 있었다. G7조차 약속했던 80억 달러를 못 주겠다고 한다. 외채 만기를 연장해주지 않으면 당장에라도 모라토리엄(채무 불이행)으로 갈 수밖에 없다."

김대중 대통령이 취임 전 '국민과의 대화'에서 한 말이다. 그는 훗날 자서전에서 "달러가 생긴다면 지구 끝까지라도 찾아가야 했다"라고 당시를 회고했다. 청와대 집무실에 들어가기 66일 전, 그는 당선자 신분이었지만 사실상 대통령으로서 IMF와의 협상을 지시하고 주도하면서 외환위기 극복에 팔을 걷어붙였다.

문민정부 수립 후 한국 경제는 노태우 정권에 비해 눈에 띄게 좋아졌다. 이 시기 한국 경제는 수출 1,000억 달러를 돌파(1995)했고, 1인당 국민 소득은 1만 달러를 넘겼으며, 종합주가지수는 1,000선을 돌파하는 등 역사적인 이정표를 세웠다. 연평균 경제성장률 7%에 달했던 김영삼 정부시기를 한국 경제의 최고 절정기라고 평가하는 전문가도 있다. 1970~80년대가 경제 부흥기였다면 90년대 초·중반은 '고도 성장기'로 한국이 개발도상국을 벗어난 시기로 본 것이다. 여기에 금융 실명제와 같은 계획을 성공적으로 실시했으니 정부는 자신만만할 만했다. 김영삼은 '세계화'의 구호를 내세우며 OECD에 정식으로 가입(1996)해 선진국이 되었다고 자부했다. 하지만 그가 내세웠던 '세계화'는 '국경 없는 세계 시장 속 무한 경쟁'이 아닌, '우리는 적극적으로 세계 시장에 진출해야 하지만 외국자본이 한국에 들어오는 것은 최소화해야 한다'는 전략이었고 이것은 현실에서는 불가능한 순진한 생각이었다.

한국 경제는 노태우 시대를 거치며 이미 '고비용-저효율' 시대에 접어들고 있었다. 임금도 오르고 민주화되는 과정에 들어섰지만 그와 함께 비용은 오르고 생산성은 떨어지면서 그동안 싼 비용으로 경제를 발전시켰던 한국 경제에 경고등이 켜진 것이다. 3저 호황 때 기업 구조를 건전하게 변화시키고 발전시킬 수 있는 기회가 왔지만 그를 놓쳐버린 대가를 치러야 할 때가 다가오고 있었다. 노태우 시대 이후 기업들은 해외 투자라는 명목으로 외국으로 탈출을 시작했고, 국민에게는 '소비가 미덕'이 되어갔다. 성장률은 절반으로 꺾였지만 물가는 상승했고, 부동산 투기는 반복되었다.

이런 와중에도 김영삼 정권 중반까지 경제 외견상 문제가 없어 보였기에 자본 시장은 과감히 개방되었고, 신생 종금사들이 외국 금융 시장에서 외자를 빌려 기업에게 빌려주는 일도 예사였다. 국내 금리보다 낮은 외채가 들어오자 기업들이 신규 사업에 경쟁적으로 뛰어들면서, 30대 재벌 기준으로 부채비율은 300~400%로 높아졌다. 수출은 줄며 무역수지는 적자로 돌아섰지만 달러는 계속 들어와 평균 환율을 달러당 800선에서 계속 유지하고 있으니, 수출은 더욱 줄어드는 악순환이 계속되었다. 이에 비해 소비재 수입의 급증과 해외여행 완전 자유화까지 겹치면서 1996년 급기야 237억 달러의 경상수지 적자를 기록했는데, 이는 외환보유고에 육박하는 적자였다. 금융기관들이 해외 영업 규제에서 풀려 마음대로 외자를 끌어들이는 상황에서 단기 차입만 허용되는 바람에 1년 만기 이하의 단기 외채 도입이 급격히 증가했고, 총외채는 1993년 439억 달러에서 1996년에는 1,047억 달러로 급속히 불어난다. 먹구름이 끼고 있었지만 하늘은 보지 않은 채 한국 경제에는 영원히 맑은 날만 있을 것같이 살던 시기였다.

그러던 1997년, 드디어 올 것이 왔다. 1월 한보철강 부도를 시작으로 대기업의 연쇄부도 사태가 벌어졌고 이와 관계 있던 은행들도 부도 위기에 빠지기 시작한 것이다. 3월 삼미그룹에 이어 다음 달 진로그룹이 부도를 냈다. 재계 7위 기아자동차, 쌍방울, 해태, 뉴코아, 한라그룹이 그 뒤를 이었다. 10월 국제신용평가사들은 한국경제의 신용평가를 떨어뜨리기 시작했고, 이를 신호탄으로 달러가 썰물처럼 빠져

IMF 구제 금융 서명

나갔다. 한국의 은행들은 상환 만기 연장을 거부당했고, 정부가 나서서 미국과 일본 등에 구조를 요청했으나 거절당했다. 결국 IMF(국제통화기금)에 구제 금융을 신청하고 매달릴 수밖에 없었다.

IMF는 한국을 지원하는 대신 기업의 구조조정과 공기업의 민영화, 자본 시장의 추가 개방, 기업의 인수 합병 간소화 등 여러 조건들을 내걸었다. 정부는 조건을 수락함과 동시에 IMF의 관리를 받아 국가 경제를 운영하기로 약속한 뒤 자금을 지원받는다. 한국이 이미 스스로 해나갔어야 하는 개혁이었음에도 시기를 놓치자 IMF라는 기관의 감시를 받으며 일명 'IMF 신탁통치체제'하에서 개혁해나가야 하는 굴욕적인 상황에 처했던 것이다.

그런 상황에서 1998년 대선이 열린다. 민자당은 '한나라당'으로 이름을 바꾸고 법관 출신의 이회창을 내세워 재집권에 도전한다. 경제 파탄에도 불구하고 기득권과 지역감정을 등에 업은 이회창은 후보들 중 선두를 달렸지만 아들의 군 병역 비리 문제가 불거지면서 경쟁자인 김대중 후보에게 유리한 정국이 형성된다. 결국 김대중이 대통령에 당선되어 마침내 대한민국 건국 이후 최초로 선거에 의한 평화적인 여야 정권 교체가 이루어졌고, 세계 신문들은 이를 대서특필했다.

그러나 국정을 넘겨받은 김대중 대통령의 '국민의 정부'는 역사상 가장 큰 빚더미를 넘겨받은 정부였다. IMF의 요구대로 독점 재벌의 해체, 공기업의 민영화, 부실기업 정리, 노동자 정리해고의 간편화, 소비 촉진 등 경제 구조를 개편하고 경제 정책을 바꿔야 했다. "한국, 샴페인을 너무 일찍 터뜨렸다"며 IMF 외환위기 이후 외신에서는 한국을 향해 조소했다. 하지만 한국 국민들은 위기에 닥쳤을 때 발휘되는 특유의 집중력으로 '금 모으기 운동'과 같은 전 국민의 고통 분담과 뼈를 깎는 구조조정 등을 통해 2001년 8월, 지원받은 자금을 3년이나 앞당겨 상환한다. 이를 통해 IMF 관리 체제를 예정보다 일찍 끝냈고 이로써 IMF 외환위기도 막을 내리게 된다.

093

E-Sports의 시작, 스타크래프트

게임, 현실을 움직이다

1998년

E-Sports는 비디오 게임을 통해 사람과 사람 사이의 기록 또는 승부를 겨루는 경기 및 부대 활동으로 일종의 '멘탈 스포츠(Mental Sports)'이다. 특히 2018 자카르타-팔렘방 아시안 게임에서 시범 종목으로 채택되며 뜨거운 호응을 불러일으켰다. 한국은 이상혁(Faker)을 중심으로 〈리그 오브 레전드(LOL)〉와 〈스타크래프트(스타)2〉 종목에 출전해 조성주가 〈스타2〉 종목에서 첫 금메달을 획득했다.

1990년대 중반까지 한국 사회에서 게임은 사회낙오자들의 전유물로 취급되었다. 게임하는 아이들은 '공부 못하는 문제아'라고 낙인찍혔고 게임하는 어른들은 '철없이 게임이나 한다'며 핀잔받곤 했다. 게임하는 걸 직업으로 택한다는 것은 고사하고 PC게임의 사업 가능성조차 생각할 수도 없었던 시절이었다.

하지만 스타가 나오면서 한국은 달라졌다. 블리자드에서 제작한 RTS(실시간 전략게임 Real-time strategy) 게임인 스타는 1998년 한국에 정식으로 발매된다. RTS 게임은 다른 사람과 실시간으로 치열한 두뇌싸움을 벌일 수 있어 인기가 많은 게임의 한 장르다. 스타를 들여온 김영만 전 회장은 당시 'LG소프트'에서 근무하고 있었다. 회사가 대기업이다 보니 사회적 인식이 안 좋은 게임 유통에는 소극적이었고, 그래서 스타의 마케팅에 적극적이지 않았다. 하지만 김영만은 스타의 가능성을 직감하면서 자신의 인생을 스타에 걸어보기로 한다. 회사를 그만둔 그는 작은 게임회사인 '한빛소프트'를 차린다. 이때 스타의 판권을 퇴직금 대신 받아갔다는 이야기도 있다.

IMF 관리체제라는 사상 초유의 경제위기를 맞고 있던 당시 한국에서 안정된 대기업을 그만두고 벤처의 길을 걷는다는 것은 그야말로 모험 그 자체였지만 '위기'는 '기회'가 되었다. 스타는 한빛소프트를 통해 본격적으로 국내에 시판되었고, 1999년 확장 팩 '브루드 워'가 출시되면서 한국에서만 300만 장 이상 팔린 그야말로 초대박 게임이 되었다. 스타의 성공으로 한빛소프트가 최고 매출을 올리는 게임 회사로 성장한 것은 물론이다.

스타의 유행은 프로게이머라는 신종직업을 만들었으며, E-Sports라는 새로운 문화를 창출해냈다. 청소년뿐 아니라 직장인들이 퇴근 후 당구장이나 호프집 대신 PC방에서 스타를 즐기는 게 일상화가 될 정

2017년 LOL 월드 챔피언십 결승

도였다. 1980년대 민주화 운동으로 거리에 나섰던 넥타이 부대들도 스타 한 판을 위해 PC방으로 몰려들었다. 1990년대 말, 국내 PC방 컴퓨터의 90%에서는 스타가 돌아가고 있었다. 단계를 나누는 래더 시스템과 배틀 넷은 한국인 특유의 경쟁 심리를 자극했고, 유저들은 자연히 자발적으로 스타 게임대회를 열게 되었다.

스타리그는 최초의 프로게이머 신주영으로부터 본격적으로 주목받기 시작했다. 그는 1998년 블리자드가 주최한 '스타크래프트 래더 토너먼트'에서 우승하면서 최초의 프로화를 선언했다. 당시만 해도 게임을 스포츠로 보는 인식이 전무했고 게임 플레이를 직업으로 삼을 수 있다는 건 상상조차 못 했기 때문에 신주영의 프로 선언은 한국 E-Sports 역사의 출발점이 되었다. 이후 '쌈장' 이기석이 차세대 유망

주로 떠오르면서 특히 '인터넷 카리스마'라는 유행어를 남긴 CF 광고로 유명세를 탔다. 프로게임단이 결성됐고 프로게임협회가 생겼으며 1998년 '투니버스'가 처음 게임대회를 중계한 후 '온 게임 넷' 같은 전문 게임 채널까지 등장한다. 그 뒤를 이은 '테란 황제' 임요환의 등장은 스타리그의 결정적 장면이다. 훈훈한 외모의 신인 선수가 펼치는 손에 땀을 쥐게 하는 경기, 거의 질 것 같은 경기를 극적으로 뒤집는 승부사적 기질은 수많은 팬들을 열광시켰다. 도진광을 상대로 짜릿한 역전승을 거둔 2003년 8월 15일의 경기는 '8·15 대첩'이라는 최고의 명경기로 남아 있다. 아이돌 못지않은 인기를 구가한 임요환 이후 프로게이머는 본격적인 스타성을 갖추며 '천재 테란' 이윤열, '폭풍 저그' 홍진호 등 기라성 같은 선수들이 E-Sports의 전성기를 열었다. 당시 부산 광안리에서 벌어진 스타리그 결승전에는 10만 명의 관객이 모여들며 신화를 창조해내기도 했다. 게임 하나로 그 많은 사람들이 열광할 수 있다는 것을 보여주었던 것이다.

스타는 공교롭게도 한국이 절망을 지나고 있을 때 태어났다. 스타가 발매된 그해는 IMF 외환위기가 몰고 온 한파가 한창이었다. 아버지들은 쉽게 해고되었고 청년들은 비정규직 노동자가 되거나 취업을 할 수 없었다. 자살률이 급증하고, 가족이 파괴됐다. 급격히 등장한 홈리스들의 지친 모습은 당시 한국 사회의 힘겨운 삶을 대표하는 장면이 되었다. 그렇게 절망이 온 사회를 뒤덮었던 그때, 스타가 나오면서 한국 사회에 변화가 일어났다. 그동안 무시되어 왔던 분야에서 작게 시작되었지만 한국 전체의 모습을 바꾼, 더 이상은 무시할 수 없는 변화였다. 전국에 PC방이 들어섰고, 프로게이머라는 신종 직업이 생겨났다. 인터넷망이 빠른 속도로 보급되면서 한국은 IT산업 강국으로 도약했다. 스타로 인해 IMF이후 1조 1,400억 원 이상의 산업 확대 효과와 15만 명 이상의 고용이 창출되었다.

현재 한국은 E-Sports 종주국이자 최강국으로 손꼽히고 있다. 가장 큰 국제대회로 손꼽히는 '리그 오브 레전드 월드 챔피언십'에서 한국은 5년 연속 우승을 거머쥐었고, 2017년 11월 '블리즈컨 2017'에서 열린 E-Sports 리그에서 한국은 '오버워치' '스타크래프트 2' '하스스톤' '히어로즈 오브 더 스톰'까지 4개 종목 우승을 휩쓸기도 했다. 2022년 중국 항저우 아시안게임부터는 '리그 오브 레전드' 등 다수의 정식종목에서 태극마크를 달고 국가대표로 나선 프로게이머들이 마음껏 기량을 발휘하는 것을 공중파를 통해 볼 수 있게 되었다.

21세기 한국은 프로게이머라는 직업을 꿈꾸는 학생들이 늘어나고 그와 함께 E-Sports가 한국인의 삶과 문화의 한복판에서 같이 숨 쉬는 곳이다. 스타가 변화시킨 한국은 위기에서 탄생해 발전한, 그야말로 이전에는 상상할 수도 없던 새로운 세계 그 자체다.

094

일본 대중문화 개방

한국 대중문화의 일본 침투 작전

1998년

"오겡키데스카, 와타시와 겡키데스(お元気ですか、私は元気です)."

겨울, 눈으로 덮이는 때가 되면 생각나는 영화가 있다. 첫사랑의 아련한 추억을 아름다운 영상으로 담아낸 이와이 슌지 감독, 나카야마 미호 주연의 일본 영화 〈러브레터(1995)〉다. 자신에게 청혼하고 조난당한 연인 이츠키에 대한 마음을 정리하면서 설원을 향해 소리쳤던 여주인공 히로코의 대사는 많은 패러디를 낳으며 인구에 회자되었다.

당시 PC 통신을 통해 불법 비디오나 영상이 유통되면서 상당수가 정식 개봉 전에 이 영화를 봤다. 게다가 이 영화가 개봉된 해는 한국에서 멀티플렉스 극장 체제가 제대로 세워지기도 전인 1999년이다. 그럼에도 불구하고 〈러브레터〉는 115만 명이 넘는 관객을 모으며 엄청난 흥행을 기록했고 국내 개봉되는 일본 실사영화 중 겨울마다 재개봉되는 이 작품의 기록을 능가하는 영화가 나오기는 어려울 것이라 한다. 〈러브레터〉가 일본 대중문화 개방 정책의 최대 수혜 영화로 꼽히는 이유다.

일본 대중문화 개방은 '국민의 정부'에서 '참여정부'에 이르는 1998년부터 6년 동안 4차에 걸쳐 이루어진 일본 대중문화 수입 허용 정책이다. 현재는 인터넷이 대중화되어 있어서 전 세계 문화를 향유하는 데 제약이 거의 없지만 20세기 말 한국의 상황은 지금과 많이 달랐다. 그 당시까지만 해도 일본 문화는 '왜색'이라고 간주되면서 양성적으로는 금기시되고 있었다.

기본적으로 한국은 일제강점기 통치 등 과거사 문제로 인해 일본에 대한 거부감이 크다. 광복 후 20년이 지난 1965년에 한일 국교가 정상화되었지만 한일협정 체결 과정에서 양국은 큰 견해차를 보였다. 한국인은 고통과 모욕감에 대한 사죄를 원한 반면 일본인은 그들의 지배가 한국에 가져다준 물질적인 혜택을 거론했고, 이에 대한 한국 국민의 반발은 결국 한국 사회에서 왜색 지우기와 일본 문화 유입 금지 조치로 구체화되었다. 일본 애니메이션만은 1960년대부터 수입돼 어린이 시청 시간에 공중파에서 방송되고 있기 때문에 예외적이었다.

하지만 이런 상황은 김대중 정부 출범 후에 달라진다. 김대중 대통령은 "21세기는 문화산업의 시대이며 더 이상의 문화 쇄국정책은 누구에게도 도움이 되지 않는다"라고 국민을 설득하며 1998년 일본 문화 개방에 나섰고 이는 노무현 대통령에게도 이어졌다. 영화, 비디오, 만화의 일차적 개방 후 음반, 애니메이션, 게임, 방송 등을 단계적으로 개방하기로 하면서, 1998년 12월 〈하나비〉〈카케무샤〉 등 두 편의 일본 영화가 국내에 첫 선을 보인다.

물론 개방 정책이 발표되었을 때에는 일본 문화에 의해 국내 문화가 잠식될 거라는 우려 섞인 반대 목소리도 컸던 것이 사실이다. 한국 문화가 그들 문화와 경쟁할 수 있을 정도의 수준에 도달하지 못했다고 생각하는 전문가들도 많았다. 하지만 막상 뚜껑을 열어보니 이는 기우였음이 드러났다. 출판 만화 시장과 애니메이션 부문을 제외한 대부분은 마니아 시장 이상으로는 성장하지 못한 것이다. 그 이유는 여러 가지가 있었지만 2000년대 이후 일본 대중문화, 즉 드라마, 대중가요, 영화 등의 상대적 쇠락이 가장 큰 요인이었다.

오히려 한국의 문화가 일본에 수출되기 시작하면서 일본에 미치는 영향력이 커지기 시작했다. 초기에는 김연자와 조용필로 대표되는 대중가요가 일본의 중장년층들에게서 인기를 끌었고 영화 〈쉬리〉도 주목을 받았다. 그 후 2000년을 전후한 한국 문화의 일본 진출은 2003년, 2004년 드라마 〈겨울연가〉의 열풍, 가수 보아의 성공으로 이어졌다. 2000년대 중반부터는 일본 내에 한류 바람이 거세게 불기 시작했고 후반 들어서는 K-POP이 일본에서 인기를 얻으며 도리어 '혐한'이라는 우익 공격의 등장이 그들의 우려를 대변하고 있는 실정이다.

한일 양국 사이에는 여전히 역사 교과서나 독도, 과거사 청산과 같은 민감하고 불편한 문제들이 있다. 그래서 가깝지만 가장 먼 나라로 느껴지기도 한다. 그럼에도 양국의 발전을 위해서 궁극적으로는 관계 개선이 필요하고 그를 위해서는 서로에 대한 인식의 변화가 필요하다. 물론 아직도 양국의 관계를 올바르게 세워내는 길은 요원하지만 한국과 일본 문화의 상호 교류를 통해 양국이 서로를 이해하고 이것이 한일 관계 개선의 계기로 작용한다면 그 시간은 분명 단축될 것이다.

095

한·일 월드컵

국 가 부 심 의 시 작

2002년

2002년 초여름, 광화문을 비롯한 전국의 여러 광장은 붉은 옷의 물결로 뒤덮였고 "대한민국" "오! 필승 코리아"를 외치는 소리가 방방곡곡에 울려 퍼졌다. 그 시절 '2002 한·일 월드컵'은 그동안 허리띠를 졸라매며 힘겹게 위기를 극복해낸 한국 사회에 보내진 선물과도 같았다.

1998년 IMF 관리 체제하에서 임기를 시작한 김대중 정부는 위기에서 벗어나기 위해 전력을 다했다. 대국민 호소를 통해 '금 모으기 운동'을 독려하고 노동자와 기업인 대표를 불러 모아 경제 위기를 극복할 수 있는 방안을 짜냈다. 또한 외국인 투자자를 끌어들이고 수출을 늘려 무역 수지를 개선할 수 있는 방안을 찾았다. 각고의 노력 끝에 외환 보유액은 조금씩 늘어났고, 점차 외환위기의 공포에서 벗어날 수 있었다. 1999년 9월 즈음, 정부는 외환위기 극복을 선언했으며 2001년에는 마지막 IMF 자금을 갚았다. 악전고투 끝에 165조 원의 공적 자금을 투입하면서 빚을 청산했고 그때서야 비로소 IMF의 간섭에서도 완전히 벗어나게 된다.

한국은 어느 국가에서도 유례가 없을 만큼 또 다시 위기를 잘 극복해냈지만 그 후유증도 만만치 않았다. 많은 회사들이 문을 닫았고 우수한 기업들이 싼값에 외국 자본가들의 손으로 넘어가면서 실업자도 크게 늘어났다. 아버지들은 퇴직을 강요받았고 청년들은 극심한 취업난에 절망하기 시작했다. 소비 촉진 정책을 위해 카드 발급과 사용을 크게 늘리면서 카드빚을 갚지 못하는 사람도 늘어나 '카드 대란'이 일어나기까지 했다. 국민의 단결된 힘으로 외환위기를 극복했다는 자신감도 생겼지만 회복되기는 요원한 것처럼 보이는 경제 상황에 불안감은 여전했던 그때, 한·일 월드컵에서 히딩크 감독이 이끌며 4강 신화를 써 내려간 한국 축구 대표팀이 국민들에게 큰 기쁨과 용기를 안겨주었던 것이다.

2002년 17회 한·일 월드컵은 21세기에 열린 첫 번째 월드컵이자 아시아에서 열린 첫 월드컵이며 역대 월드컵 중 처음으로 공동 개최된 대회다. 5월 31일부터 6월 30일까지 32개국이 대한민국과 일본에 위치한 각 10개씩, 20개의 경기장에서 64경기를 치렀다. 사실 가장 적극적으로 개최를 추진했던 것은 일본이었다. 하지만 FIFA는 양국의 역사적 특수성을 고려해, 한쪽이 월드컵을 개최하면 다른 한쪽은 좌절감에 빠질 것이라는 명분을 내세우며 집행위원 만장일치로 공동개최를 선언했다. 공동개최 수용 후, 일본은 단독개최는 놓쳤지만 결승전이라도 자신들이 치르겠다고 주장했고 대한민국 측은 추첨을 주장한다.

2002년 한·일월드컵 4강전(한국 : 독일)

결국 실무 협의 결과, 개막전과 본선 조 추첨식, 대회 공식 명칭 우선권을 대한민국이 가지고, 지역 예선 조 추첨식, 결승전은 일본이 가져가는 것으로 결정된다. 한국 역시 국민 정서상 대회 공식 명칭이 '일·한 월드컵'이 된다는 것은 도저히 받아들일 수 없었기 때문에 '한·일 월드컵'이라 불리는 대신, 실리라 할 수 있는 결승전은 일본에 넘겨준 것이다. 일설에 따르면 월드컵 개최를 추진했던 정몽준이 아버지인 정주영 회장에게 공동개최 사실을 말하자 "몽준이가 하는 일이 다 그렇지 뭐……"라고 했다고 한다. 일본 나고야를 제치고 서울올림픽을 따낸 정주영으로서는 성에 차지 않았기 때문일 것이다.

2002년 월드컵 기간은 대한민국 축구 역사상 최전성기였다. 6월 한 달 한국은 말 그대로 붉은색 물결로 뒤덮였고, 언론 역시 '스포츠 뉴스' 코너가 아님에도 월드컵 관련 소식들만 보도할 정도였다. 대표팀이 폴란드, 포르투갈, 이탈리아, 스페인을 꺾는 기적 같은 경기를 보여주며 7전 3승 2무 2패의 뛰어난 성적으로 오랜 숙원인 16강 진입을 넘어 4강에 오르자, 월드컵이 끝나고 난 7월에도 그 열기는 이어졌고 국민들은 그 환희를 계속 기억하고 싶어했다.

2002 한·일 월드컵 기간 동안 벌어진 대규모의 길거리 응원을 통해 '한국'을 대신해 '대한민국'이라는 명칭이 세계 속에 각인되며 널리 쓰이기 시작한다. 2000년대 초반 J리그에 스타 선수들을 빼앗기며 침체기에 들어섰던 K리그는 월드컵 이후 축구 붐에 힘입어 다시 과거의 영광을 되찾는다. 게다가 당시 대표팀에서 맹활약한 박지성, 이영표 등이 유럽 무대에 진출하게 되었고, 이는 현재 많은 한국 선수들이 유럽 주요 리그에서 활약할 수 있는 기반이 되어주었다. 이처럼 한·일 월드컵 개최는 긍정적인 효과를 많이 냈을 뿐 아니라, 월드컵 동안 대규모의 조직적인 응원 등을 통해 대표팀과 함께 4강 진입을 이루어낸 국민들에게 대한민국 국민이라는 자긍심을 갖게 하는 계기가 돼주었다.

096

참여정부

대통령, 틀을 깨다

2003년

　　한·일 월드컵을 성공적으로 개최해낸 2002년 겨울, 한국에서는 16대 대선이 치러졌고 이 과정에서 한국 대선 역사상 가장 극적인 상황이 연출되었다. 당시 김영삼, 김대중 이후 가장 지명도가 높았던 정치인은 야당인 한나라당의 이회창 후보였다. 하지만 실제로 대통령에 당선된 이는 당시 여당 후보였던 '새천년민주당' 노무현이었다.

　　노무현은 심지어 당 내에서도 경선에 나온 타 후보에 비하면 거의 무명에 가까웠다. 5공 비리 청문회에서 스타로 등장한 뒤 양김 시대를 겪으며 지역감정의 폐해를 실감했던 그는, 영남 출신으로 호남을 지지 기반으로 하는 김대중 쪽에 몸담고 있으면서도 지지 기반이 없는 부산 지역으로 가서 두 번씩이나 선거를 치렀다. 두 번 다 낙마한 그를 안타깝게 여긴 네티즌들이 '노사모(노무현을 사랑하는 모임)'를 만들어 적극적인 지지를 보냈고, 이를 통해 그는 당 내 미약한 지지율을 극복하고 대통령 후보로 지명되었다. 그는 수차례의 경선 과정에서 자신에게 불리한 경선 조건을 모두 수용하며 국민의 신뢰를 얻었다. 마지막에는 정몽준 후보와 단일화 과정에서 유례없는 진통을 겪기도 했으나, 결국 16대 대통령으로 '참여정부'를 이끌게 된다.

2003년 참여정부는 노무현의 대중적인 인기 속에서 출범했지만 행정부와 입법부의 운영에는 어려움을 겪었다. 행정부와 입법부 내에 노무현 지지 세력이 거의 없었기 때문이다. 특히 참여정부는 모든 분야에서 나이나 경력보다 능력을 우선시하는 새로운 인사 시스템을 만들고자 했는데, 이는 기존 정치 세력의 반발을 불러일으켰다. 이에 타협보다 정면으로 대응하는 방법을 취한 참여정부는 검찰 조직의 개혁을 천명하면서 비검찰 출신의 여성 변호사인 강금실을 법무부장관에 임명했고, 대통령과 그 지지자들은 이후 민주당에서 탈당, '열린우리당'을 만들었다.

노무현은 강금실 장관의 임명에 대한 검찰 내부의 반발이 일자 '평검사와의 대화'에 참여했고 대통령과 평검사 사이의 토론은 생중계를 통해 전국에 반영되었다. 그러나 권위주의적 사회를 개혁하기 위해 대통령이었던 자신부터 권위를 내려놓았던 그의 개혁은 성공하지 못했다. '열린우리당' 창당이 초래한 결과도 심각했다. 2004년 총선을 앞두고 노무현은 여당인 열린우리당을 적극 지지하겠다고 선언했는데,

한나라당과 민주당에서 이를 선거법 위반으로 규정하면서 대통령에 대한 탄핵 소추안을 발의한 것이다. 탄핵안은 2004년 3월 12일 국회를 통과했고, 대한민국 헌정 사상 처음으로 대통령이 국회에 의해 탄핵되는 상황이 된다. 노무현의 대통령으로서의 직무는 정지되었고 고건 국무총리가 대통령 직무를 대행하는 상황으로 이어졌다.

노무현 전 대통령

그러자 당시 노무현을 지지했던 국민들은 강력하게 반발했다. 촛불시위와 대중매체의 탄핵 반대 여론 조사에 힘입어 2004년 5월 14일 헌법재판소에서는 탄핵 심판을 기각했고 노무현은 대통령에 복귀했다. 이 사건으로 열린우리당은 총선에서 과반수를 넘는 국회의원을 당선시켜 다수당이 되는 데 성공했지만 노무현은 국회와의 합의를 이끌어내지 못했다는 점 때문에 정치적인 타격을 입게 되었다.

이후 참여정부는 다수당인 열린우리당의 힘을 이용해 개혁적인 입법을 추진한다. 과거사위원회의 설립과 국가보안법의 개정 및 폐지를 위해 노력하면서, 친일진상규명위원회, 친일재산환수위원회, 진실화해위원회 등을 조직하고 1945년 광복 이후 제대로 처리하지 못했던 '친일파' 문제와 군사 정권 시기의 '의문사' 사건들의 진실을 밝히고자 했던 것이다. 하지만 이에 대한 보수 정치 세력의 반발과 노무현 대통령의 임기 마감으로 활동을 진행하지 못한 채 그 막을 내린다. 그럼에도 불구하고 정부 문서 보관과 관련된 규정을 만든 것은 한국의 정치 사회에 큰 변화를 가져왔다. 정부 각 기관에 문서 보관을 위한 전문가들이 파견되었고, 30년이 지난 정부의 문서는 공개되었다. 이에 한일 국교 정상화 과정 문서들이 모두 공개되어 학술적으로나 정치적으로 한일 관계에 논란이 있었던 문제들을 밝히는 데 중요한 역할을 하게 된다.

2007년 대선의 중요쟁점은 '경제'였다. 참여정부 시기 한국 경제 지표는 전반적으로 개선되는 양상이었지만 대중적인 지지를 얻는 데는 실패했다. 안정적인 일자리 창출에 실패하면서 실업률은 줄어들지 않았고 비정규직은 확대되었다. 여기에 국민의 정부 시기부터 급속히 상승했던 집값은 참여정부 시기에도 그 상승세가 계속된다. 아파트 건축으로 공급을 늘려 집값 안정화를 꾀하고자 했지만 서울 '강남'이라는 지역에 대한 특수한 수요 문제를 해결해낼 수 없었다. 종합부동산세와 같은 세제 개편으로 부동산 가격 안정을 꾀한 것도 근본적인 문제 해결은 아니었다.

한국 경제는 1960년대 이래 저곡가 정책과 값싼 노동력에 의존, 수출 주도를 통해 성장했지만 이런 방식은 사실 1987년을 기점으로 한계에 다다르고 있었다. 안정적인 경제성장을 이어나가기 위해서는 경영과 생산의 질적 개선과 이를 위한 경제 개혁 및 구조조정이 필요했고 3저 호황은 이를 해낼 수 있는 좋은 기회였지만 그 기회를 놓쳤다.

그렇기 때문에 체질 개선이 이루어지기 전에 도래한 1990년대의 개방화는 한국 경제의 민낯을 그대로 드러냈고, 그로 인한 결과는 IMF 외환위기라는 이름으로 찾아왔다. 결국 위기 극복 후에도 외부에 의해 강제로 급격하게 진행된 경제 개혁과 구조조정에 한국은 아직 적응을 하지 못한 상태로 낮은 경제성장률과 높은 실업률 등 경제 상황 지표가 크게 호전되지 못하고 있었던 것이다. 이는 한 정권의 정책 실패 문제라기보다 한국 경제가 초기처럼 급격한 경제성장 국면이 아닌 점진적인 내실을 다져야 하는 단계로 돌입했다는 것을 의미하는 것이었고 이를 위해서는 장기적인 계획하에서 지속적이고 연속적인 경제정책 추진이 요구되고 있었다.

하지만 눈에 보이는 여러 가지 지표들로 참여정부의 경제정책은 실패한 것처럼 보였고 이는 진보 정권이 정책적으로 미숙하다는 인식을 확산시켰다. 당시 불안한 경제로 다수의 국민들은 변화보다는 안정적인 보수로의 회귀를 선택했다. 1997년 이전까지 한국 권력을 장악했던 보수 세력은 이에 힘입어 국민의 정부와 참여정부 기간을 '잃어버린 10년'이라고 명명하며 한나라당의 대통령 후보 이명박을 17대 대통령으로 당선시켰고, 다시 한국 정치권력을 장악했다.

097

촛불집회

피 대신 빛으로

2002~2017년

2008년 이명박 정부 출범 직후 미국산 쇠고기 수입과 관련해 벌어진 한·미 간의 밀실 합의는 전국적 차원에서 촛불집회를 불러일으켰다. 미국산 쇠고기 수입 문제는 2006년 한미 FTA 합의 과정에서 이미 논란이 되었는데, 이명박 정부는 미국의 요구를 대거 수용했고 이것이 밀실에서 이루어졌음이 알려지면서 대규모 촛불집회가 일어난 것이다.

촛불집회는 다수의 사람이 주로 야간에 광장 등 옥외에서 어떠한 사안에 대하여 항의나 추모의 목적하에 촛불을 들고 비폭력 평화적 시위의 방식으로 진행하는 집회를 가리킨다. 물론 이때가 촛불집회의 처음은 아니었다. 1992년 하이텔의 PC통신 유료화에 반발한 이용자들이 촛불을 들고 집회를 벌인 것이 첫 사례로 알려져 있지만 당시 사회적 관심을 끌지는 못했다. 그러다 2002년 6월 '효순이 미선이 사건'이 발생하면서 촛불집회는 본격화되었다. 경기도 양주 지방도로에서 길을 가던 중학생인 효순이와 미선이가 주한 미군의 장갑차량에 깔려 그 자리에서 사망한 사건이었다. 이는 당시 개최 중이던 한·일 월드컵과 16대 대선 열기로 주목받지 못했지만 오마이뉴스의 시민 기자가 두 여학생을 추모하자는 뜻으로 인터넷을 통해 촛불시위를 제안했고, 이 제안이 네티즌을 중심으로 확산되면서 11월 서울 경복궁 광화문 앞에서 촛불집회가 열리게 된다. 처음에는 단순한 추모 집회로 출발했다. 하지만 미군 법정이 장갑차 운전병에게 무죄 판결을 내리면서 반미 시위의 성격을 띠게 되었고, 전국에 확산되며 한·미 간 외교적 갈등이 되기도 했다. 그럼에도 과거 폭력 시위가 아닌 평화적 시위의 형태로 국민적 지지를 받으면서 한국의 대표적인 집회 및 시위 형태로 부상했다.

다음 촛불집회는 2004년 노무현 대통령의 탄핵에 반대하며 열렸다. 노무현은 대통령이라는 자리에 올랐지만 스스로 카리스마를 내려놓았고 권위주의와 지역감정과 싸우고자 했던 대통령이었다. 그의 수도 이전 계획과 대연정 발표는 변형되고 비판받았으며 경제성장의 정체로 5%라는 역대 대통령 사상 최악의 지지율을 기록하기도 했다. 그리고 열린우리당 지지 발언이라는 내용의 선거법 위반을 이유로 대한민국 헌정 사상 최초로 탄핵 소추당하는 대통령이 되었다. 하지만 이에 분노한 것은 노무현이 아니라 국민들이었다. 많은 시민들이 국회로 모여들었고 탄핵 소추된 대통령을 위해 '탄핵 무효'를 외치며 거리로 쏟아져 나와 촛불을 들었다. 서울 광화문 네거리에서 덕수궁 대한문까지 촛불로 가득 찼고, 이러한 집회는 헌법재판소가 탄핵 소추안을 기각할 때까지 전국 각지에서 지속되었다.

미국산 쇠고기 수입에 항의하는 촛불집회는 이전과는 다른 양상을 보였다. 협상 결과에 30개월 이상의 쇠고기 수입, 미국에서 광우병이 추가로 발생하더라도 수입 금지 조처를 취할 수 없다는 내용이 포함된 것에 대해 2008년 5월 2일 '촛불소녀'라 명명된 10대 여학생들이 청계광장에 촛불을 들고 모여 시작되었다. 이처럼 대학생이 아닌 중고등학생들에 의해 촉발된 시위는 전국으로 확산되어 100일 이상 계속되었고 연인원 100만 명이 참여했는데, 여기에는 먹거리에 민감한 가정주부들도 적극적으로 참여했다. 자발적으로 이루어진 시위는 인터넷과 핸드폰을 통해 광범위하게 확산되어 결국 이명박 대통령의 대국민 사과를 이끌어냈다. 이후 국민들의 관심은, 비록 경제에 무능한 대통령이라고 비난받으며 물러났지만 미국에 대해 당당한 모습을 보였던 봉하마을의 노무현에게 쏠리기도 했다.

4대 강 사업 추진과 2010년 백령도 부근의 천안함 사건, 연평도에 대한 북한의 포격으로 상징되는 남북관계의 단절 등을 뒤로하고 이명박 대통령이 물러난 뒤 보수 세력은 정권을 이어가는 데 성공한다. 2012년 새누리당의 박근혜 후보가 18대 대선에서 대통령으로 당선되었기 때문이다. 하지만 취임 1년 뒤인 2014년 4월 16일 일어난 세월호

박근혜 퇴진 촛불집회

참사는 촛불집회를 통한 박근혜 정권 몰락의 시작이 되었다. 제주도로 향하던 세월호가 침몰하면서 수학여행을 가던 학생들을 포함한 승객 304명이 사망하는 모습을 온 국민이 지켜볼 수밖에 없었던 그 날, 대통령의 비정상적인 대응과 위기관리에 무능한 정부의 모습은 박근혜 정부의 발목을 잡았다. 여기에 전남 보성에서 올라온 백남기 농민이 2015년 11월 서울 도심에서 열린 집회에 참가했다가 경찰이 쏜 물대포를 맞고 쓰러져 317일간 혼수상태로 서울대병원에서 치료를 받던 중 이듬해인 2016년 9월 25일에 숨을 거두는 사건이 일어난다.

이는 박근혜 대통령을 무너뜨리는 결정적인 사건들과 궤를 같이 했다. 이화여대가 학생의 동의 없이 일방적으로 평생교육 단과대학을 지원하는 사업에 참여한 것에 대해 학생들이 철회를 요구하며 80여 일 동안 학교를 점거한 이화여대 사태(2016.7.)가 그 시작이다. 학교와 학생 간의 대치가 계속되던 중 당시 이화여대에 재학 중이던 정유라의 성적에 대한 의혹으로부터 시작해 그녀에 대한 부정 입학 의혹이 제기되었고, 결국 최경희 총장이 따낸 교육부의 재정지원과 부정 입학이 연관되어 있다는 것이 밝혀지면서 총장이 사퇴하며 이화여대 사태는 일단락되었다(2016.10.). 하지만 정유라에 대해 제기된 의혹은 이후 박근혜 대통령의 비선 실세이자 정유라의 모친으로 알려진 최순실의 국정 농단 폭로로 이어지면서 결과적으로 일명 '박근혜-최순실 게이트'라는 대한민국을 뒤덮은 엄청난 불길에 불을 지핀 격이 되었다.

국민들은 그동안의 사건들에 대해 국가 최고 지도자가 취한 행동들에 분노를 느꼈고 저항을 결심했다. 2016년 10월 29일 2만 명 규모로 시작된 시민들의 광화문 촛불집회는 2차 20만 명, 3차 100만 명, 4차 96만 명, 5차 190만 명, 6차 232만 명으로 급증했고 이들의 구호는 점차 '국정농단 규탄'에서 '박근혜 퇴진'으로 바뀌었다.

2017년 3월 20차 집회까지 누적 기준으로 1,600만 명을 돌파한 촛불집회는 장기간 이어진 대규모 집회임에도 단 한 건의 폭력 사태도 일어나지 않은, 유례가 없는 비폭력 평화집회였다. 이는 한국 민주주의 역사의 새로운 페이지가 됨과 동시에 2016년 12월 국회가 대통령 탄핵소추안을 가결하는 원동력이 되었다. 헌법재판소는 2017년 3월 10일 오전 11시 21분, 탄핵심판 선고에서 만장일치로 박근혜의 탄핵소추안을 인용했고, 이는 대한민국 헌정 사상 최초의 현직 대통령 파면이라는 기록을 남겼다. 그리고 탄핵 후 5월 9일 치러진 대선에서 '더불어민주당' 후보 문재인이 19대 대통령으로 당선된다.

촛불집회는 깨어 있는 다수의 시민들이 폭력이 아닌 평화적으로 시위를 전개해 피를 흘리지 않고서도 불의한 권력을 심판하고 몰아냄으로써 전 세계로부터 큰 관심을 끌었다. 이런 역사적인 장면 창출의 이면에는 3·1운동의 정신이 원동력으로서 작용하고 있음을 대한민국 국민은 알고 있다. 그동안 독립과 민주화를 향한 한국 현대사의 굴곡과 부침에도 불구하고, 계속 면면히 흘러내려오고 있는 비폭력과 평화를 원했던 한국인들의 정신 말이다.

098

저출산·고령사회

36년 가족계획, 그 끝은 어디로

2018년

'알맞게 낳아 훌륭하게 기르자'/ '세 살 터울로 세 자녀만 35세 이전에 낳자'
'아들·딸 구별 말고 둘만 낳아 잘 기르자'/ '하루 앞선 가족계획 십년 앞선 생
활 계획'
'하나씩만 낳아도 삼천리는 초만원'/ '적게 낳아 건강하게 키우자'

1961년 5·16 군사정변 이후 박정희 정권은 경제성장을 촉진시킨다
는 취지로 가족계획을 실시하기 시작했다. 이를 시행하기 직전인
1955년에서 1960년까지 연평균 인구증가율은 약 3% 수준으로 상당히
높은 편이었고 전후 베이비붐 현상으로 인해 여성 1명이 일생 동안 낳
는 자녀수는 6.3명에 달했다. 이는 1년에 당시 인구 80만 명이었던 대
구시가 하나씩 더 생기는 정도의 빠른 인구증가를 뜻했다. 정부는 이

러한 인구증가가 경제성장의 저해요인이 된다고 판단했고, 1961년 국가시책으로 가족계획사업을 실시하기로 결정하면서 정부의 지원도 시작되었다.

가족계획 전국 대회

정부는 피임에 대한 계몽·홍보와 더불어 피임기구를 보급해나갔고 대중매체를 통해 가족계획을 계몽했는데, 그 결과로 당시 방영되었던 모든 텔레비전 드라마의 부부는 두 명 이하의 자녀를 가지고 있었다. 우표, 담뱃갑, 극장표, 통장, 주택복권 등과 버스, 택시, 지하철 등 일상 공간에는 가족계획에 관한 표어가 부착되었다. 1976년부터 두 자녀가 있는 가구에는 소득세를 감면시켜 주었고, 하나나 둘을 낳고 영

452

구불임수술을 한 경우에는 금융대출에 우선순위를 주었으며, 그 자녀들에게는 취학 전까지 의료혜택을 주었다. 거기에 영세민들이 불임수술을 받을 때는 금전적인 혜택까지 주었다. 이처럼 가족계획사업을 국가의 정책으로 채택한 것은 인도와 파키스탄에 이어 한국이 세 번째였는데, 이렇게 시작된 가족계획사업은 1980년까지 계속 강화되었다가 30여 년 만인 1996년에야 인구 감소를 예상하여 종료된다. 이처럼 1960년대 초까지 연평균 3%에 이르던 인구 증가율을 억제하기 위해 박정희 정권에 의해 국가 시책으로 시작된 가족계획은 종교적·인종적 갈등이나 편견이 없어 큰 성과를 거두었다.

하지만 21세기 한국은 이런 성과를 넘어서 세계 제일의 저출산 고령사회로 진입했고 이는 국가적으로 큰 문제가 되고 있다. 2021년 한국 합계출산율은 0.81명으로 2018년 이후 4년 연속 1명을 밑도는 형편이다. 합계출산율, 즉 여성 1명이 일생 동안 낳는 자녀수가 1.0명 이하인 나라는 한국이 유일하다. 이대로라면 우리 인구는 곧 자연감소 국면에 진입하게 되는데 1990년 인구 성장률이 0.99%로 들어선 이래, 2020년에는 0.14%를 기록했고 2021년부터 마이너스로 전환되었다. 이에 대해 65세 노인은 같은 해 전체 인구의 16.5%를 차지한다.

한국의 고령화 속도는 유례없이 빠르다. 노인 인구 비중이 7% 이상이면 '고령화사회', 14% 이상이면 '고령사회', 20% 이상이면 '초고령사회'로 분류되는데 한국은 고령화사회에서 고령사회로의 진입에 17년이 걸렸다. 일본 24년, 미국 71년 등 다른 국가가 평균 45년 걸렸다고 하니 한국은 그에 비하면 1/3 수준인 것이다. 고령사회에서 초고령사회로의 진입 예상 기간도 선진국은 평균 30년가량이지만 한국은 단 9년 걸릴 것으로 예상되고 있다. 2050년이 되면 한국 사회에서 차지하는 노인 인구 비중은 38.1%까지 급증해 일본(37.7%)을 앞지르고 세계 최고 수준이 될 것으로 전망되고 있다.

저출산·고령화는 성장률 하락으로 이어진다. 생산이 가능한 인구의 비중이 줄어들고 취업 인구의 생산성이 떨어지면서 노동 공급의 양과 질이 악화되기 때문이다. 특히 한국은 예상보다 훨씬 빠르게 출산율이 떨어지면서 '마이너스 성장' 진입 시점이 매년 앞당겨지고 있다. 생산성 하락, 소비 감소에 따른 수요 위축, 복지지출 증가와 세입 감소에 따른 국가재정 악화, 노인 인구 증가로 인한 부양률 상승, 이 모든 것이 저출산·고령화에서 유발될 문제들이다. 세대 간의 갈등 또한 이전 시대에 비해 훨씬 더 큰 규모로 자주 나타나는 문제다. 특히 '보수'와 '진보'를 둘러싼 정치권들의 공략으로 인해 한국은 지역감정과 성별 갈등과 함께 세대 간 갈등의 골이 더욱 깊어지고 있다.

정부가 2006년부터 저출산 고령화 사회 기본계획에 투입한 예산은 200조가 넘는 막대한 규모에 달하지만 재난 수준의 초저출산 추세를 막는 데는 실패하고 있다. 출산장려금, 민간 보육시설 보육료, 무상 교복 등 현상적인 비용 지원에만 치우쳐 있다고 비판하는 목소리들은 노동 시장과 문화, 사회보장 시스템 등 사회구조적 접근이 필요하다고 강조하기도 한다. 고령자의 취업률이 높은 것에 대비해 고령자의 생산성을 높이기 위한 정책 개발에 초점을 맞추는 것이 바람직하다고 강조하는 사람들도 있다.

고령사회에 들어선 지금 존경받는 어르신 세대와 존중받는 젊은 세대가 공존하도록 만들 수 있는 방법은 무엇일지 다같이 해결 방법을 찾아야 할 때인 듯하다. 또한 저출산은 비혼의 증가와도 밀접한 관련이 있기 때문에 그런 선택을 하는 여성 남성들에게 대한 근본적인 결혼 유인 정책이 필요하지 않을까 하는 생각도 해본다. 비혼을 결심하고 있는 한국의 수많은 젊은이들이 혼자서 삶을 버티는 것보다 가족을 구성하는 것이 더 좋다는 생각을 하게 만들 수 있는 방법은 무엇인지, 혼자서의 삶을 유지하기에도 팍팍한 경제적 현실에서 자녀를 낳아 교육시키는 데 필요한 경제적, 심리적 부담감을 감수하고서라도 그 길을 선택하게 할 수 있는 방법은 무엇인지, 출산 가정에게 돈을 주고 집을 주고 경제적 혜택을 주는 것이, 소소하지만 확실한 것에서 행복을 느끼고 있는 한국 젊은이들에게 결혼을 향한 근본적인 유인책이 될 수 있을지 그 어느 때보다도 진지한 고민이 필요한 시점이다. 전 사회적인 성찰로 이 문제들을 개선해내지 못한다면, 우리 민족을 말살하기 위해 수단과 방법을 가리지 않았던 일제에 목숨을 걸고 저항하며 지켜냈던 한국, 다수의 목소리를 없애기 위해 탄압했던 군사정권으로부터 피를 흘리고 항쟁하며 민주화를 지켜낸 한국이 스스로 지구상에서 사라지는 때가 올지도 모를 일이다.

099

BTS 현상

"Love Yourself!"

2018년

　'전 세계 최초 뮤직비디오 24시간 내 1억 이상 조회, 빌보드 핫 100/200/아티스트 100 동시 1위 석권, 빌보드 핫 100/200 1위 통산 5주, 아티스트 100 1위 13주, 미국 3대 음악 시상식 노미네이트 및 공연, 한국 가수 최초 웸블리 스타디움 공연, 한국 가수 역대 최대 규모 콘서트 개최, 앨범 누적 판매량 한국 1위, 국내 주요 시상식 최초 대상 전 부문 수상, 한국 가수 역대 최다 대상 수상……'

　2013년 데뷔한 보이밴드 방탄소년단(BTS) 수상 기록(2022.3.)의 일부다. BTS는 국내 대형기획사가 아닌 중소기획사 HIT 엔터테인먼트 출신으로 '아이돌 계의 흙수저'라 불리며 활동을 시작했다. 해외를 염두에 두고 기획된 그룹이 아니었는데, 2017년부터 해외 인기 관련 기록들에서 K-POP 최대 결과물을 내더니 2018년 결국 세계 최고의 자리에 선다. 빌보드는 "2018년 올해의 차트 기록들"이라는 기사에서 이들의 발매 앨범 두 장이 모두 '빌보드 200' 1위에 오른 점을 그해 가장 주목할 만한 기록으로 뽑았다. 한국 가수 최초, 최고의 기록을 보여주며 K-POP 장르를 뛰어넘었고, 과거 한국 가수가 보여주지 못했던 방식으로 빌보드 주요 차트에서 급성장했다고 평가한 것이 주 내용이었다.

국내보다 해외에서 먼저 '21세기 팝 아이콘'으로 진가를 인정받으며 일으킨 그들의 전 세계적 열풍은 이후 수그러들기는커녕 계속 확산 중이다. 이 세대가 지나면 비틀스처럼 클래식의 반열에 설 거라는 전망도 함께한다. 2019년 포브스에서는 그들의 경제효과에 관해 주목하는 기사를 썼다. 한국 가수 최초 '빌보드 핫 100' 1위를 한 〈Dynamite〉가 대한민국에 최소 1조 7천억 원의 경제효과를 가져다준다고 밝혀, 이들에게 붙은 '걸어 다니는 대기업'이라는 표현이 전혀 무색하지 않음을 보였다. 현대경제연구원 보고서는 2021년 기준 그들이 매년 한국에 50억 달러(약 5조 7천억 원)의 경제적 이익을 가져다주고 있다고 분석하기도 했다.

하지만 경제효과 못지않게 주목할 만한 현상이 있다. 사실 '총알을 막아낸다'라는 '방탄' 팀명은 십 대가 살아가며 겪는 힘든 일, 편견과 억압을 막아내겠다는 뜻을 담아낸 것이라 한다. 이런 그들의 마음은, '남들과 비교하면서 최고가 되고 싶었지만 결국 최고가 아닌 위로와 감동이 되어, 팬들의 슬픔과 아픔을 거둬가고 싶다'라는 가사 등에 그

대로 담긴다. 노래 속에 담긴 팬들을 향한 진심과 사랑, 친절을 통해 그들의 팬은 치유와 기쁨을 얻는다.

그런 팬들의 마음은, 한국 전통을 주제로 한 퍼포먼스나 아름다운 한글 가사를 접하면서 한국에 관한 관심으로 확대된다. 해외 공연 매회마다 몇 분도 채 안 돼 전 공연장 좌석을 매진시키고, 스탠딩 구역 차지를 위해 공연 며칠 전부터 노숙을 감수할 만큼 BTS에 매료된 팬들은 자연스럽게 한국에 애정을 가지게 되는 것이다. BTS가 한국어 학습이나 한국 유학 또는 생활을 원하는 세계인이 급격하게 증가하는 현상에 혁혁한 공을 세웠음을 인정받아 2018년 문화훈장을 수훈한 배경이다.

수훈 결정 직전 BTS는 뉴욕 유엔 본부에서 유니세프의 새로운 청소년 어젠다 파트너십 출범 행사에 참석했다. 리더 RM은 그들 앨범 명인 〈Love Yourself〉처럼 "자신을 사랑하고 자신을 이야기하라"라는 연설을 통해 큰 감동을 주었다. 이런 메시지는, '지금까지 살아온 자신의 팔과 다리, 심장, 소중한 영혼을, 조금 부족해도 아름다운 자신을 그대로의 나를 사랑'하라는 가사와 함께 수많은 청소년의 삶을 긍정적으로 변화시켜내기도 했다. 팬데믹으로 팬들을 직접 만날 수 없는 상황에서도 일곱 명의 청년은 '내가 나이게 하는 것들의 힘, 넘어져도 다시 일어나'라며 '삶은 계속된다'라는 메시지를 보낸다.

이들은 SNS 계정 운영과 인터넷 개인 방송을 통해 자신을 자연스럽고 솔직하게 표현하기로도 유명하다. 앨범 발표나 활동이 없는 기간

2019 빌보드 시상식 당시 해외 팬들의 모습

에도 다양한 자체제작 콘텐츠를 보여주는데, 팬데믹에는 더욱 그랬다. 충만한 흥만이 아니라 고민과 노력의 과정도 함께하는 이들의 결과물 공유에 팬들은 마치 손 내밀면 같이 놀아주고 함께 울어줄 듯 친근함을 가지게 된다.

ARMY와의 소통도 마찬가지다. 실제 BTS 인기는 팬클럽 ARMY의 노력과 궤를 같이했다고 해도 과언이 아니다. 역대 유명인 단일 팬카페 최초로 회원 백만 명을 돌파한 ARMY는 자발적으로 소셜 미디어를 활용해 BTS 활동을 국내외로 전파했고, 결국 이들을 최고의 반열에 올려놓았다. 자신의 최애 멤버 생일에 그의 이름으로 기부하는 등 새로운 팬 문화를 만들며 사회에 선한 영향력을 끼치려는 멤버들의 행보에 동참하기도 하고, BTS를 향한 날 선 공격 등에 대해서는 혼신으로 방어하며 돕기로 유명하다. BTS가 모든 활동에서 ARMY에게 지극한 애정을 표현하는 것이 당연한 이유다.

BTS는 국내 언론과 한 인터뷰에서 "가장 두려운 것은 추락"이라고 답했다. 그렇게 '피땀 눈물' 끝에 누구도 상상할 수 없는 고공비행을 하게 된 이들이지만, 추락하는 것에는 날개가 없음 또한 알기 때문일 것이다. 20~30대 최고의 자리에 선 젊은이들이 느끼는 두려움의 무게를 어떻게 가늠할 수 있겠는가. 추락이 아닌 '착륙'을 하고 싶다고 말하는 그들에게 ARMY는 답을 보낸다. "우리가 도와줄게. 안전하게 착륙할 수 있도록."

이들의 모습에서, 그리고 이런 따뜻한 장면들에 힘을 보태는 청소년의 모습 속에서 21세기 젊은 한국의 희망을 본다. 십 대만이 아닌 어른들에게도 역시 위로와 감동이 되는 그들의 한결같은 노력과 최선에, 언젠가 있을 그들의 착륙이 안전하고 멋지게 이루어지길, 그리고 그것이 가능한 한 아주 먼 훗날이길 이들을 응원하는 어른의 한 명으로 소망해본다.

100

남북정상회담

한반도 모든 고향에 하나의 바람이 부는 날

2018년

2018년 9월 18일에서 20일까지 평양에서 남북정상회담이 개최되었다. 문재인 대통령 내외가 전용기를 타고 평양국제비행장(순안공항)에 도착했고, 김정은 국무위원장 내외는 직접 공항에 나와 맞았다. 4개월 만에 재회한 두 정상은 포옹과 악수로 반갑게 인사했다. 문 대통령과 김 위원장은 북한군 의장대를 사열했고, 국빈급 최고 예우에 해당하는 스물한 발의 예포가 발사되었으며 이 장면은 전 세계에 생방송된다. 대부분의 행사를 녹화 중계하는 북한으로서는 극히 이례적인 일이었다.

남한과 북한의 최고당국자가 만나 남북한의 현안을 포함, 화해와 협력에 대해 논의하는 남북정상회담은 분단 이후 2019년까지 모두 5차례에 걸쳐 이루어졌다. 최초로 남북정상회담이 제의되기 시작했지만

분단 이후 첫 남북정상회담에서 악수하는 김대중 대통령과 김정일 국방위원장

실질적 진전은 이루어지지 않았던 1980년대를 지나 1990년대 세계정
세가 탈냉전, 동서 화해의 분위기로 변하면서 남북간 대화는 진전되
기 시작했다. 1990년 북한의 김일성 주석은 신년사를 통해 남북최고
위급회담을 제의했고 남한 역시 남북정상회담의 조속한 개최에 동의
했다. 이 시기 남북정상회담은 성사되지 않았지만 분단 이후 최초로
서울과 평양을 오가는 남북고위급회담이 8차에 걸쳐 진행되었다. 이
후 1994년 카터 전 미국 대통령이 핵 문제 타결을 중재하기 위해 북한
을 방문했는데 당시 김일성은 그를 통해 김영삼과의 정상회담을 제의
한다. 그리고 남한 정부가 이 제의를 즉각 수락함으로써 남북정상회
담의 구체적인 일정이 마련되었다. 하지만 그해 7월 김일성이 갑작스

럽게 사망하고 김영삼 정부가 조문을 거부하면서 남북정상회담은 무기한 연기되었다.

　결국 분단 이후 첫 남북정상회담은 김대중 정부시기에 이루어졌다. 김대중 대통령은 김정일 국방위원장의 초청으로 2000년 6월 평양 순안공항에 도착, 공항으로 마중 나온 김 위원장과 역사적 만남을 가졌다. 한반도 분단 이후 55년 만에 처음으로 남북한 정상이 만난 것이다. 두 정상은 회담 마지막 날인 6월 15일, 남과 북이 함께 통일을 자주적으로 해결하자는 내용의 '6·15 남북공동선언'을 발표했고, 이 회담 이후 이산가족 상봉, 금강산 관광 및 남북 간 민간교류 사업이 본격적으로 이뤄지기도 했다.

　2007년 10월, 2박 3일간 평양에서 열린 노무현 대통령과 김정일 국방위원장 간 정상회담이 2차 남북정상회담이다. 노무현 대통령은 휴전 협정 이후 대한민국 국가 원수로는 처음으로 걸어서 군사분계선을 넘었다. 이후 차량에 탑승, 평양 개성 간 고속도로를 통해 평양에 도착한 뒤 4·25 문화회관에서 김 위원장을 만났다. 남북 정상은 '10·4 남북공동선언'을 채택, 한반도 핵 문제 해결을 위한 3자 또는 4자 정상회담 추진, 남북 경제협력사업의 적극 활성화, 이산가족 상봉 확대 등 8개 항을 담았다.

　이후 이명박과 박근혜 정부 시기에는 남북정상회담이 이뤄지지 못했다. 그러다 2018년, 문재인 정부 집권이 1년도 되지 않은 3월 남북정상회담 개최가 발표되었고 그 가는 여정에 평창 동계올림픽 개막식의 남북 선수단 공동입장이 있었다. 그리고 4월, 문재인 대통령과 김정은 국무위원장 간의 남북정상회담이 판문점 남측 평화의 집에서 열렸다. 문 대통령과 김위원장은 남북정상회담을 마친 뒤 '한반도의 평화와 번영, 통일을 위한 판문점 선언'을 공동 발표한다. 양 정상은 이 선언을 통해 핵 없는 한반도 실현, 연내 종전 선언, 남북공동연락사무소 개성 설치, 이산가족 상봉 등을 천명했다. 특히 북한 최고지도자로는 처음으로 군사분계선을 넘어온 김 위원장의 남측 방문 답방 차원에서 문재인 대통령이 가을 평양을 방문해 정상회담을 열기로 한다. 이후 5월 2시간 동안 판문점 북측 통일각에서 열렸던 정상회담은 6·12 싱가포르 북미 정상회담 개최를 앞두고 북미 간 갈등이 지속되는 혼돈 정국 속에 전격 성사되면서 그 의미를 더했다.

2018년 9월 평양에서 열린 남북정상회담 2박 3일간 일정 중 두 번의 회담을 가진 남북 정상은 19일 '9월 평양공동선언 합의문'에 서명했다. 두 정상은 서명 이후 가진 공동 기자회견에서 한반도의 전쟁 위험 제거, 비핵화 등 군사적 긴장 완화 조치와 철도·도로 구축 등 남북경제협력과 관련된 내용이 포함된 '9월 평양공동선언'을 발표했다. 그리고 청와대는 이날 서울 동대문디자인플라자에 마련된 서울프레스센터에서 브리핑을 갖고, 문 대통령과 김 위원장이 '실질적 종전'을 선언했다고 발표했다.

2018년 4월 27일, 남북정상회담 환영 만찬에서 11세의 어린 소년 오연준이 부른 〈바람이 불어오는 곳〉〈고향의 봄〉의 맑고 청아한 노랫

소리에 남북한 대표들은 같이 웃고 울었다. 그 모습처럼 그 마음처럼 한반도의 한겨레가 웃을 때 같이 웃고 울 때 같이 울 수 있는, 한마음으로 하나가 되는 날이 오기를, 그래서 경제성장을 해도 민주화를 해도 그에 대한 위협 명분이 북한으로부터의 공격이 되지 않기를, 그리하여 마음 놓고 한민족 전체의 행복에만 집중할 수 있는 때가 곧 오기를 기대하며 기다려본다.

오징어 게임 신드롬

세계의 한국화?!

2021년

'신드롬'은 본래 의학 용어로 바람직하지 않은 행동이나 의식을 나타내는 일정한 경향 또는 일련의 병적 징후를 가리킨다. 근래 한국에서는 '어떤 것을 좋아하는 현상이 전염병과 같이 전체를 휩쓰는 현상'이라는 뜻으로 확대되어 쓰인다. 그런 의미에서 2021년은 가히 전 세계적으로 '오징어 게임 신드롬'이 유행한 한 해였다고 할 수 있다.

2019년 말부터 시작된 팬데믹이 여러 변곡점으로 거쳐 거의 정점에 달했다고 판단되던 해. 백신 접종에 박차를 가하기 시작한 세계는 이미 '온택트' '집콕' '재택' 등 생활방식으로 감염병에 대응하고 있었다. 글로벌 영상회의 솔루션 기업인 '줌'을 비롯해 홈 트레이닝 업체 '펠로톤', 그리고 '넷플릭스'가 이런 환경의 대표적 수혜 기업으로 꼽힌다.

OTT 스트리밍 플랫폼 선두주자인 넷플릭스는 1997년 미국에서 창립된 뒤 현재 세계 190개국 이상에서 2.2억 명 가량 회원을 보유하고 있다. '넷플릭스 증후군'이라는 용어가 만들어질 정도로 엄청난 양의 콘텐츠를 자랑하는데, 특히 직접 제작하는 콘텐츠가 많다는 점에서 다른 플랫폼과 차별된다.

서비스를 개시한 2016년부터 꾸준히 성장세를 보여온 한국 넷플릭스에 2021년은 특별한 한해였다. 직접 제작한 드라마 〈오징어 게임〉이 전 세계 넷플릭스 순위에서 1위를 차지하는 기염을 토했기 때문이다. 심지어 자국 콘텐츠에 충성심이 높은 일명 '발리우드' 인도에서도 1위를 기록해 놀라움은 배가되었다. '무궁화 꽃이 피었습니다', '설탕 뽑기(달고나)' 등 게임을 실제 현실에서 체험하는 세계 각지 영상들이 미디어 매체를 달구는가 하면, 이정재 등 출연자들을 향한 관심과 인기도 덩달아 치솟았다. 핼러윈을 맞은 지구촌 곳곳 팬데믹 와중에도 물결을 이룬 〈오징어 게임〉 복장은 게임 참가자들이 된 즐거움에 진심인 세계인을 보여주는 것 같았다.

한국 문화 콘텐츠에 대한 열광적인 소비는 비단 이 해만이 아니다. 이미 2019년 봉준호 감독의 〈기생충〉이 "한국은 물론 세계 영화사를 통틀어 대중과 평단을 모두 사로잡은 기념비적인 걸작"이라는 평가를 받으며 칸, 골든글로브, 아카데미 등 영화 시상식을 휩쓸었다. 이어 2020년 배우 윤여정에게 'K-할머니'라는 수식어를 붙여준 〈미나리〉는 아카데미를 비롯한 각종 시상식에서 여우조연상 수상 역시 가져다주었다. 그의 삶은 재조명되었고, 한국인은 그의 인내와 노력이 빛나는 시간을 맞은 것에 박수갈채로 존경심을 표했다.

이런 작품들이 호평을 받고 세계인의 마음을 움직인 데에는 수많은 요인이 있다. 그중 작품 저변에 자리한 인간과 사회에 대한 보편적인 고민이 공감을 끌어냈다고 평가된다. 사실 십여 년 전부터 출발한 'K-드라마' 속 인물들은 지리나 언어적 차이에도 불구하고 세계적으로 공감이 가는 캐릭터를 장착해왔다. "새로우면서도 익숙하다"라는 〈오징어 게임〉에 대한 평도, 짧지만 깊은 뜻을 함축한다. 전체 시청자의 95%가 한국 이외 지역의 시청자였다는 수치는 한국의 문화 생산자들에게 '글로벌 사고'가 중요한 이유를 보여준다.

2021년 10월 6일. 세계적으로 가장 권위 있는 사전으로 통하는 영국 옥스퍼드 영어사전(OED)에 한국에서 유래된 영어 표제어 26개가 등재되었다. 1884년 출간 후 11세기 중반부터 현재까지 영어권에서 사용되어 온 단어 60여만 개를 수록하고 있는 이 사전은 3개월에 한 번씩 세계적으로 쓰이는 단어들을 연구해 어휘를 새롭게 추가한다. 등재 과정이 까다로운 것은 당연하다. 한국 유래 단어는 1976년 '김치'를 최초로 40년간 실린 것이 총 20개, '막걸리, 한글, 시조, 태권도, 재벌, 온돌, 양반……'처럼 역사성이 반영된 단어들이 대부분이다.

그런데 이번에 등재된 '김밥, 반찬, 불고기, 갈비, 치맥, 잡채, 삼겹살, 동치미, 먹방, 한류, 한복, K-팝, K-드라마, 만화, 대박, 오빠, 누나, 언니, 애교, 파이팅, 스킨십, 피시방……' 등 한국 유래 단어는 최근 한국 대중문화에 대한 국제적 관심의 방향을 그대로 보여준다. 한 번에 26개나 실린 것도 그렇거니와 한국 콘텐츠에 담겨 전파된 단어들이 많다는 점에서, 한국 문화의 힘이 직관적으로 체감되어 뿌듯하다.

그러나 고유어만이 아닌 외국어에 영향을 받은 한국 외래어에도 주목하는 모습이 보인다는 점은 깊은 의미를 내포한다. 사전 출판부는 한국어 대량 수록에 대해 "영어 사용자들이 사용하는 언어가 변하고 있다는 사실을 알아차리고 이를 인정한 결과"라고 밝혔다고 한다. 이를 통해 전통을 수호하려는 노력과 함께 이들을 현대적 보편적 요소와 융합해 새로이 재탄생시키려는 시도 역시 한국에게는 중요하며, 그 결과 한국 문화는 더 큰 파급력을 가질 것이라 분석될 수 있어 의미심장하다.

칸 영화제에서 한국어로 개막을 선언한 봉준호 감독, 2021년 유엔총회의장에서 한국어로 연설한 BTS, 급격히 심화하는 중국의 한국 문화에 대한 동북공정. 그만큼 한국어를 비롯한 한국 문화에 대한 세계의 동경이 크다는 사실을 증명함과 동시에, 어쩌면 세계가 한국화되는 시대가 오고 있는 건지도 모른다는 기대까지 불러일으키는 현상들이다. 아직은 개개인의 역량에 힘입은 성취들이 대부분인 터라 과제는 산더미지만, 그 모든 것에도 불구하고 이미 열린 문화강국으로서 대한민국의 길이 빛 가운데로만 올곧게 뻗어나길 소망해본다.

한국사에서 현대는 여타 시점보다 사건 사고가 잦았고, 그래서 시행착오와 오류로 점철된 시간처럼 보인다. '일제 강점'과 '군부독재', '경제개발'과 '민주화'들로 대표되는 시대적 특징의 무게가 그만큼 무겁기 때문일까? 물론 현대에만 암울한 시절이 있던 건 아니었고, 비단 전쟁이 아니라도 전(前) 근대사에서 백성을 아프게 할 수 있던 방법은 수천수만 가지였다. 그에도 불구하고 현대사가 아림은 그 시간이 여전히 진행 중인 분들이 존재하기 때문일 것이며, 역사가 되풀이됨을 보면서도 그로부터 배우고 좀체 변화하지 못했음에 대한 우리 스스로의 한탄일지도 모른다.

일제 강점기에도 광복 후에도 시대적 과제가 지닌 의미를 통렬히 깨달은 자와 일신의 안위를 우선으로 생각한 자들이 선택한 삶은 천양지

차였다. 수없이 많은 모습과 다양한 마음이 모여 한 사람의 존재를 이루듯, 그런 그들과 그들 사이에 선 대다수는 각양각색 얼굴만큼 다양한 삶을 살며 한국의 현대를 만들어냈다. 그리고 세계사의 역학 관계 속에 출렁이며 분단과 전쟁을 겪어야 했던 시간, 정신없이 갈마들던 질서와 혼란의 와중에도 살아남았다. 때마다 맞춰 스스로 서거나 세워진 지도자는 한계를 지니기 마련이었지만, 그 방향을 따르거나 저항하는 속에 기적처럼 발전을 이루어냈다. 이제 한고비를 넘을 때마다 이전 시대의 과오를 바로잡기 위한 노력에도, 더불어 그 시대를 이해하려는 시도에도 진지하게 도전하는 우리다.

이는 결국 한국인 전체가 무엇을 선택했고 어떤 방향으로 걸어왔는지, 그 속에서 개개인의 선택과 삶을 어떻게 인정했는지 그리고 모든 과정에 역사는 어떤 길라잡이였는지, 한국현대사 앞에 설 때마다 마주하는 물음에 대한 답이 되어주는 듯하다. 현대사 사건들을 통해 그간 풍랑의 연속을 묵묵히 헤쳐나온 한국인을 반추하면서, 그 힘이 서로를 향한 포용과 관용으로 이어져 끝내는 대한민국이 '성장'과 '다독임'에 모두 성공하는 시간으로 향하길 기대해본다.

하은 모지현

| **사진 제공** | (사진 제공에 협조해주신 국가기록원 관계자 분들에게 감사드립니다.)

공보처 : 101쪽
공보처 홍보국 사진담당관 : 93쪽, 96쪽, 109쪽, 110쪽, 115쪽, 125쪽, 129쪽, 198쪽, 235쪽, 248쪽, 254쪽, 255쪽, 265쪽,
269쪽, 275쪽, 280쪽, 285쪽, 290쪽, 297쪽, 311쪽, 314쪽, 320쪽, 338쪽, 353쪽, 363쪽,
372쪽, 377쪽, 388쪽, 398쪽, 415쪽, 420쪽
국가보훈처 : 105쪽, 134쪽, 150쪽, 189쪽
국정홍보처 : 438쪽, 462쪽
총무처 정부기록보존소 : 214쪽
서울역사박물관 : 92쪽, 109쪽, 110쪽, 135쪽, 138쪽, 148쪽

| **참고문헌** |

강만길, 『20세기 우리 역사』, 창작과 비평사, 1999.
김병희, 『광고로 보는 근대문화사』, 살림, 2014.
김병희, 『구보 씨가 살아온 한국 사회』, 살림, 2017.
김병희, 『정부광고로 보는 일상생활사』, 살림, 2017.
김은신, 『한국 최초 101장면』, 가람, 1998.
김인호, 『백화점의 문화사 : 근대의 탄생과 욕망의 시공간』, 살림, 2014.
김정인 외 2인, 『한국근대사 2 : 식민지 근대와 민족 해방 운동』, 푸른역사, 2017.
김흥수 외 5인, 『한국근현대사』, 천재교육, 2006.
남정옥, 『북한 남침 이후 3일간, 이승만 대통령의 행적』, 살림, 2015.
류승렬, 『뿌리 깊은 한국사 샘이 깊은 이야기 7』, 솔, 2005.
변태섭, 『한국사통론』, 삼영사, 2000.
서중석, 『사진과 그림으로 보는 한국 현대사』, 웅진지식하우스, 2017.
신현규, 『기생 이야기 : 일제시대의 대중스타』, 살림, 2014.
이장규, 『대한민국 대통령들의 한국경제 이야기 1, 2』, 살림, 2014.
이희진, 『한국전쟁사』, 살림, 2014.
장유정, 『다방과 카페, 모던보이의 아지트』, 살림, 2017.
전국역사교사모임, 『살아있는 한국사 교과서 2』, 휴머니스트, 2006.
정병준 외 10인, 『한국현대사 1 : 해방과 분단, 그리고 전쟁』, 푸른역사, 2018.
주현성, 『청소년을 위한 지금 시작하는 인문학』, 더좋은책, 2018.
최태성, 『한눈에 사로잡는 한국사 근현대편』, 들녘, 2013.
한국사특강편찬위원회, 『한국사특강』, 서울대학교출판부, 1999.
한영우, 『다시 찾는 우리 역사』, 경세원, 1999.
홍석률 외 2인, 『한국현대사 2 : 경제성장과 민주주의, 그리고 통일의 과제』, 푸른역사, 2018.

| **참고사이트** |

국가기록원, 네이버 뉴스 라이브러리, 두산백과, 한국근현대사사전, 한국민족문화대백과